ICT융합
호텔경영론
Introduction to Hotel Management

ICT융합
호텔경영론
Introduction to Hotel Management

Preface

오늘날 인간은 기존의 생존을 위한 노동에서 생활을 위한 노동, 즉 삶의 질(well-being) 향상에 가치를 두고 있다. 이러한 의식의 전환은 개인적 가치향상을 더욱 중요시하는 방향으로 사회 패러다임을 주도해가고 있으며, 미래 사회로 갈수록 더욱 가속화될 전망이다. 이것은 인간의 가치가 다양해지면서 자기만족을 위한 관광레저의 욕구가 필연적으로 발생하게 되었으며, 이는 관광산업의 지속적인 성장과 더불어 우리나라 호텔산업에도 새로운 경영전략을 요구하고 있다. 즉, 호텔기업은 21세기 새로운 경영환경의 변화를 능동적이고도 주도적으로 혁신해나갈 수 있도록 현장중심의 교육을 절실히 요구하고 있다. 그리하여 이 책은 호텔·관광·경영학을 공부하는 학생들에게 실무적으로 접근할 수 있는 방향을 제시하고, 호텔기업의 ICT, IoT 융합경영, 빅데이터를 활용한 인공지능(AI) 전략을 이해할 수 있도록 하였다.

첫째, 제Ⅰ부 이론 편에서는 호텔경영에 대한 기본적인 이해와 함께 미래 경영전략을 주도해나갈 ICT 융합경영을 소개하고 있다. 둘째, 제2부 실무 편에서는 호텔서비스에 대한 이해와 각 부서별 업무특성을 상세히 소개하고 있다. 그리고 호텔기업의 마케팅, 회계관리, 인사관리를 학습함으로써 예비 호텔리어들에게 취업방향을 제시하고 있다.

이상과 같이 구성된 이 교재가 예비 호텔리어와 호텔경영인들에게 많은 도움이 되길 진심으로 바라며, 이 책의 발간을 위하여 물심양면으로 도움을 주신 모든 분들께 진심으로 감사를 드린다. 아울러 책이 출간되기까지 아낌없는 성원을 보내주신 한올출판사 사장님과 관계자 여러분께 깊은 감사를 드린다.

2018년 8월

ICT융합 **호텔경영론**

PART 01 이론편

Chapter 01

호텔의 개념과 분류

제1절 호텔의 개념

1. 호텔의 어원

호텔(hotel)이라는 단어는 1800년경 영국에서 처음 사용한 것으로 추측되고 있는데, 그 어원은 라틴어의 'hospitale'에서 유래되었다.

라틴어의 hospitale이라는 의미는 hospital, hostel, inn의 단계를 거쳐 현재의 호텔(hotel)이라는 숙박시설로까지 발전하게 되었다.

'hospital'의 원래의 의미는 '여행자를 위한 숙박장소'로 사용되었으나, 현대어의 의미에서는 '병원'을 뜻하고 있다.

따라서 hospital과 hotel은 고대부터 밀접한 관련성을 지니면서 발전해왔다고 할 수 있다. 즉, 중세기의 프랑스에서는 병원에 상응하는 말로 'hôtel de vile', 'hôtel dieu'라는 단어가 있었다.

이처럼 'hospital'은 '여행자를 위한 숙박시설'과 부상자, 환자 등을 위하여 '휴식과 치료 및 간호를 위한 숙박시설'로 분류되기 시작하였는데, 근세기로 변천하면서 전자는 hostel → inn → hotel로 발전하였고 후자는 원래의 뜻인 병원의 의미로 지속적인 사용이 되고 있다.

2. 호텔의 개념

호텔의 의미는 웹스터 사전(Webster Dictionary; Hotel as a building or institution providing lodging, meals and services for the public)에 의하면 「빌딩 또는 공공시설로서 호텔은 대중들을 위하여 객실과 식사 그리고 서비스를 제공하는 것」으로 정의하고 있다. 또한 랜덤하우스 사전(The Random House Dictionary)에서는 "여행객에게 객실을 제공하거나 식당, 회의실 등을 갖추어 일반대중에게 이용하게 하는 시설"로 정의하고 있다. 그리고 한국의 국어사전에서는 "시설이 잘 되어 있는 서양식의 고급여관"으로 정의하였다. 호텔의 개념을 학자별로 정의하면, 주종대(1999)는 "일정한 지불능력이 있는 사람에게 객실과 식사를 제공할 수 있는 시설을 갖추고 잘 훈련되고 예절바른 종사원이 조직적으로 봉사하여 그 대가를 받는 기업"이라 하였으며, 전원배(2002)는 "여행자만의 이용시설이 아니라 일반대중(여행자 포함)에게 객실, 식음료, 회의실, 레크레이션 및 스포츠 등의 시설을 갖추어 놓고 지불능력이 있는 손님에게 아늑한 분위기를 조성해 주면서 종사원의 서비스가 제공되는 환대산업"이라 정의하였다.

김재빈과 신현주(2001)는 "일정한 지급능력이 있는 사람에게 객실과 식음료를 제공할 수 있는 시설을 갖추고 예의가 바른 종사원이 조직적으로 서비스 용역을 제공하여 그 대금을 받는 사업체"라 정의하였다. 그러므로 호텔의 개념은 과거에는 숙박과 음식을 제공하는 단순한 시설로서만 기능을 담당하였으나, 오늘날의 호텔개념은 '객실 및 식음료시설 이외에 스포츠, 레저와 레크레이션 공간, 연회를 위한 행사장과 국제회의 등 예술적, 문화적인 커뮤니케이션의 공간으로서 시설을 갖추어 놓고 지불능력이 있는 대중들에게 종사원들이 편안한 서비스를 제공하고 그 대가를 받는 기업'이라 정의할 수 있다.

3. 호텔의 상품과 기능

1) 호텔상품

호텔상품은 일반적으로 객실, 식음료, 기타 부대시설 등의 요소들로 구성되어

있다. 일반기업에서 생산되는 상품은 당일에 판매를 하지 못하면 저장이 가능하지만 호텔상품은 저장할 수 없는 것이 특성이다. 따라서 호텔상품은 생산과 소비가 동시에 이루어지기 때문에 호텔기업은 무엇보다도 물적 서비스와 인적 서비스가 중요하다.

이와 같이 호텔은 기업의 상품과 물적 서비스, 인적 서비스 등 종합적인 유무형의 다양한 서비스가 결합될 때 최적의 가치창출을 달성할 수 있다. 따라서 오늘날의 호텔기업은 인간의 다양한 욕구와 가치를 동시에 실현시켜야 하는 중요성을 내포하고 있다.

2) 호텔의 중요성

호텔은 다양한 기능을 수행하기 때문에 중요한 역할을 한다. 즉, 비즈니스, 회의 및 전시회, 레크레이션과 오락 등을 충족할 수 있는 공간을 제공해 준다. 호텔은 이러한 욕구충족의 기능을 수행하기 때문에 사회, 경제, 문화적으로 필요 불가결한 속성을 지니고 있으며, 궁극적으로는 국가와 지역사회에 중요하게 기여를 하고 있다.

선진국에서는 호텔산업이 관광객에게 중요한 명소적 역할을 제공하고, 여행객들에게는 양질의 소비를 즐길 수 있도록 직·간접적으로 경제에 중요한 영향을 미치게 된다. 즉, 여행객이 많은 국가에서는 호텔이 중요한 외화획득의 역할도 하기 때문에 그 국가의 무역수지에도 기여를 하게 된다. 또한 인적자산의 의존성이 매우 강하기 때문에 고용창출의 효과도 무시할 수 없다. 호텔은 아무리 정보화 산업과 기계화가 발달되어도 인적 서비스를 대체할 기술은 없는 것이다. 또한 소비자들이 호텔을 이용하기 위해서는 다양한 상품과 시설을 필요로 하므로 또 다른 산업에도 생산과 소비의 영향을 미치게 된다.

3) 호텔의 기능

(1) 고유의 기능

호텔은 초창기에는 개인적인 단순한 목적을 추구하고자 여러 방향으로 변화해가면서 발전하여 왔다. 초기의 전형적인 숙박형태인 호텔은 고유의 기능이

물물교환, 종교에 의한 순례, 무속신앙, 사당의 탐방, 민속행사의 관습, 침략과 영토확장, 사냥과 미지의 탐험 등 일부 부유한 특권계층이나 소수의 특정인이 이용할 수 있는 숙소의 역할만을 담당하였다. 따라서 여행자의 수면해결과 안전보호 등 생리적인 욕구의 기능이 지배적이었다고 할 수 있다. 그러나 사회환경의 변화, 소득의 증대, 핵가족화 현상, 여가의 증대, 교통기관의 발달, 정보공유의 증대, 소비자들의 가치관 변화 등 제반환경이 변화됨에 따라 호텔의 기능도 다양해지고 있다. 그리하여 인간의 새로운 욕구와 가치가 형성되기 시작하면서 본격적인 호텔산업의 시대가 도래하였다.

(2) 현대적인 기능

오늘날 인간은 의식주 충족의 기본수준을 초월한 고 욕구(hyper-need)의 시대에 살고 있으며, 기존의 생존을 위한 노동에서 생활을 위한 노동, 즉, 삶의 질(quality of life) 향상에 노력을 기울이고 있다. 이러한 시대적 변화의 패러다임에 호텔의 기능도 다양하게 변화되고 순응하여 왔다.

이에 따라 호텔의 현대적인 기능은 시설의 규모나 운영방식, 호텔의 위치와 성격, 호텔의 조직, 국가의 전략 등 다양한 환경변화에 의해 매우 복잡한 기능을 수행하고 있다. 또한 소비자의 의식변화가 유형의 가치에서 무형의 가치창출로 이동되는 현상이 현저하게 나타남에 따라 현대의 호텔기능도 소비자에게 알맞은 연출과 개성을 중시하는 차별화를 요구하고 있다.

따라서 현대적인 호텔이 추구해야 할 기능은 기존의 호텔 제(諸) 개념을 모두 충족시키고, 공공사회에 기여하는 공익성, 사교 및 오락장소, 비즈니스 공간, 문화시설 그리고 지역사회에 기여할 수 있는 사업활동 등을 총체적으로 제공할 수 있는 복합적인 기능을 포함하고 있다.

제2절 호텔의 분류

　호텔사업은 다양성, 복잡성, 민감성을 동시에 나타내고 있기 때문에 무엇보다 고객들의 성향과 개성에 따라 호텔선택이 다르게 나타난다. 물론 고객들의 속성에 따라 호텔선택의 방향이 결정되지만, 전통적으로 호텔은 규모와 입지요건 그리고 호텔의 숙박목적과 숙박기간에 따라 분류하고 있다.

1. 호텔의 규모에 의한 분류

- 소형 호텔 : 보편적으로 객실의 보유 수가 25실 이하인 호텔로서, 과거에는 이러한 소형 호텔(small hotel)들도 영업이 성행하였으나 근래에 오면서 점차적으로 소형호텔은 쇠퇴하게 되었다.

- 중소규모 호텔 : 객실의 보유 수가 25실에서 100실 이내의 중소규모 호텔(middle & small hotel)로서, 최근까지 객실판매 중심의 영업을 추구하였으나 소비자의 다양한 욕구충족에 부응하기 위하여 지속적으로 호텔환경의 변화를 추진하고 있는 실정이다.

- 중규모 호텔 : 객실의 보유 수가 100실에서 300실 정도의 중규모 호텔(middle hotel)로서, 일반적으로 판매전략의 수립이 수월하고 적정한 상품의 보유로 인하여 공격적인 마케팅 활동과 효율적인 고객관리가 가능하다.

- 대규모 호텔 : 객실의 보유 수가 300실 이상 1,000실 이하의 대규모 호텔(large hotel)로서, 우리나라호텔산업의 성장에 매우 중요한 역할을 담당하였다. 또한 대규모의 상품과 인적자산으로 말미암아 조직관리가 매우 복잡하며, 호텔의 차별화, 대형화, 고급화로 인하여 대기업에서 운영하거나 체인호텔의 경영형태를 유지하고 있는 것이 특징이다.

- 초대규모 호텔 : 객실의 보유 수가 1000실 이상의 초대규모 호텔(mammoth hotel)로서, 우리 나라에서는 일부 대기업에서 운영하고 있으며, 새로운 경영전략의 지식경영을 도입하여 왕성한 지식경영활동을 성공적으로 실천하고 있으며 호텔산업의 선도적인 역할을 수행하고 있다.

2. 호텔의 숙박목적에 의한 분류

1) 상용호텔

상용호텔(commercial hotel)은 비즈니스를 목적으로 여행하는 고객을 주요 대상으로 하고 있기 때문에 일명 비즈니스호텔(business hotel)이라고도 한다.

상용호텔은 상공업, 엔지니어, 세일즈, 보험업, 무역업, 공무의 업무 등 대부분의 고객들이 상업과 영업적인 목적을 포함하고 있지만, 광의의 비즈니스목적과 함께 관광과 휴식을 동반하는 포괄적인 용도로도 사용되고 있다. 그리고 상용호텔을 주로 이용하는 상용고객(기업)들은 장기적으로 호텔과 협약을 맺어 일정기간 이 호텔을 이용함으로써 할인된 요금, 즉 상용요금(commercial rate)을 적용 받을 수 있다.

이와 같이 상용호텔은 고객들에게 일정한 가격할인을 해 줌으로써 단골고객을 장기적으로 확보할 수 있고, 고객들은 보다 편리하게 호텔시설과 상품을 이용하는 대신에 이용요금을 할인 받을 수 있는 장점이 있다.

상용호텔은 고객이 비즈니스를 수행하기 편리한 장소에 대부분 입지를 하고 있으며, 호텔의 시설도 주 고객의 업무와 숙박기능이 동시에 가능하도록 구성되어진 것이 특징이다. 특히 객실 내에 소파 베드(sofa bed) 또는 스튜디오 베드(studio bed)를 설치하여 응접실 기능을 수행할 수 있도록 하였고, 호텔의 전체 객실중 소규모 회의진행이 가능하도록 커넥팅 룸(connecting room)의 객실을 많이 확보하고 있다. 그리고 근래에는 객실 내에서도 개인용 컴퓨터를 설치하여 유·무선을 이용한 인터넷사용도 가능해졌다.

2) 휴양지 호텔

휴양지 호텔(resort hotel)은 대부분 해변, 산악지대, 온천장 등에 위치하고 있으며, 일명 리조트 호텔로 불리고 있다.

리조트 호텔은 대부분의 고객이 관광과 휴양을 목적으로 찾아오는 호텔이기 때문에, 관광대상으로서 관광자원이나 관광 상품은 관광객에게 매력성과 유인성을 지니고 있어야 한다. 그리고 휴양지 호텔이 해변, 산악, 온천지 등에 대부

분 위치하고 있기 때문에 대도시의 소음과 혼잡함으로부터 해방되었지만, 상대적으로 교통이 편리하여 자동차로 쉽게 접근이 가능하고 편의성을 잘 갖추고 있다.

그러나 휴양지 호텔은 계절 혹은 주중과 주말 등에 따라서 성·비수기의 편차가 뚜렷이 나타나고 있다. 이러한 성·비수기의 특성을 극복하기 위하여 휴양지 호텔에서는 근래에 와서 공격적인 마케팅을 실시하여 틈새시장(niche market)을 개척하고 있으며, 각종 패키지상품 뿐만 아니라 가격할인 정책과 고객의 개성을 중시하는 이벤트 상품을 개발함으로써 어느 정도 비수기를 극복하고 있는 것이 사실로 나타나고 있다.

3) 컨벤셔널 호텔

컨벤셔널 호텔(conventional hotel)은 통상적으로 회의를 목적으로 한 대규모 매머드급 호텔(mammoth hotel)이다. 즉, 대규모 관광수요를 유발하게 되는데 이것은 각종 회의가 개최되는 지역에 위치한 호텔로서 국내외의 학회와 각종 대회, 정당회의, 조합회의, 체육경기 등 단체 및 개인 고객들이 한꺼번에 이용할 수 있도록 수천 개의 객실과 대·중·소 연회장의 회의시설과 전시장 및 식음료 판매시설을 갖추어 놓은 종합적인 호텔시스템을 모두 갖추어 놓은 초대형 호텔을 말한다.

이러한 컨벤셔널 호텔은 5개 국어 동시통역 시설과 여러 가지 기능을 수행할 수 있는 조명시설 그리고 이벤트 연출시스템도 잘 갖추어져 있어야 한다. 그러나 수많은 고객들을 대상으로 일시에 천차만별의 서비스를 종합적으로 수행해야 되기 때문에 인적자산의 관리가 어렵고, 마치 오케스트라 연주에서 개개인의 역할이 조직의 역할로 집중되어 하나의 하모니가 아름답게 소리를 창조하는 것처럼 잘 훈련된 종사원의 확보가 매우 중요하다.

4) 아파트먼트 호텔

이것은 장기적으로 체류하고자 하는 고객을 위한 호텔이다. 일반적인 호텔의 개념과 달리 객실 내에서 간편한 취사와 세탁이 가능하다. 즉, 이러한 아파트먼

트 호텔(apartment hotel)은 초창기의 미국에서 시작하게 되었으며, 퇴직한 노인이 장기적으로 머물 수 있는 사회복지시설과 같은 기능을 수행하기도 하였다. 그리고 해외주둔 미군병사들을 위하여 각 나라에서 일시적으로 운영되기도 하였으나, 우리나라에서는 이러한 숙박목적을 가지고 운영된 호텔은 없었다.

3. 호텔의 입지요건에 의한 분류

호텔을 입지요건에 따라 광의적으로 살펴보면 도시호텔과 휴양지 호텔[1]로 분류할 수 있으나, 본 교재에서는 도시 호텔과 메트로폴리탄 호텔, 다운타운 호텔, 서버번 호텔, 컨트리 호텔, 시 포트 호텔, 에어포트 호텔, 터미널 호텔, 하이웨이 호텔, 비치 호텔 등으로 구분한다.

- 시티 호텔 : 시티 호텔(city hotel)이란 휴양지에 위치한 호텔과는 대조적으로 도시에 위치한 호텔을 의미한다. 시티 호텔을 세부적으로 구분하면 다운타운 호텔과 메트로폴리탄 호텔로도 나눌 수도 있다.

시티 호텔은 대도시에서 흔히 볼 수 있는데 개인적인 비즈니스업무뿐만 아니라 공적인 업무, 쇼핑과 사교의 장소 등 현대인의 일상생활과 밀접한 상관관계가 있다. 또한 대중교통의 접근이 용이하고 편의성을 골고루 갖추고 있으나 수많은 자동차와 대중들의 왕래로 인한 소음과 매연공해가 많은 결점도 있다.

이와 같이 시티 호텔은 소규모 회의와 계모임, 집회, 연회, 결혼식 등 도시민의 일상생활과 관련하여 사교의 중심시설로서 많이 애용되고 있다.

- 메트로폴리탄 호텔 : 메트로폴리탄 호텔(metropolitan hotel)은 시티 호텔과 마찬가지로 대도시에 위치하고 있지만 수천 개의 객실이 있는 매머드급 호텔로서 수많은 고객을 동시에 수용할 수 있는 대·중·소회의장 및 전시

---

1. 휴양지 호텔(resort hotel)은 학자들에 따라 입지요건으로 분류하기도 하고 숙박목적에 의한 분류로 구분하기도 한다. 그런데 휴양지 호텔은 일반적으로 휴양지에 입지한 호텔들도 많지만 도시 지역의 근교에 위치한 호텔 또는 대도시지역 안에 위치한 호텔(예; 온양관광호텔, 조선비치호텔, 경주현대호텔, 경주힐튼호텔 등)들도 많이 볼 수 있다. 그러므로 원래의 의미로서 휴양지 호텔은 여행객의 휴식과 관광을 목적으로 하는 것이기 때문에 이 책에서는 숙박목적에 의한 구분으로 분류하였다.

실 등의 부대시설을 갖춘 것이 특징이다. 특히 국제회의를 언제라도 유치할 수 있는 컨벤셔널 호텔의 기능을 수행하기에 적합한 호텔이다.

- 다운타운 호텔 : 다운타운 호텔(downtown hotel)은 시티 호텔과 유사하지만 엄격히 구분하면 시티 호텔은 보편적으로 대도시에 위치한 것을 총칭하지만, 다운타운 호텔은 대도시 가운데에서도 도심의 한 가운데에 위치한 호텔을 의미한다. 즉, 교통의 요충지로서 교차로 주변의 쇼핑센터, 증권사무소, 은행, 항공(여행사)사무소, 극장시설 등 도시의 중심지역에 입지한 호텔을 말한다. 그러나 오늘날 다운타운에 위치한 호텔들은 식음료 판매에 중점을 두고 있으며, 도심의 공동화 현상과 주차장의 한계로 객실판매에 많은 어려움을 겪고 있다.

- 서버번 호텔 : 서버번 호텔(suburban hotel)은 도시근교에 위치한 지역, 즉 도시를 벗어나 한적한 교외에 위치한 호텔을 말한다. 이 호텔은 도심의 공해와 주차장의 한계점 등의 방해요인들을 극복할 수 있고, 자동차를 이용하여 접근하기 편리할 뿐만 아니라 주변경관이 아름다운 환경 친화적인 요소들을 많이 가지고 있는 장점이 있다.

- 컨트리 호텔 : 컨트리 호텔(country hotel)은 도시 근교에서도 많이 떨어진 산간지역에 위치한 호텔로서 마운틴 호텔(mountain hotel)이라고도 불린다. 즉, 산간지역과 주변경관이 아름다운 농촌지역에서 흔히 볼 수 있으며, 주로 등산객, 겨울스포츠, 레포츠, 래프팅, 청소년수련시설 등의 목적으로 이용하는 고객들이 대부분이다. 우리나라에서는 대표적으로 속리산 호텔, 소백산, 내장산, 설악산 관광호텔 등이 있다.

- 시포트 호텔 : 시포트 호텔(seaport hotel)은 여객선과 선박이 입·출입하는 항구근처에 위치한 호텔로서 여객선을 이용하는 고객은 물론 선원들의 숙소로 많이 이용되고 있다. 특히 비치 호텔과 유사한 점도 있지만 이를 구분하면, 시 포트 호텔을 이용하는 고객들은 여객선을 이용하는 것이 주요 목적인데, 갑작스런 기상변화나 여름의 장마철과 여객선의 운항중단 등이 발생할 때 편리하게 이용할 수 있는 장점이 있다.

- 에어포트 호텔 : 에어포트 호텔(airport hotel)은 공항주변에 위치한 호텔로서 이용고객의 대부분은 비행기의 승무원과 화물용 비즈니스 고객 그리고

항공기를 이용하려는 관광객들이 대부분이다. 특히 국내외 관광객의 꾸준한 증가와 빈번한 입·출국으로 인하여 일시적으로 머물 수 있는 휴식기능의 판매(day use)가 많이 이루어지고 있는 것이 특징이다.

- 터미널 호텔 : 터미널 호텔(terminal hotel)은 교통의 완충지에 위치한 호텔을 말한다. 즉, 이러한 범위에 속하는 것은 철도역이나 버스대합실, 고속버스터미널, 여객선 터미널, 공항 터미널 등으로부터 인접한 호텔을 모두 터미널 호텔이라 총칭한다. 따라서 터미널 호텔을 세부적으로 분류할 때 에어포트 호텔과 시 포트 호텔로 구분한다.

- 하이웨이 호텔 : 하이웨이 호텔(highway hotel)은 일반적으로 고속도의 휴게소 또는 고속도로 주변에 입지한 호텔로서 익스프레스 호텔(express hotel)이라고도 부른다. 주로 이 호텔을 이용하는 대상은 자가용으로 장거리를 여행하는 여행자들의 일시적인 휴식과 피로회복 그리고 여행객의 안전운전을 위하여 건립된 호텔이다. 우리나라에서는 경부고속도로변의 금강휴게소에 있는 금강호텔과 양산통도사 입구의 통도사호텔이 대표적이다.

- 비치 호텔 : 비치 호텔(beach hotel)이란 강변가, 호숫가 등 해변주변에 위치한 호텔을 말하는데, 일반적으로 해변호텔, 호반호텔, 강변호텔로도 칭한다. 특히 비치 호텔은 객실과 식음료 시설도 중요하지만 수상 및 수중스포츠, 야외수영장, 탈의실, 샤워실 등의 부대시설을 갖추는 것이 중요하며, 최근에는 휴식과 해안관광을 즐기려는 일반인들과 단체이용객들의 이용이 급증하고 있다.

4. 호텔의 숙박기간에 의한 분류

- 단기체재형 호텔 : 단기체재형 호텔(transient hotel)이란 단기적으로 체류하기에 적합한 호텔을 말한다. 이러한 호텔은 일반적으로 3일 미만의 체류객이 많은 것으로서 고객의 출입이 빈번하여 현관로비는 항상 번잡하고 시설의 노후화가 장기체재형 호텔보다는 빠르다.

- 장기체재형 호텔 : 장기체재형 호텔(residential hotel)은 1주일 이상 체류하기에 적합한 호텔을 말한다. 이러한 호텔을 이용하는 주요 이용객은 외교

관, 사업상 특수한 비즈니스 고객, 군인, 연수생 등으로서, 예를 들면 외교관은 관사가 준비되기 전까지 이러한 호텔을 이용하게 된다. 또한 사업상의 특수한 비즈니스 고객은 본사에서 사업상의 목적으로 장기간 파견되는 경우에 장기체재를 목적으로 이러한 호텔을 이용하게 된다.

Chapter 02

호텔의 성장배경과 경영특성

1. 호텔의 성장배경

고대 로마시대에 발견된 것으로 추정되는 숙박시설은 전쟁과 순례의 이동에 따른 간이식 피난처로서 숙소가 제공되었으며, 도로교통의 발달과 교통수단의 변화 등이 점차적으로 숙박시설의 발달에 많은 영향을 미치게 되었다. 이러한 숙소의 발달에 힘입어 호텔이라는 용어가 처음으로 등장하게 된 것은 1619년 영국의 시롭쉬에(shropshire) 지방에 목조건물로 세워진 루드로우(ludlow)의 휘더호텔(feathers hotel)로 알려지고 있다. 그 이후 근대적인 최초의 호텔은 19세기초에 건립된 독일의 바덴바덴(baden-baden)지방의 바듸쉐 호프(der badische hof)였을 것으로 전해지고 있다.

이것은 그 당시 여관이나 여인숙(inn)에 비하여 대단히 호화스러운 호텔이었으며, 회의실과 응접실, 오락실과 식당, 욕실이 포함된 객실 등의 시설을 모두 갖춘 것이었다. 이와 같이 호텔은 19세기에 접어들면서 교통기관의 발달과 산업혁명에 따른 생활의 질적 향상으로 말미암아 급속하게 성장하기 시작하였다.

1850년경에는 프랑스의 파리에 기업형의 그랜드 호텔(grand hotel)이 최초로

등장하였으며, 1855년에는 나폴레옹 3세의 주도로 호텔 루브르(hotel du louver)가 궁전형의 웅장한 모습으로 개관하였다.

그 후 1874년 베를린에서 카이저 호프(kaiser hof)라는 숙박시설과 1876년 프랑크푸르트 호프(frankfurter hof)라는 고급형의 호텔이 개업을 하게 되었다.

이때 고급형 호텔경영의 창시자로 유명해진 세자르 리츠(Cesar Ritz)에 의해 호텔성장은 본격적인 전환기를 맞이하게 되었다. 세자르 리츠는 1898년 프랑스 파리에 고급형의 호텔로서 호텔리츠(hotel ritz)를 성공적으로 개관하였고, 1899년에는 영국 런던에 유명한 호텔칼튼(hotel carlton)을 설립하였다.

세자르 리츠[2]는 고급호텔의 선구자로서 리츠개발회사(Ritz Development Company)를 설립하여 호텔경영 역사상 최초로 프랜차이즈(franchise)방식에 의한 체인(chain)경영을 시도하였다. 즉, 미국에서 리츠의 브랜드를 사용하여 뉴욕과 보스턴에 리츠칼튼이 개관을 하였고, 1975년에는 리츠칼튼 시카고호텔을 개관하기에 이르렀다. 그리하여 본격적인 체인경영이 시작되면서 호텔경영은 점차 안락하고 호화로운 호텔로 등장하게 되었다.

한편, 중산층 여행자들은 호텔의 고급화로 말미암아 일부계층에서만 가능할 정도였는데, 엘즈워즈 밀튼 스타틀러(Ellsworth Milton Statler)는 호화롭고 안락한 고급호텔을 중산층 여행자들에게도 저렴한 가격으로 판매할 수 있는 획기적

---

2. 세자르 리츠(Cesar Ritz: 1850~1918)는 스위스 태생으로 15살 때 아버지 친구가 경영하는 조그마한 호텔의 견습공으로 호텔에 입문하게 되었다. 그 후 몇 군데 호텔을 옮겨다니면서 웨이터 보조업무, 웨이터 등의 시절을 거친 후 19세 되던 해에 식당지배인이 되었고, 27세의 젊은 나이에 Switzland에서 가장 크고 호화로운 Grand National Hotel의 지배인이 되었다. 이 호텔은 1870년 개관 당시에는 세계에서 가장 고급스러운 호텔이었으나 적자운영이 계속되었다. 그리하여 리츠는 귀족들과 부유층을 대상으로 고객들에게 호화롭고 사치스러운 접대와 고객의 취미에 맞는 음식들을 제공하였고, 호텔시설과 집기비품은 더욱 더 고급스럽게 바꾸어 나갔다.
그의 나이 37세 되던 해인 1887년에는 17살 아래인 호텔사장의 딸과 혼인을 하게 되었고, 이 때 경영이 어려웠던 런던의 Savoy Hotel을 인수하였다. 마침내 경영자가 된 리츠는 영업시간을 연장하면서까지 고객들의 사치스러운 외식문화와 여성고객들의 세밀한 욕구를 충족시키고자 노력하였다. 특히 리츠는 여성고객들을 위하여 조명색깔, 불빛, 객실스타일, 음향시설, 커텐 등에 이르기까지 세심한 배려를 아끼지 않았으며, 점차적으로 내부장식을 고급스럽게 꾸며갔다.
성공적인 경영자가 된 리츠는 1898년 파리에 성공적으로 Hotel Ritz를 개장한 후, 런던의 작은 호텔과도 협약을 맺어 운영을 맡았다. 그는 곧바로 런던의 작은 호텔을 개조하여 객실마다 고급스러운 욕실을 설치하였고 Hotel Carlton으로 개관을 하여 대성공을 거두었다. 그 이후 리츠개발회사(Ritz Development Company)를 설립하여 미국의 호텔경영에 관여하기 시작하면서, 호텔의 고급화를 지속적으로 전개하여 오늘날의 전 세계적인 리츠칼튼(Ritz Carlton)의 브랜드 체인화에 공헌하였다.

인 경영을 시도하였다. 그는 일반대중들을 대상으로 우수한 상품과 시설, 서비스 등을 적정한 가격에 제공하면서 호텔을 일반대중들도 손쉽게 이용할 수 있도록 대중화에 크게 기여하였다.

이와 같은 역사적인 변천과정을 겪으면서 환경변화에 대한 수요자의 속성요인의 다양화, 여행자의 양적인 증가, 소비패턴의 다양성, 기술혁신과 노동시장의 변화, 가족패러다임의 변화, 여가시간의 증대 등 여러 가지 사회, 정치, 경제, 문화 등 사회패러다임의 변화로 인하여 호텔산업은 지속적으로 변화·발전되어왔다.

2. 외국호텔의 발달과정

1) 영 국

호텔이라는 용어가 1726년 영국의 런던에서 처음으로 사용되면서, 산업혁명 이후 숙박산업이 본격적으로 능장하기 시작하였다. 산업혁명과 함께 해변과 휴양지를 중심으로 관광지가 형성되면서 숙박시설은 초기의 여인숙(inn)형태로 등장하였으나, 단순한 간이숙소의 기능만을 담당하는 것이 전부였다. 그리하여 18세기 초 데이비드 로우(David Low)에 의해 1744년 런던에 first family hotel이 개관되었으며, 포츠모스(Portsmouth)에 george hotel이 운영되었다. 따라서 inn이라는 숙박시설은 여행객을 위한 저렴한 숙박시설로서 단순한 간이숙소의 기능을 담당하였으나, 이러한 호텔들은 넬슨제독(Nelson)과 웰링톤(Wellington)과 같은 일부 특권계층과 부유층들이 주로 이용하였다.

그리고 영국 런던에 사보이 호텔(savoy hotel)이 개관을 하였으나 경영이 어려워 약 6개월 뒤에 고급호텔의 창시자로 잘 알려진 스위스 태생의 세자르 리츠(Cesar Ritz)에 경영권을 넘기게 되었다. 사보이 호텔은 전 객실에 화려한 조명과 고급설비를 갖춘 그 당시 최고급 호텔이었다. 또한 1899년 런던에서는 전 객실에 욕실과 샤워시설을 갖춘 칼튼호텔(the carlton hotel)이 개장을 하면서 오늘날과 같은 현대적인 호텔산업의 기능을 담당하게 되었다.

이와 같이 영국의 호텔산업은 저렴한 숙박시설과 고급호텔로 양분되면서 발

전을 거듭하여 왔으나, 현재까지도 inn으로 불리는 숙박시설이 현대식으로 개조되면서 존속되고 있다. 그리고 유럽의 복고풍 스타일과 웅장하면서도 우아한 매력을 아름답게 복원시키면서 호텔의 대중화에 성공하였다고 할 수 있다.

2) 독 일

근대적인 호텔로 개관된 것이 1807년에 온천지역으로 유명한 (baden-baden)지방의 바디쉐 호프(der badische hof)였다. 이 호텔은 초창기의 숙소기능에 비하여 대체적으로 호화스러운 숙박시설로 건립되었다. 또한 19세기 중엽에 바디쉐 호프 호텔은 전 유럽의 호텔개관에 막대한 영향을 미치게 되었다. 특히 1874년에는 베를린에서 카이저 호프(kaiser hof)라는 숙박시설과 1876년에는 프랑크푸르트 호프(frankfurter hof)라는 고급형의 호텔을 개장하는데 많은 영향을 미쳤다.

이 당시에 주목할 만한 것은 독일에서 유스호스텔이라는 숙박시설어 최초로 등장하게 되었다. 즉, 동프러시아 태생의 초등학교 교사였던 리하르트 시르만(R. Shirmann)이 1910년에 "알테나성 유스호스텔"을 건립하여 건전한 청소년의 숙박시설로 사용하였는데, 이것이 세계 최초의 유스호스텔이 되었다. 그 이후 독일에서는 리하르트 시르만을 위원장으로 유스호스텔협회가 결성되었다. 그리하여 1914년에는 전국적으로 무려 83개의 유스호스텔이 건립되면서 전세계적으로 유스호스텔이 급속도로 확산되었다.

3) 미 국

1794년 뉴욕의 맨하탄 근교에 시티호텔(city hotel)이 73개의 객실로서 미국 최초의 호텔로 개관을 하였다. 이 호텔은 넓은 공간과 안락한 분위기를 제공하면서도 고객을 위하여 룸서비스를 처음으로 도입하였다. 그리고 이 호텔은 1813년까지 뉴욕에서 가장 큰 건물의 호텔이었으며 1849년까지 존속되어 영업을 하였다.

1829년 보스톤에 170개의 객실을 갖춘 트레몬트 하우스(tremont house)가 최초의 현대식 호텔양식으로 개관이 되었다. 이 호텔은 상업호텔의 효시가 되

었고 새로운 호텔의 건축양식과 경영방식을 도입하였다. 즉, 최초로 싱글베드(single bed)와 더블베드(double bed)를 고객에게 제공하면서, 각 객실마다 열쇠(room key)와 도어체인(door chain)을 사용하였다. 또한 최초로 프랑스 요리가 소개되기도 하였으며, 벨맨(bellman)제도와 객실전화시스템을 도입하고 정중한 서비스를 할 수 있도록 종사원교육시스템을 가동하였다. 그리고 이 호텔은 약 65년 동안 성업을 하였지만, 후반기 20년 동안은 2급 호텔로서 운영이 되었다.

1830년 이후부터 현대식 호텔의 건축 붐이 미국의 전지역으로 확대되기 시작하였는데, 시카고(chicago)의 그랜드 퍼시픽(grand pacific)과 팔머 하우스(palmer house)가 건립되었고, 샌프란시스코(sanfrancisco)에는 팔래스 호텔(palace hotel)이 화려한 모습으로 건립되었으며, 1893년에는 뉴욕에 전 객실에 욕실을 설치한 호텔로서 와돌프 아스토리아(waldolf astoria)가 개관을 하였다.

그리고 1908년에는 가격의 저렴화를 통하여 호텔의 대중화에 크게 기여한 엘즈위즈 밀튼 스타틀러(Ellsworth Milton Statler: 1863~1928)[3]가 직접 설계하여 버팔로(buffalo)에 스타틀러 호텔(statler hotel)을 개관하였다. 그는 호화롭고 안락한 고급호텔을 일반 중산층 여행자들에게 적정한 가격으로 제공하였다. 또한 이 스타틀러 호텔의 출현으로 상용호텔의 시대가 개막되면서 매우 저렴한 가격으로 일반인들이 호텔을 편안하게 이용할 수 있었고 호텔의 대중화를 앞당기게 되었다. 그리고 1918년에는 세인트루이스 스타틀러 호텔(st. louis statler hotel), 1922년에 펜실베니아 스타틀러 호텔(pennsylvania statler hotel)이 2,200개의 객실로서 그 당시 세계에서 가장 큰 호텔로 개관을 하였다. 이 펜실베니아 스타틀러 호텔은 외과병실과 치과의료 그리고 야간환자를 위한 의료시설 등 완벽한 의료서비스를 고객에게 제공하는 세계최초의 호텔로 명성을 얻게 되었다. 그리

---

3. 스타틀러는 1863년 독일계 이민의 아들로 태어났으며, 9세 때 유리공장의 소년견습생으로 일을 시작하였다. 13세 때에 맥클러 하우스(McClure House)에서 벨맨으로 시작하여 15세에 캡틴이 되었다. 그 후 그는 당구장과 볼링장을 대리경영하기도 하였으며, 나중에는 파이 하우스(Pie House)라는 식당으로 개조하여 대성공을 거두었다. 30세 이후에는 버팔로에 정착하여 그의 친구의 도움을 얻어 엘리코트 스퀘어(Ellicott Square)라는 빌딩의 지하실을 빌려 레스토랑을 개업하였다. 처음에는 경영에 많은 어려움을 겪었으나, 저렴한 식사문화와 긴축경영, 원가절약, 새로운 아이디어 창출과 패키지상품(행운의 티켓소유자에게 상품제공) 등을 개발하여 3년이라는 짧은 기간에 많은 흑자를 달성하였다. 그리하여 이러한 경영수완을 발휘하여 본격적인 호텔업에 진출하는 계기를 마련하였다.

하여 스타틀러 호텔회사(the statler hotel company)라는 체인화를 실시하였고, 스타틀러가 1928년에 사망하였지만 1929년에 발생한 미국경제의 대공황에도 스타틀러 호텔은 계속 번창하였다.

그 후 1954년에 힐튼호텔의 창시자인 콘라드 힐튼(Conrad N. Hilton)이 스타틀러 호텔의 전 체인을 인수하게 되었다.

1927년에는 시카고에 객실 3,000실을 보유한 초대형 호텔인 스티븐스 호텔(stevens hotel : 나중에 conrad hilton hotel로 개명)이 개관되었는데, 이 호텔은 1985년에 시카고 힐튼 앤드 타워(chicago hilton & tower)로 상호가 변경되면서 1,756실의 컨벤션 호텔로 재건설되었다.

그리고 1952년에 테네시(tennessee)의 근교에 케모스 윌슨(Kemmous Wilson)이 홀리데이 인(holiday inn)을 개관하였다. 홀리데이 인은 세계최대의 호텔경영 체인으로서 쉐라톤(sheration)과 힐튼(hilton)을 합한 것보다 더 많은 객실을 보유하고 있다. 즉, 윌슨이 처음 홀리데이 인을 설립한 이래 얼마 후에는 약 500개의 모텔(motel)을 소유하게 되었다.

그는 1976년경 전 세계 25개국과 50개 주에 1,700개 이상의 호텔을 소유하였거나 프랜차이즈의 의한 경영참여를 하게 되었다. 그리고 1994년에는 2,145개의 호텔에 361,405실의 객실을 보유하게 되었다. 윌슨은 스타틀러의 경영방식을 도입하였는데, 중산층이 저렴한 가격으로 편리함과 안락함 그리고 훌륭한 서비스를 동시에 받을 수 있도록 하였다.

이상과 같이 미국의 호텔산업에 대한 성장흐름을 가장 대표적으로 나타낼 수 있는 특징적인 것만을 소개하였지만, 특히 1980년대 이후 미국의 호텔산업에서 두드러지게 나타나는 특징은 초대규모화와 초현대화 시설로서 복잡성과 다양성을 골고루 충족시킬 수 있는 형태로 발전되고 있다는 것이다. 그리고 1993년 이후에도 새로운 신규호텔이 개관을 하였는데, 미국 남부지방의 텍사스(texas)주 근교에 미국 최대의 컨벤션호텔로 유명한 달라스 힐튼호텔(dallas hilton hotel)과 미국 최대의 리조트호텔인 라스베가스(Las vegas)에 있는 플라밍고 힐튼호텔(flamingo hilton hotel)이 성업 중에 있다. 또한 오늘날까지 세계 최대의 호텔로 알려진 객실 수 5,005실의 엠지엠 그랜드호텔(MGM grand hotel)이 라스베이거스에 위치해 있다.

4) 프랑스

　프랑스에서는 약 16세기경에 절대적인 군주제도로 황후나 귀족 등 특권계층을 사교장으로 호화스런 객실과 식음료 그리고 서비스가 제공되기 시작하였다. 이러한 시설물을 갖춘 사유물이나 공공건물들이 호텔로 불리거나 전환되기 시작하면서 호텔산업이 발전되었다.

　특히 프랑스에서는 1850년에 건립된 르 그랑 호텔(le grand hotel)이 회사조직에서 운영된 최초의 호텔이었으며, 1855년에는 나폴레옹 3세에 의해서 파리에 드 루브르 호텔(du louvre hotel)이 개관되었다. 이러한 호텔은 궁전형의 웅장한 호텔로서 그 당시 상류층인 귀족들의 사교의 중심지 역할을 담당하였다.

　그리고 세계호텔의 고급화를 실현시킨 세자르 리츠(Cesar Ritz)가 1898년 파리에 리츠호텔(ritz hotel)을 개업한 후, 1899년에는 런던에 호텔칼튼(hotel carlton)을 성공적으로 개업하였다. 이러한 호텔의 성공적인 개업으로 유럽 각지에서는 18개의 리츠 체인호텔이 탄생하게 되었는데, 이는 오늘날 체인호텔을 경영하는 데 많은 공헌을 하게 되었다. 즉, 프랑스에서 발달한 호텔산업이 미국으로 건너가 현대의 호텔산업이 발달하게 된 기반이 되었으며, 이와 함께 리츠호텔은 다른 나라에도 많은 체인을 형성하여 근대 체인호텔 시스템을 구축하는데 선도적인 역할을 담당하였다. 또한 1912년에는 루마니아 태생의 헨리 네그레스코(Henri Negresco)가 리조트호텔의 개념으로서 네그레스코 호텔(henri negresco hotel)을 개관하였다. 그 후 세계 제2차 대전 후 프랑스의 호텔산업은 교통수단의 발달과 산업화의 영향으로 호텔경영이 기업화, 국제화, 대형화를 추구하면서 점차 대중화되기 시작하였다. 그러나 초창기의 고성이나 귀족들의 사유지 또는 공공건물을 개조한 호텔들은 프랑스만의 전통과 귀족적인 우아한 멋을 간직한 채 영업을 지속하고 있는 것이 많다.

　프랑스는 찬란한 역사와 함께 유럽의 중심국가라는 지리적 이점과 와인과 브랜디의 주원료인 포도의 생산지역이 광대하여 아직까지 세계적인 관광대국의 입지를 고수하고 있다. 따라서 전국에 호텔들이 산재되어 있는데, 파리에 메우리스 호텔(meurice hotel)을 비롯하여 Plaza Athens Hotel, Four Seasons Hotel, Hotel Bristol, Le Crillon Hotel 등이 대표적인 호텔들이다.

특히 프랑스의 호텔등급은 크게 6가지로 나뉘게 되는데, 등급표준을 매우 까다롭고 엄격하게 정해 놓았다. 즉, 장애인들을 위하여 모든 등급의 호텔에 신체가 불편한 사람들을 위한 시설을 완벽하게 구비하도록 필수사항으로 정해놓았다는 점이다.

3. 한국호텔의 발달과정

1) 호텔의 도입기

우리나라의 숙박시설은 삼국시대부터 여러 가지의 형태와 목적으로 주거지를 떠나 다니면서 이동을 했던 것에서 그 유래를 찾아볼 수 있으나, 그 당시에는 민박, 역관, 주막, 객사, 객주 등의 숙박형태로 나타났으며, 오늘날 에 불리어지고 있는 여관과 여인숙과 같은 숙박시설은 일제시대에 도입된 형태이다.

이러한 역사적인 과정을 통하여 호텔의 개념이 생성된 동기는 철도교통의 발달에서부터 기인할 수 있다. 즉, 1899년 4월 19일에 우리나라 최초의 철도시설로 경인선이 개통되었다. 1905년 1월 1일에 경부선이 개통되었으며, 1906년에는 경의선이 그리고 1912년 9월에는 경부선이 복선철도로 개통을 하였다. 따라서 철도역사의 교통요충지를 중심으로 인구가 집중되면서 이동을 목적으로 하는 여행객이 증가되기 시작하면서 여인숙 → 여관 → 호텔이라는 숙박시설이 한국에 등장하기 시작하였다.

우리나라 최초의 서양식 호텔은 인천의 서린동에 건립된 대불호텔이었다. 이 호텔은 3층 벽돌건물에 객실 11개를 갖춘 양식호텔이었으며, 1887년에 일본인이 착공하여 1888년에 개관하였다. 그 당시 구라파인과 미국인들이 주로 이용을 하였으나, 1918년경에 중국인에게 매각되었다.

또한 서양식 호텔로서 서울에 최초로 건립된 것은 손탁호텔(sontag hotel)이었다. 이 호텔은 1902년 10월 독일 여인인 손탁(Antoinette Sontag)[4]이 건립하였으며, 1층에는 서양식 식당과 회의실을 갖추었으며 2층이 객실이었다. 또한 서양식 프랑스 요리를 처음으로 도입하였고, 그 당시 외교적인 중심장소로 기능을 담당하기도 하였으나 1917년경에 이화학당이 매입하였다.

2) 근대호텔의 발전기

1914년 10월 10일 서구식과 한국식을 혼합하여 4층 건물에 65개의 객실을 보유한 조선경성철도호텔이 서울 소공동에 개관을 하였다. 건립당시 호텔은 최초의 근대적인 서양식 호텔로서 명나라 사신을 접대하였던 영빈관 자리였으며, 고종황제의 즉위식 장소로 널리 알려진 우리나라 역사의 한 장소였다. 비록 처음에는 일제시대 총독부 철도국 주관으로 외국인들을 위한 숙박장소로 건립이 되었지만, 프랑스 요리가 제공되었으며 회의장을 갖춘 근대식의 숙박시설로서 우리나라 관광산업의 발전을 위한 토대를 마련하였다. 그리고 1949년경에는 한국정부의 경무대에서 약 6개월 정도 조선호텔로 명칭을 변경하여 운영을 하다가, 한국전쟁 이후에는 미군장병들의 숙소와 휴식처로 사용되기도 하였다.

그 이후 1963년 국제관광공사(현 한국관광공사 전신)의 설립과 함께 공사 직영으로 귀속되었고, 조선호텔은 1970년에 지하 1층 지상 18층 규모의 현대식 건

---

4. 고종과 명성황후의 총애를 발판으로 대한제국 외교계의 막후 실력자로 군림했다. 손탁은 1885년 먼 인척인 초대 주한 러시아공사 베베르(베베르의 처남이 손탁의 제부)를 따라 한국으로 이주했다. 손탁은 프랑스령이었던 알자스로렌에서 태어났지만, 1871년 보불전쟁에서 프랑스가 패하고 알자스로렌 지방이 독일에 병합됨에 따라 국적이 독일로 바뀌었다. 손탁은 베베르의 추천으로 궁내부에 들어가 외국인 접대업무를 맡았다. 미모와 교양을 겸비한 손탁은 영어, 불어, 독어, 러시아어에 능숙하며 프랑스 요리 실력이 탁월했다. 손탁은 한국정부와 러시아공사관 사이의 중개자로서 제2차 한·러밀약(1886)과 아관파천(1896)에도 개입했다. 고종은 1895년 손탁에게 정동에 있는 저택(대지 1184평)을 하사했다. 손탁의 저택은 서양 외교관들과 친미·친러파 정치가들의 회합장소로 애용되었고, 서양인을 위한 식당 겸 호텔로도 사용되었다. 1902년 손탁은 궁내부로부터 건축자금을 지원받아 고종에게 하사받은 저택을 허물고 그 자리에 2층 양옥을 신축해 손탁호텔을 개업했다. 이 호텔은 욕실 딸린 객실 25실을 갖춘 서울 최초의 서양식 호텔로서 한국정부의 영빈관으로도 이용되었다. 그 후 손탁호텔은 1917년 이화학당에 매각되었고, 이화학당은 1922년 손탁호텔을 철거하고 그 자리에 프레이 홀(Frey Hall)을 신축했으며, 프레이 홀이 1975년 화재로 소실된 뒤에는 그곳에 이화 100주년 기념관(2004년)이 들어섰다.

물로 국가의 경제발전과 사회·정치·문화의 중심지로서 그 기능을 담당하며 새롭게 증축되었다. 그 후 조선호텔은 1981년에 미국 웨스틴 인터내셔널(Westin International)과의 경영협약을 통하여 웨스틴 조선(Westin Chosun)으로 명칭을 변경하였으며, 1995년경부터 신세계에서 경영권을 인수받아 객실 453실을 보유한 초특급호텔로 경영하고 있다.

한편, 1936년 반도호텔이 일본인에 의해 8층 콘크리트건물에 객실 111개로서 개관을 하였다. 그 당시 한국최대의 규모였지만, 일본인과 서구인들이 주로 이용하는 숙박시설이었으며, 1954년 10월경에 한국정부의 교통부에서 인수하여 운영하였다. 그리고 1962년 9월경부터 1974년 7월까지 국제관광공사에서 운영을 하였으나, 그 후 현재의 호텔롯데가 인수하여 우리나라 최대의 호텔산업을 경영하고 있다. 이러한 가운데 1945년 해방 후에는 대원호텔이 1952년에, 오늘날 소피텔앰버서더 호텔의 전신인 금수장호텔이 1955년에, 해운대 관광호텔과 온양호텔이 1957년에 각각 개관됨으로서 우리나라에서도 본격적인 민영호텔이 등장하기 시작하였다.

3) 현대호텔의 발전기

우리나라의 호텔산업이 현대식으로 발전하게 된 주요배경은 1961년에 관광사업진흥법의 제정으로 말미암아 본격적인 계기를 마련하게 되었다. 이때를 시점으로 하여 메트로호텔(metro hotel), 사보이호텔(savoy hotel), 아스토리아호텔(astoria hotel), 그랜드호텔(grand hotel) 등이 민영기업이 운영하는 명실상부한 관광호텔로서 명칭을 사용하여 영업을 하기 시작하였다.

특히 1963년에는 우리나라 최초의 리조트호텔이면서도 가장 현대적인 호텔인 워커힐(walkerhill)이 개관하게 되었다. 처음에는 6.25때 전사한 미국인 Walker장군을 추모하기 위하여 건립하였으나, 전쟁 이후에는 국가안전과 복구 등을 위하여 한국에 주둔한 미국인들을 위한 휴양시설과 그리고 무역거래와 방한객을 유치하기 위하여 한국관광공사에서 운영을 하였다. 이는 그 당시 254개의 객실과 오락시설 및 식음료, 부대시설 등을 종합적으로 갖춘 최대의 리조트호텔이었다.

이 호텔은 1973년에 선경그룹(SK그룹의 전신)이 인수하였고, 1978년에 쉐라

톤 체인호텔(sheraton chain hotel)과 경영협약을 체결하면서 객실 792실과 국제
회의장, 칵테일 바, 오락실, 카지노, 클럽 등의 대형호텔로 증축하여 쉐라톤 워
커힐(Sheraton Walkerhill)로 호텔 명칭을 변경하였다. 그리고 현재는 객실 수
804실의 초특급호텔로서 워커힐 호텔&리조트(Walkerhill hotel & resort)로 명칭
을 변경하여 SK그룹에서 새로운 지식경영을 도입·운영하고 있다.

그리고 1966년에는 322실의 세종호텔이 민영기업에 의해 건립되었고, 1970년
대에 접어들면서 주요 대형호텔들이 연속적으로 개관을 하게 되었다.[5]

4) 1980년대 이후의 발달과정

1980년대에 접어들면서 우리나라의 호텔산업은 황금기를 맞이하였다. 특히
1986년 서울 아시안게임과 1988년 서울올림픽대회를 전후하여 우리나라를 방
문하는 관광객이 급증하였다. 이러한 배경으로 세계적인 유명 체인호텔과 국내
대기업들이 호텔산업에 본격적으로 진출을 하였다.

이 당시에 개관을 한 주요호텔은 힐튼호텔, 스위스그랜드호텔, 인터컨티넨탈
호텔, 라마다르네상스호텔, 뉴월드호텔, 팔래스호텔, 롯데월드호텔, 설악파크호
텔, 제주그랜드호텔, 제주하얏트호텔, 부산하얏트호텔, 파라다이스비치호텔, 다
이아몬드호텔(현 울산 현대호텔) 등이 최고급의 시설과 양질의 서비스를 고객들
에게 제공하였다. 그리하여 이때를 기점으로 하여 우리나라의 호텔산업은 한국
관광산업을 발전시키는데 선도적인 역할을 담당하였으며, 전국의 대학들은 관광
전문인력의 양성을 위하여 호텔산업과 관련한 학과를 적극적으로 개설하였다.

한편, 1990년대 이후에는 호텔산업을 주력 기업으로 선정한 롯데그룹이 전국
주요도시에 초특급 롯데호텔(1993년 8월 7일 대전의 롯데호텔 개관, 1997년 3월
2일 부산 롯데호텔 개관, 2000년 4월 25일 제주 롯데호텔 개관, 2002년 2월 28일
울산 롯데호텔 개관)을 개관하였다. 이외에도 제주 신라호텔, 경주의 힐튼호텔
과 현대호텔 등 초특급 규모의 현대적인 호텔들이 성공적으로 개관을 하였다.

---

5. 1970년대에 개관된 주요 호텔: 코리아나호텔, 조선호텔, 프라자호텔, 하얏트호텔, 도큐호텔, 로
   얄호텔, 프레지던트호텔, 신라호텔, 롯데호텔, 올림피아호텔, 가든호텔, 서라벌호텔, 코모드호
   텔, 조선비치호텔, 뉴설악호텔, 칼호텔, 코오롱호텔, 경주조선호텔 등의 특급호텔이 개관되어
   호텔산업의 최대 성숙기를 맞이하였다.

 호텔사업의 특성과 경영형태별 특성

1. 호텔사업의 특성

호텔사업은 고객에게 숙박과 음식을 제공하는 것 외에 고객의 천차만별적인 욕구를 충족시켜줄 수 있는 다양한 서비스를 제공해야 한다. 이를 위하여 현대의 호텔기업은 숙박 및 식음료 시설 이외에도 스포츠, 레저와 레크레이션, 회의장, 전시장, 예식장 등 고객의 다양한 욕구충족에 부응할 수 있는 구조적인 시설과 인적자산을 갖추고 있다. 또한 현대호텔의 의의는 기업 고유의 목적인 이익창출뿐만 아니라 개개인의 욕구충족을 위한 공간으로도 중요하지만, 궁극적으로 예술적·문화적·사회공공의 비즈니스를 위한 커뮤니케이션의 기능을 담당한다. 이처럼 매우 중요한 기능을 수행하는 호텔사업의 특성을 경영적인 측면과 시설적인 측면 그리고 환경적인 측면으로 세분하여 살펴보도록 한다.

1) 경영적인 측면

(1) 고정자산과 인적자산에 대한 높은 의존성

호텔사업은 고정자산에 대한 비중이 일반기업보다 훨씬 높은 편이다. 보편적으로 일반기업은 건물이나 시설과 같은 고정자산보다는 상품이나 현금과 같은 유동자산의 비중이 높다고 할 수 있다. 그런데 호텔사업은 토지, 건물, 기계 기구류, 집기 비품류 등 고정자산에 대한 투자금액이 70%~80% 이상을 차지하므로 호텔사업을 위한 최초의 자본투자가 매우 높은 편이다.

또한 호텔사업은 객실과 식음료 그리고 부대시설 등의 다양한 상품을 생산하지만, 가장 중요한 것은 이렇게 생산된 상품과 시설을 소비자들에게 판매를 담당하는 인적자산의 의존성이 다른 기업에 비하여 상대적으로 매우 높다는 것이다. 오늘날 사회현상은 기계화, 정보화, 자동화, 지식문화 등 첨단산업화로 사회패러다임이 바뀌었지만, 호텔사업에서는 이러한 첨단기술과 시스템이 인적서

비스의 노하우를 대신할 수는 없다. 즉, 호텔사업은 인적자산의 핵심요소로서 종사원이 감정과 분위기를 가지고 소비자에게 시설과 상품 그리고 서비스 행위를 판매하는 것인데, 다른 어떤 대상들이 이러한 행위를 대신하거나 모방할 수 없기 때문이다.

(2) 연중무휴의 영업과 공급과 수요의 불균형

호텔경영은 일반적으로 1년 365일과 1일 24시간의 연속적인 시스템으로 상품과 시설 그리고 서비스를 판매한다. 즉, 호텔리어(hotelier)는 환경적인 요인에 의한 특수한 상황과 천재지변의 경우를 제외하면, 평일을 비롯하여 공유일과 국경일에도 소비자가 다양한 욕구충족을 할 수 있도록 호텔상품과 시설 그리고 인적서비스를 제공할 수 있어야 한다. 따라서 호텔리어는 다른 사람을 위하여 자기감정을 통제할 수 있어야 하며, 가장 이상적인 서비스를 수행할 수 있도록 유·무형의 지식을 확고히 간직하고 업무에 활용할 수 있어야 한다. 그리고 호텔사업은 비수기(off season)와 성수기(on season)가 동시에 공존하고 있다. 즉, 국내·외 여행객(관광객)들이 활발하게 이동을 하게 되면 성수기가 되고, 그렇지 않으면 대체적으로 비수기에 해당된다고 한다. 특히 이러한 현상은 리조트 호텔(resort hotel)에서 흔히 발생되지만, 최근에 와서는 새로운 경영전략과 효율적인 마케팅계획의 수립으로 틈새시장(niche market)을 개척하면서 어느 정도 극복되고 있다.

이와 같이 오늘날 호텔사업은 성수기에는 경영상의 어려움이 없기 때문에 패키지상품이나 성수기요금(on season rate) 또는 CP(continental plan)제도 등과 같은 경영전략을 수행하기도 하지만, 비수기에는 여러 가지 다양한 경영전략과 마케팅계획을 수립하여야 한다. 즉, 비수기요금(off season rate)도입과 가격할인, 이벤트 상품개발, 기업행사 유치 및 상용요금(commercial rate) 등 판매촉진(sales promotion)을 위하여 다양한 시스템을 활용하고 있다.

(3) 상품의 이동판매 한계성과 생산과 판매의 동시성

호텔사업에서 생산되는 상품과 시설은 다른 장소로 이동하여 판매가 어렵다. 즉, 일반기업에서 생산되는 상품은 다른 지역에 판매망을 두고 상품을 이동시

켜 판매를 할 수 있지만, 호텔에서 생산되는 일부상품은 비록 인터넷쇼핑과 텔레마케팅을 통하여 판매에 성공했다 할지라도 판매된 상품을 고객에게 배달하지 못하고 고객이 직접 호텔을 방문하여 소비하여야 한다. 그러므로 출장연회(catering)에서처럼 간편한 식음료 상품은 가까운 거리에 이동시켜 판매를 하는 경우도 있지만, 객실, 호텔 내부의 영업장, 수영장, 사우나 등의 부대시설을 이동판매 할 수는 없다. 한편, 호텔상품은 생산과 소비가 동시에 발생된다.

예를 들면 객실상품을 이용하려는 고객이 호텔에 체크인(check in)을 하게 되면 이 순간부터 호텔에서는 서비스행위가 발생되며 판매가 이루어진다. 뿐만 아니라 객실상품은 당일에 판매하지 못하면 일반기업의 다른 상품처럼 저장하여 판매할 수 없는 비저장성의 특징을 가지고 있다. 일반기업에서는 생산된 제품이 판매가 불가능하여도 저장하여 다른 일자에 판매하게 되면 판매시점까지 보관비용만 손실이 발생되고 판매에 따른 매출이익이 산출된다. 그러나 객실상품이 당일에 판매를 못했다고 하여 그 다음날로 이월시킬 수 없다는 것이다. 또한 고객이 식음료 영업장에서 메뉴주문을 하게 되면 주문된 메뉴가 생산되는 동시에 종사원의 서브행위로서 판매가 이루어진다. 이와 같이 호텔에서는 물품과 시설도 상품이지만 종사원의 서비스행위에 대한 상품의 가치가 무형의 상품으로서 제일 중요한 것으로 평가되고 있다.

(4) 상품의 다양성과 조직의 상호보완성 극대화

호텔상품은 고객에게 누가, 어떻게, 어떠한 분위기와 장식으로 제공하는가에 따라 다양하게 창출되기도 한다. 그리하여 고객이 호텔상품에 대해 느끼는 인식이 다양하게 나타나기 때문에 이것은 호텔경영에 직접적인 영향을 미치게 된다. 즉, 생산되는 상품의 양과 질 그리고 서비스가 좋고 나쁨에 따라 고객의 재방문이 이루어질 수도 있고 그렇지 않을 수도 있다. 다시 말해서 호텔상품은 표준화가 어렵고 고객의 여건과 상황에 따라 융통성과 탄력적으로 다양하게 생산될 수 있어야 한다. 예를 들어 연회장에서 생산되는 다양한 상품은 어떤 특정의 장소에서도 여러 가지 다양한 세팅(setting)과 배치(lay out)를 통하여 고객의 다양한 욕구를 충족시킬 수 있다. 이외에도 메뉴의 다양성과 다양한 방법으로 음료판매가 가능하고 객실타입을 적절하게 변화시키면서 판매가 가능하다.

　또한 각 조직간의 상호보완적인 업무수행이 효율적으로 수행되어야 한다. 즉, 호텔사업은 각 조직내의 부서별, 직무별 협력과 통합조정의 능력 여하에 따라 생산되는 상품의 품질과 고객의 만족도가 다르게 나타난다.

　예를 들면 투숙객이 체크인을 할 때 현관 및 프런트종사원으로부터 매우 친절한 서비스를 제공받았다 할지라도 이 고객이 식음료 영업장을 이용할 때 식음료 종사원이 불친절한 서비스를 하게 되면 고객은 호텔을 대상으로 불만족하게 된다. 따라서 조직의 상호보완성 극대화가 매우 중요함을 알 수 있다.

2) 시설적인 측면

(1) 시설의 조기노후화, 기계화의 한계성

　호텔사업은 일반기업에 비하여 시설에 대한 노후화가 대체적으로 빠르게 나타난다. 호텔의 상품은 건물과 시설 그 자체를 고객이 이용하게 되며, 호텔사업에서는 고객의 증감이 경영성과와 직접 관련이 있기 때문에 가능한 많은 고객을 유치하기 위하여 노력하게 된다. 그리하여 고객의 많으면 많을수록 또한 시간이 경과될수록 시설의 노후화가 빠르게 진행된다. 그리고 호텔사업은 특히 고객과의 접점에서 대부분의 상품이 판매되기 때문에 접점순간에 발생되는 노하우를 기계화하는데는 많은 한계성이 있다.

(2) 공공장소적 역할과 안전관리의 중요성

　호텔사업은 기업의 고유목적인 이익달성이라는 부분도 있지만 대외적으로는 국가의 대외경쟁력 제고와 국가의 공적인 행사장소로서도 매우 중요하게 활용되고 있다. 오늘날에는 세계화, 국제화의 시대에 국가간의 교류가 빈번해지고 자국의 이익을 위하여 다른 국가를 방문하는 공무수행이 끊임없이 이루어지고 있다. 따라서 이러한 공공장소적 역할로서 호텔사업은 전략적으로 육성되는 성격을 가지고 있다. 특히 이러한 중요한 역할을 수행하는 호텔사업에서 무엇보다 가장 중요한 것은 모든 고객들의 안전을 최우선으로 해야 한다는 것이다. 숙박을 하고자 객실에 투숙한 고객들은 자신의 안전관리를 전적으로 호텔에 맡기게 된다. 이처럼 중요한 안전관리를 호텔에서는 매우 철저하고 신중하게 실행해야 하는 절대적인 의무가 있다.

3) 환경적인 측면

(1) 정치·경제·사회적 환경변화에 대한 민감성

오늘날의 경영환경은 정치·경제적 사회 환경변화에 따라 매우 복잡하면서도 다양하게 나타나며 그 범위도 확대되고 있다. 특히 호텔사업은 정치·경제적 사회변화에 따라 매우 민감한 상호작용을 보여주고 있다.

우리나라는 국제통화기금(IMF; international monetary fund)의 지원을 받을 때 이러한 현상이 현저하게 나타난 바 있으며, 미국의 9.11테러사건, 이라크 전쟁 및 사스(전염병)의 영향 등으로 인하여 각 해당국가의 관광산업은 매우 민감하게 영향을 받았다.

(2) 기업의 내·외적 환경변화에 대한 민감성

호텔사업은 정치·경제적 사회 환경변화에도 예민한 영향을 받게 되지만, 기업의 내·외적인 환경변화에 따라서도 영향을 받는다.

기업의 환경을 내적 환경과 외적 환경으로 구분한다면 내적 환경이란 호텔기업 내부의 구조적 시스템과 인적시스템을 말하여 외적환경이란 기업경영에 직접적인 영향을 미치게 되는 경쟁기업과 기상상태, 교통의 접근상태, 지역사회의 제도시스템, 시민의식과 문화 등 기업을 둘러싸고 있는 외적인 환경변화에도 호텔사업은 영향을 받게 된다.

2. 호텔의 경영형태별 특성

호텔의 경영형태는 개별경영과 임차경영 그리고 체인경영 호텔로 크게 구분하며, 체인경영호텔은 세부적으로 위탁경영 호텔, 일반체인 호텔, 프랜차이즈체인 호텔의 경영형태로 구분할 수 있다.

1) 개별경영 호텔

개별경영 호텔(independent management hotel)은 다른 사람으로부터 자금지원(금융권의 자금지원은 아님)이나 기술지원에 의존하지 않고 개인의 자본과 노하우로 운영되는 독립경영 호텔을 말하며, 단독경영 호텔이라고도 부른다.

이것은 체인경영 호텔과 같이 브랜드나 시스템, 경영이념, 경영기술 등에서 일관적인 공통점이 없는 대신에 독자적인 경영기법과 브랜드로 호텔을 경영한다.

개별경영 호텔은 운영방식에 따라 소규모의 가족단위 또는 순수한 개인의 자본에 의한 개인회사형과 몇 사람이 공동으로 자본을 투자하여 동업형태로 경영에 참여하는 공동회사형 그리고 제3자 또는 회사와의 연계를 통한 주식회사형이 있다. 물론 오늘날의 기업경영은 대부분 자본과 경영이 분리된 주식회사 형식을 선호한다. 개별경영 호텔은 외부로부터 경영간섭을 받지 않는 독자적인 경영과 인사권, 독자적인 교육시스템과 의사결정의 신속성 등의 장점이 있다. 그리고 단점으로는 자금관리의 어려움, 판단오류의 위험요소 존재, 경영자의 지식공유 한계, 획일적인 의사결정 우려, 감사기능의 최소화 등이 있다. 이처럼 개별경영 호텔은 경영과정에 있어 많은 일들이 오너(owner)의 판단에 좌우되기 때문에 위험요소가 많이 수반되기도 한다.

2) 임차경영 호텔

임차경영 호텔(lease management hotel)이란 토지 및 건물의 투자에 대한 자금조달 능력이 충분하지 못한 호텔경영자가 제3자의 건물을 계약에 의하여 임차(lease)하여 호텔사업을 경영하는 경우를 말한다. 일반적으로 호텔사업의 경영자는 호텔(건물)소유자에게 사전에 결정된 임차료를 지불하면서 약정된 임차기간까지 직접적인 경영을 할 수 있다. 임차경영 호텔의 장점은 호텔(건물)소유자는 호텔경영의 경험 없이도 자본투자에 대한 일정한 임대료(수수료)를 획득할 수 있고, 호텔사업의 경영자는 막대한 자본투자 없이도 호텔경영의 전문가적인 지식과 노하우만을 가지고 일정한 임차료를 지불하지만 직접적인 경영주체자가 될 수 있다. 그리고 단점으로서 호텔소유자는 토지와 자본의 최초투자가 선행되지만 호텔경영자에게 임차기간동안 경영간섭을 못하며, 임차계약으로 인한 수익성과 비용부담이 고정적이다.

3) 체인경영 호텔

체인경영 호텔(chain management hotel)은 세부적으로 위탁경영 호텔, 일반

체인 호텔, 프랜차이즈체인 호텔의 경영형태로 구분할 수 있다. 일반적으로 체인경영이라 함은 체인본부가 풍부한 경영기술과 노하우를 제공하고 이에 상응하는 기술료를 받거나 일정지분의 투자에 참여하여 기업을 경영하는 것이다.

현재 국내 초특급호텔들도 축적된 경영기술과 노하우를 바탕으로 해외진출을 적극적으로 모색하고 있다. 국내 대기업에서 주로 운영하는 특급호텔들은 오래 동안 선진호텔들의 기술을 습득하여 왔으며, 막대한 비용을 지불하면서까지 위탁경영 또는 프랜차이즈 경영방식을 도입해 왔다.

체인경영 호텔의 장점은 첫째, 광범위하고도 정체성이 확립된 효율적인 광고와 홍보가 가능하고 상대적인 광고비용이 저렴하다. 둘째, 선진호텔의 경영기술 습득이 용이하고 효과적인 예약 및 교육시스템 운영이 가능하다. 셋째, 원재료의 대량구매로 인하여 원가절감이 가능하고 전문경영인의 지식을 다양하게 활용할 수 있다. 넷째, 전사적인 지식경영활동의 시스템구축이 용이하다.

한편, 체인경영 호텔은 위탁경영의 방식에 따라 약간의 차이점이 있지만 일반적으로 다음과 같은 단점이 있다. 첫째, 호텔경영권과 인사권의 활동에서 통제가 따른다. 둘째, 위탁경영에 따른 수수료를 지불해야 한다. 셋째, 경영협약 조건을 지속적으로 유지하기가 힘들다.

(1) 위탁경영 호텔

위탁경영 호텔(contract management hotel)은 소유회사와 경영회사간 경영협약을 통해 위탁경영 되는 호텔을 의미한다. 호텔경영에 대한 경험이나 지식이 없는 자본주가 호텔을 설립한 후에 전문경영자에게 호텔을 위탁하여 경영을 하게끔 하는 방식이다. 이것은 '소유와 경영의 완전한 분리'를 의미하며 호텔소유자는 전문경영인에게 경영위임에 따른 그 대가(경영위탁료)를 지불하고 전문경영인은 책임감과 사명감을 가지고 경영에 임해야 한다. 즉, 호텔을 소유한 기업(개인)이 전문경영회사(체인본부)에 경영협약을 통해 호텔경영을 위탁하게 되면, 전문경영회사의 본부에서는 전문경영인을 파견하여 경영하고 협약조건에 따라 판매금액의 일정 수수료를 받게 된다. 이러한 경우에 호텔의 소유주는 경영권을 전적으로 전문경영인에게 위탁하였기 때문에 경영에 참여할 수 없다.

또한 전문경영회사(체인본부)는 호텔기업의 경영권을 인수받게 되며, 호텔기

업 전체의 운영과 감독권은 물론 회계부분까지 운영·감독하게 된다. 그런데 운영과 관리자본 및 위험요소와 경영손실 등에 대해서는 전문경영회사가 직접 투자하지는 않지만, 전문경영회사의 이익달성과 관련이 있기 때문에 경영에 최선을 다하게 된다. 예를 들어 세계적인 초일류 호텔기업인 메리어트 호텔(marriott hotel)은 미국 워싱턴에 메리어트 인터내셔널(Marriott International Inc)의 본사를 두고 전세계 총 객실 수 435,900실에 이르는 2,400여 호텔을 경영하고 있지만 자사가 직접 소유하고 있는 호텔은 불과 일부분에 지나지 않으며, 대부분 체인경영을 통한 위탁경영 방식을 선택하고 있다.

한편 국내 호텔기업 가운데 신라호텔은 자사의 브랜드인지도와 최고급지향의 이미지를 바탕으로 지오로지(Geolodge)와 지오빌(Geoville)이라는 브랜드를 개발하여 위탁경영 형태의 체인호텔 사업에 진출하고 있다.

(2) 일반 체인호텔

일반 체인호텔(general chain hotel)의 방식은 레귤러 체인(regular chain)과 리퍼럴 체인(referral chain)방식으로 구분할 수 있다. 레귤러 체인방식은 호텔의 체인본부(소유자 또는 기업)에서 보유하고 있는 호텔들끼리 상호 유리한 시장개척을 위하여 유기적인 체인형성을 구축하는 것을 말한다. 또한 체인호텔의 본부에서 다른 유망한 지역에 자본을 직접 투자하여 호텔을 설립한 후 본부에서 직접 경영인을 파견하여 경영하는 형태도 포함된다.

리퍼럴 체인방식은 각각의 독립적인 호텔들이 서로 독자성을 가지면서도 경쟁호텔과의 경쟁우위를 제고하기 위해서 호텔기업들끼리 상호간 협동 — 예를 들면 서울지역에 A호텔, B호텔, C호텔 그리고 대구지역에 D호텔, E호텔, F호텔이 각각 개별적으로 영업을 하고있다면, 상호 공동의 이익과 마케팅을 위하여 A호텔과 F호텔이 리퍼럴 체인을 맺었다고 가정을 하자. 그러면 A(F)호텔의 홈페이지에 F(A)호텔의 특징과 이미지를 연결시킬 수 있는 배너광고를 구축한다든지 A(F)호텔의 VIP고객이 F(A)호텔을 이용하게 되면 일정부분 가격할인을 받을 수 있다든지......, 등 —을 맺는 것을 말한다.

다시 말해서 이러한 경영형태는 각각의 독립호텔(independent hotel)이 각자의 독자적인 경영형태를 확보한 채 광고, 홍보, 구매, 판촉, 인터넷 정보망의 공

동구축, 예약시스템의 상호교류 등을 통해 각각의 이익을 도모하는 시스템을 말한다. 그리고 독자적으로 각 사업체를 운영하는 사람들이 각종 협회 등의 이익단체를 결성하는 것처럼 서로의 이익을 위해 스스로 부족한 부분을 공감대가 형성되는 한도 내에서 협력하는 경영형태이기도 하며, 보편적으로 연간 계약을 통하여 일정수준의 회비납부로 상호간 친목도모에 사용되기도 한다.

(3) 프랜차이즈 체인호텔

프랜차이즈란 가맹권 및 상품권의 판매권리를 의미하며, 1950년대부터 모텔과 호텔기업에서 도입된 것으로 알 수 있다. 프랜차이즈 체인호텔(franchise chain hotel)은 유명하고 지명도가 높으며 경영의 노하우가 풍부한 호텔기업이 다른 호텔에 상품과 서비스 기술 그리고 브랜드(brand)의 사용권을 허용하는 대신에 계약에 의해 일정한 수수료 또는 로열티(royalty)를 받게 되는 체인방식이다. 이러한 방식의 장점으로서는 유명호텔의 브랜드 및 공동예약시스템의 이용, 국제적인 경쟁우위 확보와 공동홍보를 통한 시너지(synergy)효과의 극대화, 경영기술과 서비스 및 시설의 표준화를 통한 이미지 향상, 고효율적인 브랜드의 사용에 따른 광고비 절약 등이 있다. 단점으로는 영업특성에 알맞은 독자적인 상품개발과 판매가 제한되며, 본부에 지불해야 하는 과다한 가입비와 로열티 비용지출, 본사의 신뢰도와 재무구조에 영향을 을 받는 특성이 있다.

3. 호텔기업의 지식경영

1) 지식경영의 의미

지식은 사회현상으로부터 얻어진 바람직한 경험과 노하우, 정보 등을 체계화할 수 있는 시스템을 의미한다. 그리고 개인의 지식과 조직적 지식이 기업의 환경여건에 따라 새롭게 조직내부에 저장·공유되어 효율적인 제품이나 서비스의 가치로 표출되는 경영시스템을 지식경영이라 한다.

지식에 대한 사전적 의미(국립국어연구원)는 "어떤 대상에 대하여 배우거나 또는 실천을 통해 알게 된 명확한 인식이나 이해, 알고 있는 내용이나 사물, 인식에 의하여 얻어진 성과 "라고 하였다. 또한 지식경영의 용어는 1986년에 국제

노동기구(ILO)가 후원하여 개최된 유럽경영컨퍼런스에서 '지식경영: 새로운 기회의 전망(management of knowledge : perspectives of a new opportunity)'을 핵심주제로 채택되면서 처음으로 국제사회에 등장하게 되었다.

표 2-1 산업사회와 지식사회의 비교

구분	산업사회	지식사회
조직형태	기능적, 계층조직	네트워크 조직
정보전달	수직적, 순차적	수평적, 동시적
명령체계	일원화	다원화
감독체계	상사→부하	본인 스스로 책임
급여체계	연공서열	능력별 연봉제
계층구조	길다	짧다(거의 없다)
근무기간	장기간	단기간
권한	집중적	분권적
원인	기계화, 공업화	컴퓨터의 등장
발전배경	교통기관의 발달	인터넷의 확산
유통	상거래, tele business	e-commerce
생산요소	자본, 토지, 육체노동자	지식과 지식근로자
경영방식	scientific management	knowledge management

자료: 이재규(2003), 「글로벌 지식사회의 지식경영학원론」, 박영사

근래의 산업사회에서는 물질만능주의 풍조와 더불어 자본(돈)을 중요시하여 왔으나, 오늘날과 같은 새로운 지식사회에서는 인간적인 가치와 지식을 더욱 중요시하는 방향으로 사회패러다임이 바뀌어가고 있다. 이러한 사회현상은 지식사회, 지식경제, 지식근로자, 지식환경, 신지식인, 지식정부, 지식국가, 지식정보 등으로 표출되어 나타나고 있으며, 이것은 미래사회로 갈수록 피터 드러크(P. Drucker)는 「넥스트 서사이어티(next society)」(이재규 역, 2002)에서 다음세상의 21세기를 제조업의 몰락, 젊은 인구의 감소, 지식근로자의 대두 등의 세 가지 특성으로 등장될 것으로 예언하고 있다.

즉, 다음 세상(next society)의 21세기는 토지, 노동, 자원 등 전통적인 생산요소의 본질 대신에 보이지 않는 자산인 지식을 어떻게 활용하는가에 따라 모든 가치의 핵심이 결정될 것이라는 것이다. 왜냐하면 지식은 사람들이 쉽게 모방

할 수 없는 속성을 지니고 있으며 아무리 사용해도 지식은 고갈되지 않는다는 특질이 있다. 또한 지식은 사용하면 할수록 오히려 가치가 증가되는 특성을 가지고 있기 때문에 사회환경은 끊임없이 지식을 요구하게 된다.

사례를 들면 마이크로소프트사(Microsoft Co.)의 주식가치는 미국 최대기업인 GM사의 자동차 생산라인 일부분의 면적밖에 되지 않지만 기업의 자산가치는 GM사의 3배를 넘는다고 경제전문가들은 한결같이 주장하고 있다. 이것은 보이지 않는 자산인 무형자산, 즉 지식이 경제적 가치의 핵심요소가 된다는 것을 증명해 주는 것이다.

2) 호텔기업의 지식경영

지식경영의 핵심요인에 해당되는 것이 지적자본(intellectual capital)[6]이다. 이것은 유형자산을 대표하는 재무자산에 대응되는 것으로서, 기업의 성공적인 지식경영의 실행을 위한 핵심적인 무형자산이 된다. 즉, 인적자본(human capital)과 구조적자본(structural capital) 그리고 고객자본(customer capital)을 지적자본이라 한다. 그리고 지적자본의 구성요소는 곧 기업경영에서 가치창출의 원동력이 된다.

오늘날의 기업평가에서는 유형자산의 평가보다 무형자산의 평가비중이 더욱 중요시되고 있다. 그 이유는 앞에서 전술한 바와 같이 기업의 무형자산은 조직구성원들 개개인이 가지고 있는 경험과 기술 그리고 능력 등의 인적자본뿐만 아니라 특허권, 저작권, 정보화, 기업문화, 영업권과 같은 구조적 자본 그리고 고객의 충성도, 고객의 브랜드인지도 및 가치 등의 고객자본도 무형자산에 해당되기 때문이다. 뿐만 아니라 기업에서 인적자본은 아이디어와 혁신의 원천이 되고, 훌륭한 구조적 자본에 의해 인적자본은 생산적이며 가치 있는 자산이 된다.

이와 같이 지식이 생산에 투입되면 그것은 하나의 지적자본이 되며, 지적자본화 된 지식은 또 다른 확대 재생산을 위한 지적자본의 프레임워크〈그림 2-1〉를

---

6. 지적자본(intellectual capital)의 용어를 무형자산(invisible assets), 비재무적 자산(non-financial assets), 비물질적 자산(immaterial assets), 지식자본(knowledge capital)으로 동일하게 사용하지만 가장 포괄적인 개념으로 사용되고 있다.

창출한다. 즉, 기업의 무형자산(지적자본) 가치는 평판과 신뢰로서 고객의 정신 속에 존재할 수도 있고(고객자본), 숙련과 경험으로서 근로자의 정신 속에 존재할 수도 있으며(인적자본) 그리고 데이터베이스와 노하우로서 기업자체의 정신 속에 존재할 수도 있다(구조적 자본).

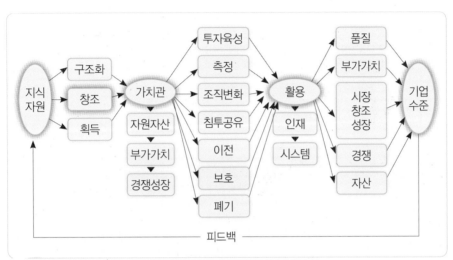

자료 : Nonaka & Konno(나상억 역, 1998). 「지식경영」, 21세기북스

◎ 그림 2-1 지적자본의 프레임워크

레이프 에드빈슨(Leif Edvinsson)은 스웨덴의 보험회사 스칸디아(Skandia)의 시장가치 분석에서 지적자본 체계도 〈그림 2-2〉를 인적자본과 구조적자본으로 분류하고 고객자본을 구조적자본의 구성요인으로 평가하였으며, 스튜워트(Stewart)는 인적자본과 구조적자본 그리고 고객자본이 지적자본의 구성요인이 된다고 하였다.

① 호텔기업의 지적자본

오늘날 호텔사업은 관광산업의 지속적인 성장과 더불어 양적인 성장에서 질적인 성장으로 변화되는 시점에 직면하였다. 이와 함께 호텔기업은 인간의 다양한 욕구와 가치를 실현시킬 수 있도록 지식을 경영에 활용하는 새로운 경영기법을 도입하여야 한다. 그러나 호텔기업은 기존의 지식을 종사원들이 함께 공유할 수 있도록 또는 새로운 지식을 창조할 수 있도록 기업환경을 조성하는 데 미흡하였던 것이다.

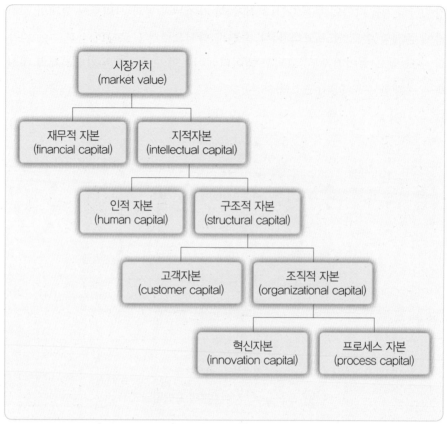

자료 : Leif. Edvinsson(1997). Developing Intellectual Capital at Skandia. Long Range Planning, Vol. 30, No(3), pp.366-373. 참고하여 재작성.

그림 2-2 스칸디아 시장가치의 지적자본 체계도

이와 관련하여 호텔기업의 지식경영에 관한 시사점은 다음과 같다.

첫째, 호텔기업은 지식경영의 중요성에 대한 최고경영층의 인식부족과 종사원들의 지식경영활동의 부재로 인하여 지식경영은 아직까지 시행착오를 겪고 있다.

둘째, 호텔기업은 종사원들의 지식을 경영과정에 효율적으로 활용하지 못하고 이를 대부분 사장시켜 왔다는 것이다. 따라서 호텔기업은 21세기 새로운 사회현상의 패러다임으로 등장한 지식경영을 올바르게 도입하여야 한다. 그리고 이를 위해서 지식경영의 핵심요인으로 대두된 지적자본 즉, 인적 자본과 구조적 자본 그리고 고객자본을 경영과정에 효율적으로 활용할 수 있어야 한다.

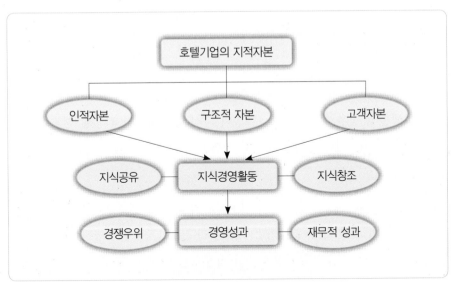

그림 2-3 호텔기업의 지식경영 모델

㉠ 인적자본

　조직구성원들의 지속적인 지식경영활동을 통하여 기업의 자산가치를 향상시킬 수 있는 능력을 인적자본(human capital)이라 한다. 이러한 인적 자본은 지적자본의 측정 중에서도 가장 핵심적인 요소인 반면에 개개인의 철학이나 가치 그리고 사고를 평가해야 되기 때문에 가장 난해한 특성을 지니고 있다. 따라서 호텔기업에서는 종사원들 개개인의 자기개발과 창의성 그리고 신뢰성과 업무능력 등은 인적자본의 평가기준에서 매우 중요한 구성요소가 된다고 할 수 있다. 즉, 조직구성원들의 끊임없는 노력과 흥미, 자발적인 참여와 직무수행 능력 및 지식, 아이디어의 개발과 원활한 의사소통을 위한 신뢰성과 협동심 등은 매우 일반적이면서도 중요한 인적자본의 능력이 된다.

　미국의 경제교육협의회(National Council on Economic Education)에서는 인적자본을 다음과 같이 설명하고 있다. 「Human capital consists of the skills, knowledge, and other factors, such as health, that improve an individual's ability to produce goods and services. One reason people earn different incomes for different jobs is that they differ in the quantity and quality of their human capital. It is important for students to realize that decisions they make now will influence

their development of skills and knowledge in the future」, 즉 인적자본은 기술과 지식은 물론 개인이 상품과 서비스를 생산하는 능력에 영향을 미치는 건강과 같은 요인들로 구성된다는 것이다. 사람들이 다른 직업에서 서로 다른 수입을 획득하는 이유는 그들이 가진 인적자본의 양과 질이 서로 다르기 때문이다. 따라서 학생들의 경우 현재 내리는 결정이 자신들의 미래를 좌우할 기술과 지식의 개발에 영향을 미치게 된다는 것을 인식하는 것이 중요하다고 강조하였다.

ⓛ 구조적 자본

구조적 자본(structural capital)은 인적자산과 기업의 조직구조를 뒷받침할 수 있는 기업환경, 프로세스, 정보기술, 경영전략 등과 같은 것을 말한다.

특히 호텔기업의 환경은 이용고객과 경쟁호텔에 대한 정보획득 시스템의 활용정도, 경쟁호텔의 상품과 서비스에 대한 정기적인 분석 및 효율적인 활용정도, 종사원들의 개인발전을 위하여 호텔기업은 시간과 자원을 어느 정도 제공해 줄 수 있는가 그리고 경쟁호텔과 비교했을 때 자신이 근무하고 있는 호텔의 근무환경 등은 종사원들이 활발하게 지식경영활동을 할 수 있도록 동기를 부여해준다. 또한 조직운영에 있어서 업무절차와 규칙의 융통성 및 업무처리시스템 등의 프로세스와 정보기술, 경영전략 등의 훌륭한 구조적 자본은 궁극적으로는 기업가치의 향상을 가져온다.

ⓒ 고객자본

오늘날 기업경영에서 새롭게 등장한 자산가치가 고객자본(customer capital)으로서, 고객과의 지속적인 커뮤니케이션을 통해 인식되는 고객가치창출과 고객유치능력을 고객자본이라 말한다. 그러므로 고객자산은 기업의 수익을 지속적으로 창출해 주는 귀중한 무형자산이며, 지식경영의 핵심요소 가운데 가장 마지막에 평가되어 등장하였다. 물론 고객과의 관계는 지식경영이 존재하기 전에도 고객만족경영, 고객서비스경영 등의 경영형태로 존재하였지만, 지식경영에서는 고객을 경영활동에 직접적으로 참여시키고 활용한다는 점이 가장 큰 차이점이다. 즉, 경쟁호텔과 차별화 된 마케팅전략과 세분화된 고객정보, 높은 브랜드가치, 종사원들에게 고객욕구에 대처할 수 있는 권한부여, 고객의 의견과 아이디어를 경영에 반영하는 정도 등은 고객의 권리를 최소한 경영에 활용한다

는 것이다. 오늘날 고객들은 기업의 정보를 손쉽게 공유할 수 있고 기업 역시도 고객의 정보를 손쉽게 공유할 수 있다. 예를 들면 최근의 인터넷(사이버)쇼핑 같은 것이 등장하여 고객의 소비욕구와 구매성향이 급변하여 이러한 고객을 단골고객으로 유지시킨다는 것이 결코 쉽지 않다.

② 호텔기업의 지식경영 활동

지식경영 활동은 개인의 지식을 조직적 지식으로 조직적 지식을 개인의 지식으로 활용할 수 있도록 조직구성원들의 왕성한 지식공유와 지식창조 활동을 의미한다. 즉, 지식의 특성은 처음에는 개인 또는 소집단에 의해 창출되지만, 나중에는 기업이든 사회 전반적이든 조직구성원들 사이에서 상호 공유되는 사이에 지식이 증폭되고, 이로 인하여 최초 창출된 지식은 무한대의 지식으로 확장된다는 것이다. 따라서 효과적인 지식활용은 지식공유를 전제로 하고 있으며, 지식저장은 지식창조나 지식공유를 위해 필요한 활동인 것이다. 왜냐하면 아무리 지식이 창조되었다 하더라도 그 지식을 조직구성원들이 공유하지 못하고 사장시킨다면 호텔기업은 지식경영의 목적을 달성할 수 없기 때문이다.

한편, 지식경영 활동과 관련하여 노나카와 꼬노(Nonaka & Konno)는 지식변환 과정을 4단계로 구분하여 SECI(socialization, externalization, combination, internalization)모델로 설명하였다. 즉, SECI모델은 개인의 지식창조에서 시작하여 집단, 조직적 지식차원으로 나선형(spiral)처럼 회전하면서 지식이 공유되고 발전해 나가는 지식창조 프로세스를 설명하는 것이다. 이처럼 지식은 암묵적 지식과 명시적 지식간의 상호변환 작용에 의해 지식이 개인수준에서 조직의 전체수준으로 확대되어 새로운 지식이 창조되는 것으로서 다음과 같이 설명할 수 있다.

첫째, 암묵지에서 암묵지로의 변환과정이다. 즉, 사회화(socialization) 과정은 여러 가지 경험을 공유함으로써 지식을 전파하고 창조하는 것이다. 예를 들면 서비스기술 및 조리기술과 같은 것은 체험, 관찰, 연습, 모방에 의한 감각적 경험을 통하여 지식이 사회적으로 변환되어 간다는 것이다.

둘째, 암묵지에서 형식지로의 변환과정이다. 즉, 외부화(externalization) 과정은 암묵적 지식을 외부적으로 명확하게 나타내는 프로세스이다. 암묵적 지식이 공유되고 통합되어 개념, 가정, 모형, 비교, 은유 등의 형식으로 추론되면서 점

차적으로 명시적인 지식으로 변환되어 간다는 것이다.

셋째, 형식지에서 형식지로의 변환과정이다. 즉, 종합화(combination) 과정은 각각의 형식지를 종합해서 새로운 지식을 창조한다는 과정이다. 데이터베이스, 문서화, 계획도, 매뉴얼 등의 개념을 편집, 가공, 조합하여 새로운 지식으로 창조한다는 것이다.

마지막으로, 형식지에서 암묵지로의 변환과정이다. 이것을 내면화(internalization) 과정이라고 하는데, 형식지를 암묵지에 체화하는 것으로서 행동을 통하여 스스로 학습한다는 과정이다. 예를 들면 새로운 메뉴와 표준목록표가 조직 내부로 공유되는 과정 또는 디너쇼와 같은 대형행사가 성공적으로 개최되었던 사례가 전파되어 암묵지로 축적된다는 것이다.

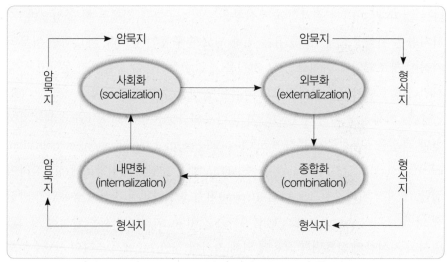

자료: 나상억 역(Nonaka & Konno, 1998). 지식경영. 21세기북스

🔅 그림 2-4 지식변환 과정의 SECI모델

3) 호텔기업의 지식경영 필수조건과 사례

(1) 호텔기업의 지식경영 필수조건

지식경영을 어떠한 실행방법으로서 호텔기업에 적용시켜야 되는가는 매우 추상적이다. 이것은 지식을 어떻게 개념화하고, 지식을 개인적 차원에서 인식

하는가 아니면 조직적 차원에서 인식하는가에 따라 서로 달라질 수 있기 때문이다. 따라서 호텔기업이 지식경영을 실천하기 위한 필수조건을 구체적으로 제시하면 다음과 같다.

- 이용고객과 경쟁호텔에 대한 정보획득 시스템 그리고 조직 내 업무절차 및 규칙을 융통성 있게 운영할 수 있는 프로세스화가 조성되어 있어야 한다.
- 경쟁 호텔에 대한 정확한 상품과 서비스 능력을 분석하고, 분석된 데이터 베이스를 경영활동에 효율적으로 활용할 수 있어야 한다.
- 종사원들의 발전을 위하여 시간과 자원 등을 원활하게 제공할 수 있어야 하며, 지식경영활동을 왕성하게 실천할 수 있도록 기업환경과 근무분위기가 조성되어 있어야 한다.
- 고객과 조직구성원이 제안한 의견과 주장을 새로운 경영전략에 적극적으로 반영하고, 경영활동에 도움이 되는 아이디어를 제안하면 이를 신속하게 채택하여 반드시 공정한 보상을 받을 수 있도록 철저한 보상제도시스템을 구축하고 있어야 한다.
- 최고지식경영자(CKO ; Chief Knowledge Officer)는 지식경영의 중요성을 충분히 인식하고 내·외부고객의 불편사항을 즉시 해결할 수 있는 시스템을 갖추고 있어야 한다.
- 차별화 된 마케팅과 세분화된 고객정보, 기업의 브랜드가치, 훌륭한 종사원 등의 확보가 우선시 되어야 한다.
- 동료가 정보나 지식을 요청하면 자발적이고 능동적으로 지식을 공유하고 적극적으로 응대할 수 있는 시스템을 갖추고 있어야 한다.
- 내·외부고객의 욕구에 신속하게 대처할 수 있는 권한을 종사원들이 가지고 있어야 하며, 이러한 의사결정능력은 신속, 정확, 친절하여야 한다.

(2) 호텔기업의 지식경영 사례

호텔기업에서는 지식경영의 중요성을 인식하기 시작하면서부터 본격적으로 도입하는 실정에 있다. 서비스산업 가운데 최대의 무형자산으로 평가되고 있는 호텔기업의 지식경영 실천사례를 살펴보면 다음과 같다

첫째, 서울의 L호텔은 신관 95개의 객실에 DVD플레이어를 설치하여 호텔투

숙객들이 약 153여 편의 최신 영화를 시청할 수 있도록 하였다. 또한 이 메일 전송은 물론 통역, 비즈니스 정보를 찾을 수 있도록 PDA를 고객에게 대여하고 있으며, PDA로 공항셔틀버스 운행시간, 극장, 연극, 관광안내 등 호텔에 투숙하면서 필요한 다양한 정보들을 고객들이 즉시 제공받을 수 있도록 하는 등의 지식경영을 활용한 서비스를 제공하고 있다.

둘째, 대기업에서 운영 중인 특급호텔 S호텔은 호텔종사원이 객실 내에 전화가 울릴 때 TV볼륨 자동제어장치를 이용하여 TV볼륨이 자동으로 낮아지는 아이디어를 제안하였다. 최고경영자는 제안된 아이디어를 신속하게 채택하였고, 아이디어를 제안한 호텔종사원은 호텔의 이용고객과 경영자로부터 훌륭한 업무능력을 인정받았다. 이러한 사례를 통하여 최고경영자는 호텔의 경영성과가 향상됨을 지각하고, 지식을 창조한 호텔종사원에게 적절한 보상제도를 실시하였다. 이처럼 S호텔은 개인의 지식을 조직 내의 지식으로 전환하여 지식을 공유함으로써 노·사가 함께 참여하는 자발적인 지식경영을 실천하고 있다. 뿐만 아니라 S호텔은 종사원의 서비스에 대해서 고객 불만이 발생하게 되면 봉사료 10%를 청구하지 않는 등의 고객만족을 최우선으로 생각하는 지식경영전략을 실천하고 있다.

이외에도 국내 체인호텔과 대기업을 중심으로 일부 특급호텔에서는 사례는 다르지만, 호텔의 기업경영에 지식경영을 도입하여 효율적으로 경영에 활용하고 있다.

Chapter 03

호텔기업의 ICT 융합경영

제1절 ICT 융합과 호텔경영

본 장에서는 ICT 기술에 대하여 정의하고 이러한 기술이 어떻게 디지털 혁명에 기여했는지 살펴보고, ICT 기술의 구성요소와 활용의 변화에 대해 알아보며, 현재 우리 시대를 뜨겁게 달구며 4차 산업혁명의 기폭제가 되고 있는 빅데이터, 클라우드 컴퓨팅, 사물인터넷, 가상 및 증강 현실, 인공지능에 대해 살펴본다. 또한 이러한 지능정보기술들이 호텔경영과 관광산업 분야에 어떠한 영향을 끼치며, 이용되고 있는지를 살펴보고, 향후 이들을 어떻게 활용할 지에 대해 생각해 보자.

1. ICT 기술과 디지털 혁명

이 절에서는 ICT 기술에 대하여 정의하고 디지털 혁명을 통해 우리 사회가 어떻게 변화해 왔는지 설명하며, 최근 논의되고 있는 4차 산업혁명에 대해 생각해 보자. 또한 우리사회에 커다란 영향을 주는 컴퓨터, 스마트기기의 능력이 어디서 오는지 이해하자. 이를 위해 ICT 기술의 구성요소를 살펴보고 ICT 기술의 중요성이 어떻게 변화해 왔는지 살펴본다.

1) 디지털 혁명과 4차 산업혁명

🔩 정보통신기술

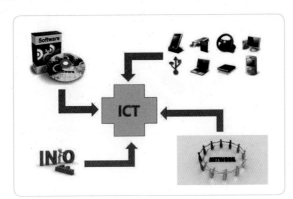

🔘 그림 3-1 정보통신기술(ICT)의 의미

컴퓨터와 정보통신기술(ICT: Information and Communication Technology)이 발전하면서 우리 사회의 모든 영역에 커다란 변혁을 초래하게 되었다. 20세기 중반부터 시작된 정보혁명은 더욱 가속화되어 이제 정보통신기술 없이 어떤 영역도 제대로 작동할 수 없게 되었고 빠르게 변화하는 산업 현장에서 정보통신기술 없이 경쟁력을 확보할 수 없게 되었다. 정보통신기술이란 정보기술(IT)의 확장형 동의어로 자주 사용되지만, 통합 커뮤니케이션의 역할과 원거리 통신(유선 및 무선 통신), 컴퓨터, 더 나아가 정보에 접근하고 저장하고 전송하고 조작할 수 있게 하는데 필수적인 소프트웨어, 미들웨어, 스토리지, 오디오, 비주얼 시스템을 강조하는 용어이다. 즉 정보통신기술은 그림 1-1에서 보듯이 하드웨어, 소프트웨어, 네트워크(통신) 및 정보(데이터)를 융합적으로 활용하는 모든 기술을 의미한다.

2009년, 세계적 경제지 'Forbes'는 지난 30년 동안 인류에 가장 큰 영향을 미친 30가지 혁신적 기술에 대한 조사에서 인터넷과 웹이 1위에 올랐고, 2위에서 4위까지 PC, 모바일폰, 이메일이 차지하였다. 이것을 보더라도 정보통신기술이 인류에 미치는 영향력이 얼마나 지대한지 이해할 수 있다. 이제 ICT 기술은 우리 사회를 변화시켰을 뿐만 아니라 인간의 의식과 생활양식에도 큰 영향을 미치고 있다.

디지털 혁명과 4차 산업혁명

인간이 땅을 경작하여 농경문화를 이루어 오던 이래 인류 역사는 두 가지 커다란 변혁을 겪게 되었다. 그 첫째는 증기기관의 발명으로 인한 산업혁명이고, 둘째는 20세기 중반 컴퓨터 발명으로 시작된 정보혁명이다. 전자를 인간 근육을 기계로 대체한 혁명이라 본다면 후자는 인간 두뇌의 혁명으로 인간에게 훨씬 큰 영향을 미치고 있다. 정보혁명은 산업혁명에 비해 훨씬 빠른 속도로 진행되고 있고 매우 광범위하게 모든 영역에 걸쳐 우리 사회를 근본적으로 변화시키고 있다. 정보혁명으로 인해 인간은 새로운 생활양식을 받아들이게 되었고, 정보화사회에 합당한 새로운 의식과 사고를 필요로 하게 되었으며, 그로 인해 새로운 문명이 탄생하게 되었다.

미래학자 엘빈 토플러(Alvin Toffler)는 1980년 그의 저서 "제3의 물결(The Third Wave)"에서 디지털 혁명과 통신 혁명에 대하여 잘 설명하고 있다. 인류는 원시수렵 및 채집문명에서 벗어나 농업문명을 이루게 되었고, 18세기 후반 증기엔진의 발명으로 방직공장에서 기계를 사용한 대량생산의 시기인 1차 산업혁명을 가능하게 하였으며, 1850년 이후에는 전기의 발명과 함께 자동차 어셈블리(Assembly) 라인과 같은 생산방식을 뜻하는 2차 산업혁명을 맞이하게 되었다.

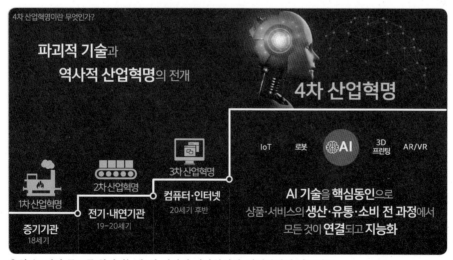

출처: '코리아 루트를 찾아라', 제5차 신산업 민관협의회, 산업부장관 발표자료

🔅 그림 3-2 4차례에 걸친 산업혁명

토플러는 농업혁명을 '제1의 물결'이라 부르고, 산업혁명을 '제2의 물결'이라 불렀다. 그는 컴퓨터 기술의 발전으로 야기된 정보혁명으로 인하여 1950년대 후반부터 탈산업화 사회, 즉 정보화 사회가 시작되었다고 설명하였고, 이러한 현상을 '제3의 물결'이라 이름 붙였다. 정보화 사회에서는 과거 산업화사회의 핵심 개념인 대량생산, 대량분배, 대량소비에서 대량화의 탈피, 다양성, 지식기반에 의한 생산, 변화의 가속화 개념으로 변화하게 되었다.

3차 산업혁명의 주춧돌인 정보통신기술의 발달은 4차 산업혁명의 필요조건으로서 4차 산업혁명의 핵심 키워드는 융합과 연결이다. 정보통신기술의 발달로 전 세계적인 소통이 가능해지고 개별적으로 발달한 각종 기술의 원활한 융합을 가능케 한다. 정보통신기술과 제조업, 바이오산업 등 다양한 산업 분야에서 이뤄지는 연결과 융합은 새로운 부가가치를 창출해 낼 수 있다. 예를 들어, 스마트워치는 '하루에 잠은 얼마나 자는지' '밥은 무엇을 먹는지' 등 사람의 신체 활동 데이터를 축적하며, 이러한 데이터를 스마트폰뿐만 아니라 냉장고, 전등, 텔레비전 등 다양한 기기들과 공유(네트워크 통신)하고, 데이터가 축적(빅데이터)되면 특정한 패턴이 형성되고 이를 분석한 결과를 토대로 사람들의 행동을 예측(인공지능)하며 기업들은 예측 결과를 바탕으로 소비자의 특성에 맞는 물건들을 생산해 낸다.

이처럼 4차 산업혁명은 사람과 사물, 사물과 사물이 인터넷 통신망으로 연결되고(초연결성), 초연결성으로 비롯된 막대한 데이터를 분석하여 일정한 패턴을 파악하고(초지능성), 분석 결과를 토대로 인간의 행동을 예측한다(예측 가능성). 이와 같은 일련의 단계를 통해 새로운 가치를 창출해 내는 것이 바로 4차 산업혁명의 특징이라 할 수 있다. 지금 우리가 맞이하고 있는 4차 산업혁명은 사물인터넷 및 산업인터넷, 빅데이터를 이용한 인공지능 및 로봇의 시대를 의미한다.

2) ICT 기술의 구성요소와 활용의 변화

ICT의 구성요소

ICT 기술의 구성요소는 그림 1-3에서 볼 수 있듯이 하드웨어, 소프트웨어, 알

고리즘, 통신망, 사람(이용자 또는 참여자) 및 정보로 나누어 볼 수 있다. 하드웨어와 통신망은 ICT를 가능케 하는 물리적 인프라를 의미하고 소프트웨어는 물리적 인프라 환경에서의 활용을 기술하는 구성요소이다. 소프트웨어의 핵심은 문제를 해결하는 절차(Procedure), 즉 알고리즘에 달려있다고 해도 과언이 아니다. 알고리즘은 주어진 문제를 해결할 수 있어야 할 뿐 아니라 가장 효율적인 방식으로 해결할 수 있어야 한다. 또한 소프트웨어는 데이터(정보)를 처리하여 결과를 다시 데이터로 생성한다. 이러한 의미에서 데이터 또는 정보는 ICT의 가장 중요한 요소의 하나라 할 수 있다. 데이터는 숫자와 문자는 물론 이미지, 사운드, 목소리, 비디오 등 매우 다양한 형태를 가지며 다양한 입력장치를 사용하여 컴퓨터에 입력된다. 이러한 모든 과정에서 사람은 이용자 또는 데이터 생산자로서 존재한다. 데이터가 이용자에 의해 소비되기도 하고 소셜미디어(Social Media)에서는 참여자가 직접 콘텐츠를 생성한다.

참조: http://www.slideshare.net

🌀 그림 3-3 ICT의 구성요소

🌐 ICT 기술 활용의 변화

컴퓨터의 발전과 활용을 시기적으로 대략 1950년~1980년대 중반의 과학/공학/데이터처리 연산기계 시기, 1980년대 중반~2000년대 중반 시기의 소프트웨

어 중심, 그리고 2000년대 중반 이후의 애플리케이션/콘텐츠 중심의 시기로 나누어 볼 수 있다(표 3-1 참조). 1980년대 이전에는 보다 성능이 우수한 컴퓨터 하드웨어의 개발과 컴퓨터 자원을 효율적으로 이용자에게 제공하는 운영체제(OS: Operation System)의 개발이 중요하게 인식되었다. 1970년대 후반 PC가 출현하면서 컴퓨터의 활용이 비즈니스, 사무용 소프트웨어 및 정보처리를 위한 데이터베이스가 중심 이슈로 떠오르게 되었다. 2000년 이후에는 인터넷과 웹이 확산되고 특히 2010년경 모바일 기기가 일반화 되면서 모바일 환경에서 애플리케이션(App: Application) 및 데이터 그리고 콘텐츠를 제작, 공유할 수 있게 해주는 플랫폼이 더욱 중심 이슈로 인식되고 있다. 인터넷 및 소셜미디어 환경에서 수많은 데이터가 생성되면서 이러한 데이터를 어떻게 활용하는지가 매우 중요한 이슈로 떠오르게 되었다. 이러한 분야를 빅데이터라 부르며 빅데이터를 분석하여 지능적으로 활용하는 데이터 기술(Data Technology)이 새로운 영역으로 떠오르게 되었다.

 표 3-1 컴퓨터 활용의 변화

1950 ~ 1980년대 중반	1980년대 중반 ~ 2000년대 중반	2000년대 중반 이후
· 하드웨어 중심 : 과학 및 공학 분야의 연산 처리 기계	· 소프트웨어 중심 : 비즈니스, 사무용 소프트웨어, 정보처리를 위한 데이터베이스 등	· App, 빅데이터, 콘텐츠 중심: 인터넷, 모바일, 지능적 활용, 소셜미디어

2. 정보통신과 네트워크

이 절에서는 인류 역사상 가장 눈부신 발전을 거듭하며, 생활에 커다란 영향을 끼치고 있는 인터넷의 역사와 발전에 대해 살펴보고, 정보통신과 인터넷 기술의 발달이 우리 사회 및 산업에 어떠한 영향을 끼치고 변화해 가고 있는지에 대해 살펴본다.

1) 네트워크와 인터넷

인터넷의 역사와 발전에 대해 살펴보기 전에 먼저 네트워크라는 개념에 대해

서 알아보자. 네트워크는 Net + Work의 합성어로써 네트는 단어 자체가 망사, 그물과 같은 뜻을 지니고 있으며 네트워크는 긴밀하게 연결되어 있는 조직, 관계를 의미한다. 일반적으로 컴퓨터와 컴퓨터 사이의 관계망이 형성되어 정보를 교류할 때 네트워크라는 단어를 사용한다. 네트워크는 컴퓨터, 인터넷 관련한 의미 이외에도 사람간의 관계망 형성도 네트워크를 구축한다는 의미로 사용하고 있으며 사람이건 컴퓨터이건 상호간의 정보전달을 위해 형성된 망을 의미한다.

컴퓨터 이용 초기에는 한 기업이나 기관이 대용량의 메인프레임 컴퓨터를 설치하여 다양한 업무를 처리하는 중앙집중처리(Centralized Processing) 방식을 따랐다. 이 방식은 모든 프로그램과 데이터를 컴퓨터가 설치되어 있는 곳까지 가져와야 처리할 수 있었고, 그 결과를 다시 사용자에게 분배해야 하는 어려움이 있었다. 이를 해결하기 위해서 메인프레임 컴퓨터와 사용자의 단말기 사이를 전화선을 이용하여 연결하게 되었다.

시간이 흐름에 따라 독립적인 컴퓨터들을 서로 연결하여 프로세서, 기억장치, 프린터 등의 하드웨어를 공동으로 사용하고, 프로그램, 데이터 등의 소프트웨어 자원을 공유할 필요가 생겨났다. 이러한 필요에 따라 컴퓨터들을 연결함으로써 사용자 사이에 정보나 메시지를 서로 교환할 수 있게 되었다. 한 건물이나 비교적 가까운 장소에 위치한 컴퓨터들을 데이터 통신 네트워크로 연결한 것을 LAN(Local Area Network)이라 부르고, LAN들을 다시 연결하여 보다 광역화된 네트워크를 WAN(Wide Area Network)이라 부른다. 이러한 네트워크들이 다른 네트워크와 정보전달을 위해서 이루어진 것을 인터넷(Internet)이라 한다.

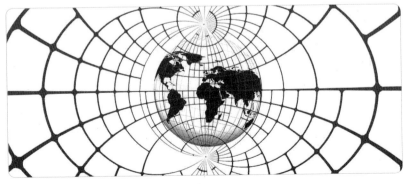

○ 그림 3-4 인터넷(Internet)

인터넷의 시작은 1960년대 미국방성 DARPA(Defense Advanced Research Projects Agency)가 개발한 알파넷(ARPAnet)으로, 1972년부터 본격적으로 시작되어 1990년까지 가동되었는데, 컴퓨터들을 직접 연결하는 회선 교환 방식 대신, 대규모의 기간 통신망을 구축하여 이에 연결된 컴퓨터끼리 자유롭게 데이터를 주고받을 수 있는 백본(backbone) 방식을 도입하였으며, 세계 최초로 패킷 교환방식에 의한 데이터통신을 실현하였다. 이렇게 하면 핵전쟁이 일어나더라도 데이터의 보관 및 공유, 그리고 분산을 신속하게 할 수 있었기 때문이다.

알파넷은 독립적인 네트워크들을 게이트웨이를 통해 연결했다는 점에서 인터넷의 시작으로 볼 수 있지만, 제한된 컴퓨터만 접속할 수 있었다. 이러한 알파넷이 광범위한 네트워크를 연결하는 인터넷으로 발전한 계기는 '개방형 구조의 네트워크화'가 진행되면서 이다. 자유롭게 다른 네트워크에 접근할 수 있도록 상호 개방적인 네트워킹 구조를 구축하면서 알파넷은 현재의 인터넷에 더욱더 가까워졌다.

일반적으로 컴퓨터 네트워크는 설계 방식과 데이터 처리 방식이 다른 여러 가지 기종의 컴퓨터들이 연결되어 있어 이들 간에 원활한 데이터 교환이 이루어지기 위해 데이터 교환의 표준화가 필요하게 되었다. 여러 종류의 컴퓨터 간에 데이터 전송을 위해 통신방법에 대한 규칙과 약속이 필요한데 이것을 프로토콜(Protocol)이라 한다.

우리가 알고 있는 대표적인 프로토콜은 인터넷 프로토콜(IP: Internet Protocol)로써, 흔히 IP라고 한다.

개방형 구조의 네트워크 환경을 만들면서 프로토콜의 중요성 또한 증대되어 1983년에 이르러 오늘날에도 이용하는 TCP/IP(Transmission Control Protocal/Internet Protocol)체제를 갖추고 인터넷은 현재와 더 가까워졌다. 인터넷이 점점 발전하면서 인터넷 기간망을 수행해온 알파넷은 연구용인 알파넷과 군사용인 밀넷(Military Network)으로 분리되며, 이후 민간에서 사용하던 알파넷은 다른 네트워크에 의해 대체되는데 알파넷을 대체한 네트워크는 미국 국립과학재단 네트워크 즉 NSFNET (National Science Foundation Network)으로 NSFNET가 구축되면서 전체 시스템의 병목현상이 해소되고, 연결되는 호스트 컴퓨터 수가 급속히 늘어나면서 인터넷 이용이 크게 확대되었다.

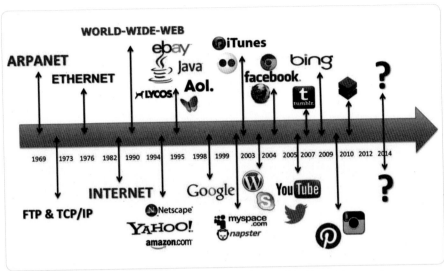

출처:https://freedomconsultinggroup.com/2016/08/all-the-firsts-world-wide-web/

그림 3-5 웹(WWW: World Wide Web)

특히, 1989년 인터넷에 연결된 컴퓨터들을 통하여 사람들이 정보를 공유할 수 있는 전 세계적인 정보 공간인 웹(WWW: World Wide Web)이 개발되었다. 웹은 인터넷에서 HTTP 프로토콜, 하이퍼텍스트, HTML형식 등을 사용하여 그림과 문자를 교환하는 전송방식을 말하기도 한다. 1994년 이후에는 웹 브라우저를 이용하여 일반인들도 인터넷을 쉽게 이용할 수 있게 되었으며, 오늘날 웹은 지구상의 모든 컴퓨터가 가진 방대하고 다양한 정보를 상호연관성에 따라 구축해 놓은 것이라 할 수 있다.

인터넷 서비스를 이용하기 위하여 초기에 대부분의 사용자는 가정에서 모뎀 (Modem)을 이용해 왔으나, 최근에는 ADSL/VDSL, 케이블 모뎀 또는 광케이블을 이용함으로써 초고속 인터넷 서비스가 가능하게 되었다. 1990년대 후반부터 한국, 일본, 유럽연합(EU) 등 모든 선진국들이 인터넷 속도를 획기적으로 증가시키기 위하여 최선의 노력을 경주하고 있다. 인터넷을 통하여 정보를 초고속으로 전송하는 것이 마치 자동차가 고속도로를 질주하는 개념과 유사하다 하여 정보의 수퍼하이웨이(Information Superhighway)라 부른다.

1990년대가 지나면서 인터넷에 연결하는 호스트 컴퓨터 수가 더욱더 증가하고 인터넷을 통해 상업적 이익을 얻는 점과 자본주의가 맞물리면서 인터넷 이용

자 수는 더 증가하고, 2017년 지구촌에서 37억명 이상이 사용하는 거대 네트워크가 될 수 있었다. 초기에는 엘리트 집단에서 간단한 문자(mail)을 전송하는 인터넷이었지만 오늘날 인류사회에서 없어서는 안 될 가장 중요한 관계가 되었다.

출처: https://flarecreativ.com.ng/fees/2017/06/25/digital-transformation/

그림 3-6 전세계 인터넷 사용현황

정보통신과 인터넷 기술의 발전

인터넷의 데이터전송 인프라는 초고속인터넷(Broadband)에서 FTTH(Fiber to the Home)로 발전하고 있다. FTTH 서비스는 광섬유를 이용한 인터넷망이 가정에까지 연결된 경우를 의미하며, 데이터 전송 속도는 100Mbit/s ~ 1Gbit/s에 이른다. 또한 모바일 컴퓨팅이 활성화되면서 무선인터넷 서비스가 중요한 인프라로 부상하였다. 무선인터넷이란 무선 이동통신과 인터넷 서비스의 결합으로, 이동 중에 무선으로 모바일 단말기를 이용하여 인터넷 정보나 멀티미디어 정보를 송수신하는 것을 의미한다.

이제 인터넷을 단지 컴퓨터들을 연결하기 위한 수단으로 생각하기보다는 이용자 상호간에 인터넷을 이용하여 의견과 생각을 중재하고 서로 협업하기 위한 환경으로 이해하는 것이 바람직하다. 인터넷의 성공은 기술적인 측면보다 인간이 작업하고 살아가는 방식에 지대한 변화와 영향을 주었다는 사실에 기인한

다. 인터넷의 확산속도는 과거 TV, 라디오, 전화 등 어떤 미디어보다도 빠르며, 특히 웹을 통한 전자상거래가 확산되면서 인터넷의 이용이 급속히 증가하였다. 이로 인하여 인터넷 경제(Internet Economy)라는 용어도 생겨나게 되었으며, 기업이나 조직에도 파고들어 정보처리시스템이 인터넷을 중심으로 재편되었다.

🌐 모바일 혁명

정보화사회를 주도하고 있는 흐름은 지속적으로 발전하여 60, 70년대는 대기업, 정부기관, 은행 등 동시에 많은 사람들이 컴퓨터를 이용하는 경우에 사용하는 메인프레임 컴퓨터를 이용하여 정보처리를 수행하였으나 80년대 접어들면서 다수의 사용자를 동시에 지원하기 위한 서버컴퓨터(Server Computer)로서 미니컴퓨터나 워크스테이션을 이용한 정보처리가 하나의 주요 흐름으로 대두되었다. 1970년대 후반 PC가 출현하면서 80, 90년대에는 일반 대중들에게 PC의 활용이 확산되었다. 이제 2000년대에 들어서면서 우리는 모바일 시대를 맞이하고 있다. PC와 인터넷 서비스는 일반 대중에게 이미 일반화된 정보서비스이지만 이제 모바일 컴퓨팅이 새로운 이슈로 등장하고 있다. 사람들이 이동 중에 언제, 어디서나 원하는 정보를 주고받을 수 있게 되기를 원하기 때문이다. 모바일 컴퓨팅은 개인적인 욕구뿐만 아니라 지식정보사회에서 경쟁력을 회득하기 위한 필요성에서도 당연한 방향이라 할 수 있다. 마이크로소프트(MS : Microsoft)사의 빌게이츠 회장은 지난 몇 년간 주춤했던 IT 혁명의 후속타로 제2의 IT 붐을 언급하면서 이것을 '모바일 혁명'이라 불렀다. 모바일 컴퓨팅에서는 유·무선망, 위성통신망, 방송망 등이 통합되어 복합적으로 인터넷 서비스를 지원하게 된다. 모바일 단말기를 이용한 고속 무선인터넷 서비스가 가능하게 되면서 과거의 e-커머스(e-Commerce)가 모바일 커머스(m-Commerce)로 발전해 나가고 있다.

| 메인프레임 | 워크스테이션 | 모바일컴퓨터 |

🔅 그림 3-7 **컴퓨터 유형**

🏵️ 4차 산업혁명을 선도할 ICT 융합

최근 4차 산업혁명과 직결되는 정부 R&D 투자 방향을 계획하는 ICT 융합 분야 토론에서는 뇌과학, 산업수학 등에 대한 기초 과학 위에 사물인터넷, 머신러닝, 고속 클라우드 컴퓨팅 등 인공지능과 밀접하게 연관되는 기술을 중심으로 ICBM(IoT, Cloud, Bigdata, Mobile)을 고도화 시킨다는 계획을 세웠다. 또한 산업간 ICT융복합 R&D가 중요하다고 판단하고 구체적인 투자 분야로는 대화형 통합민원시스템, 가상형 로봇 도우미, 맞춤형 치료, 헬스케어 로봇, 3D 프린팅 기반 스마트 제조 분야이다. 또한 교통, 금융, 의료, 스마트 제조, 국방, 교육 등 국가 전 분야의 디바이스에 응용할 수 있는 지능형 반도체 기초 및 원천기술 개발 분야도 중점 지원한다는 방침이다. 초다시점 3D 디스플레이 기술, 피부 패치형 웨어러블 디바이스, 입체 영상, AR/VR 등을 연계한 융합형 디스플레이 기술 분야도 확대 지원할 예정이다.

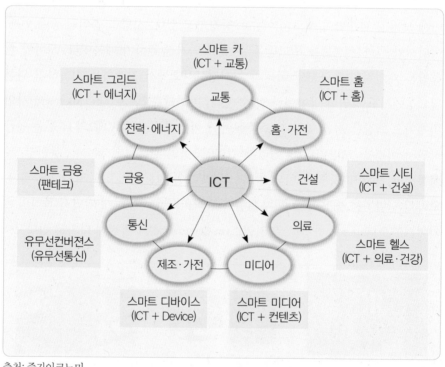

출처: 중기이코노미

🏵️ 그림 3-8 ICT 컨버전스

또한 전 산업 분야에 IT기술을 접목해 공공 분야로 확대해나간다는 계획이다. 교통 및 물류에 IT기술을 접목해 스마트 교통체계를 구축하여 자동차와 도로가 소통하는 미래 스마트 교통체계를 구축하는 한편 3차원 스캐닝, 빌딩정보모델 등 건설 기술과 ICT의 융합을 통해 주거환경 설계기술의 최적화를 위하여 지원할 방침이다. 고해상도 지리정보 플랫폼 개발로 위치정보서비스의 고품질화도 지원하겠다고 밝혔다.

한편 과학기술이 공공재 목적에 최우선해야 한다는 점에 모두가 공감대를 형성하였으며, 공공서비스의 스마트와 및 고도화를 통해 지난해 지진, 미세먼지, 신병종 조류독감, 구제역 발생 등 재난 상황 및 국가적 위기 상황과 관련하여 협업 중심의 재난 및 재해 대응체계를 혁신하겠다는 전략을 세웠다. 지진과 관련해서는 범정부 지진 R&D로드맵(안전처 주관, 2017년 상반기)을 마련해 정부 부처 간 공동 지진예방 및 대응력 향상을 위한 연구지원이 강화된다. 또한 기술의 급속한 발달이 가져다 줄 사이버 테러, 해킹 등 사회적 부작용에 대해서 미래부는 국방, 치안, 복지, 문화 등 공공분야에 ICT 기술이 활용될 수 있도록 국방경계 시스템, 범죄 테러 신속대응 시스템, 노인 돌봄 로봇 기술, 맞춤형 문화 바우처 제도를 통해 민간에 혁신적 응용기술이 전파될 수 있도록 할 계획이라고 밝혔다.

2) 모바일 인터넷

모바일 인터넷은 모바일 기기를 이용해 이동 중에도 인터넷을 매개로 소통, 교제, 정보 검색, 거래, 오락 등을 할 수 있는 발전된 인터넷 서비스를 지칭한다. 모바일 인터넷을 이용하기 위해서는 무선 네트워크에 접근해야 하는데, 전통적인 통신망과는 달리 월등한 품질과 속도를 제공하는 무선 광대역 접속 방식들이 개발되어 활용되고 있다. 모바일 인터넷은 고정 인터넷, 즉 PC 인터넷과 비교해 독특한 이용자 경험을 제공한다.

① 모바일 인터넷 개념

모바일 인터넷(mobile Internet)은 스마트폰이나 노트북과 같은 모바일 기기를 이용해 이동 중에도 인터넷을 매개로 소통, 교제, 정보 검색, 거래, 오락 등을 할 수 있는 발전된 인터넷 서비스를 지칭한다. 최근 들어 인터넷의 한 서비스인

월드와이드웹과 원래의 인터넷을 구별하지 않고 월드와이드웹을 인터넷의 대명사처럼 쓰고 있듯이, 모바일 웹(mobile Web)이 실질적인 모바일 인터넷이라 할 수 있다.

모바일 웹은 스마트폰이나 피처폰 또는 태블릿 PC와 같은 휴대용 모바일 기기를 이용해 모바일 네트워크나 다른 무선 네트워크에 접근해 월드와이드웹이라는 인터넷 서비스에 접근하는 것을 말한다(Wikipedia, 2012). 이런 정의는 무선랜을 갖춘 노트북을 이용해 인터넷에 접근하는 고정형 인터넷 서비스의 모바일 접속은 배제하고, 스마트폰이나 태블릿 PC와 같은 전형적인 모바일 기기를 전제로 제공되는 특화된 서비스를 의미하는 것이다.

출처: KOTRA & KOTRA 해외시장뉴스

◎ 그림 3-9 모바일 인터넷

모바일 인터넷에 접근하기 위한 방식은 브라우저 기반(browser-based)과 앱 기반(application-based)으로 나뉘는데, 2007년 이후 스마트폰이 도입, 확산되면서 모바일 인터넷 접근 경험은 앱 기반으로 급속히 전환되고 있다. 브라우저 기반이 다양한 정보와 서비스를 포괄하는 범용 방식이라면, 앱 기반은 특정한 정보와 기능에 특화된 방식으로, 후자의 전형적인 예가 스마트폰, 태블릿 PC, 스마트TV 등에서 볼 수 있는 앱이다. 이러한 앱스토어를 통해 유료 또는 무료로 제공된다.

② 이동통신 기술의 발전

국제전기통신연합(ITU: International Telecommunication Union)은 2015

년 10월 전파통신총회를 열고, 5G의 공식 기술 명칭을 'IMT(International Mobile Telecommunication) -2020'으로 정했다. 5G는 '5th Generation Mobile Communications'의 약자다. 2GHz 이하의 주파수를 사용하는 4G와 달리, 5G는 28GHz의 초고대역 주파수를 사용한다. 과거 2000년대 상용화한 3G 통신 방식인 'IMT-2000'을 계승해서 2020년 상용화를 목표로 삼는 모바일 통신 국제 표준이다.

국제전기통신연합(ITU)이 내린 정의에 따르면 5G는 최대 다운로드 속도가 20Gbps, 최저 다운로드 속도는 100Mbps인 이동통신 기술이다. 또한 1Km2 반경 안의 100만개 기기에 사물인터넷(IoT) 서비스를 제공할 수 있고, 시속 500㎞ 고속열차에서도 자유로운 통신이 가능해야 한다. 5G 다운로드 속도는 현재 이동통신 속도인 300Mbps에 비해 70배 이상 빠르고, 일반 LTE에 비해선 280배 빠른 수준이다. 영화 1GB 영화 한 편을 10초 안에 내려 받을 수 있는 속도이다.

세대별 이동통신 기술				
1984년	1996년	2006년	2011년	2020년
1G	2G	3G	4G	5G
14.4K bps	144K bps	14.4M bps	75Mbps~1G bps	20G bps 이상
음성(아날로그)	음성·문자(디지털)	멀티미디어문자, 음성·영상 통화, 스마트폰 등장	음성·데이터, 실시간 동영상, 스마트폰 확산	사물인터넷, 자율주행차 등 4차 산업혁명 지원

출처: http://news.donga.com/Main/3/all/20170815/85837687/1

🔍 그림 3-10 이동통신 세대별 기술 및 속도

이보다 앞선 1세대인 아날로그 방식은 음성통화를 목적으로 개발되었다. 국내에서 1세대 이동통신 서비스가 시작된 건 1984년, 한국이동통신서비스가 차량전화 서비스를 시작하면서 부터이다. 이후 1988년 열린 서울올림픽을 계기로 휴대전화 서비스가 시작되었으며, 휴대전화로 문자를 보낼 수 있게 된 건 1996년, 이동통신 기술이 아날로그에서 디지털로 전환되는 2세대 이동통신이 도입

되면서이다. 우리나라 및 태평양 지역에서는 퀄컴의 코드분할 다중접속 방식(CDMA)을 유럽에서는 GSM(Global System for Mobile Communication) 방식을 이용하여 문자메시지와 같은 데이터 전송을 지원하기 시작했다. 휴대전화로 자유롭게 사진을 보내고 동영상과 같은 멀티미디어 통신을 주고받을 수 있게 된 건 2002년, 3세대 이동통신 서비스가 시작되면서이다. 이때부터 휴대전화에 USIM(Universal Subscriber Identity Module)을 사용하기 시작했다. 그리고 2011년 여름, 지금의 4G 시대가 열렸다. 이후 'LTE-A', '광대역 LTE-A', '3밴드 LTE-A'가 차례로 등장하면서 모바일 기기를 통해 더 많은 데이터를 주고받을 수 있게 됐다. 2011년 당시 75Mbps였던 최대 데이터 다운로드 속도는 이제 300Mbps에 이른다.

이보다 70배나 빠른 5G 기술은 사람이 많이 모이는 장소에서도 끊김 없이 문자메시지나 데이터가 잘 전송되고, UHD 영상 화질보다 4배 높은 8K급 UHD 영상도 쉽게 즐길 수 있으며, 가상현실(VR) 콘텐츠를 내려 받지 않고 인터넷에서 바로 즐길 수 있게 만들어 줄 것으로 보인다.

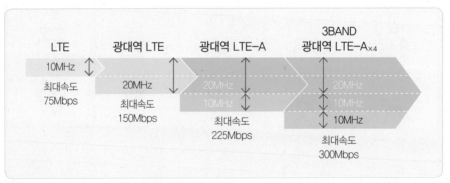

출처: http://blog.naver.com/kangjungi78/220741526984

그림 3-11 LTE의 종류와 원리

5G가 전송 속도만 신경 쓰는 건 아니다. 전송 속도 못지않게 응답 속도도 눈에 띄게 향상됐다. 데이터 전송 속도가 한 번에 얼마나 많은 데이터가 지나갈 수 있는지 알려주는 지표라면, 응답 속도는 크기가 작은 데이터가 오가는 데 걸리는 시간을 따진다. 4G에서 응답 속도는 10~50ms(밀리세컨드, 1천분의 1초)까지 빨라졌다. 5G에서는 이 응답 속도가 약 10배 더 빨라진다. 이 덕분에 많은 양의

데이터를 중앙 서버와 끊김 없이 원활하게 주고받아야 하는 빅데이터, 자율주행차, 사물인터넷, 인공지능 분야에서 5G가 활발하게 도입되어 진정한 4차 산업혁명을 이끌 수 있는 근간이 될 것으로 예상된다.

③ 모바일 앱과 모바일 웹

모바일 앱(Mobile App)

스마트폰이나 태블릿 PC에서 언급하는 앱(APP)은 응용 프로그램을 뜻하는 어플리케이션(application)의 줄임말이다. 앱은 근본적으로 컴퓨터용 프로그램과 같은 것이기 때문에 앱의 기술적 특징은 일반적인 소프트웨어를 생각해 본다면 쉽게 알 수 있을 것이다. 앱은 아이폰이나 안드로이드 등 특정 운영체제에서 제공하는 환경에서 개발되기 때문에 플랫폼에 종속적이며, 이는 해당 플랫폼의 기기에서만 작동하는 것을 의미한다. 안드로이드 앱 개발에는 주로 JAVA 언어가 사용되고 iOS 에서는 객체지향 C(Objective-C) 언어가 많이 사용되고 있다.

모바일 앱은 특정운영체제에 종속되어 개발되므로 개발 비용과 시간이 많이 소요된다는 단점이 있지만, 모바일 기기에 최적화된 앱 개발이 가능하며 사용하기 편리하다는 장점으로 다양한 앱이 개발되어 있다. 실제로 해당 기기가 보유한 카메라, GPS, 각종 센서 등과 같은 하드웨어적 기능을 충분히 제어하고 활용할 수 있으며, 단말기에 저장된 사진이나 주소록 등의 데이터에 접근하는 앱을 어려움 없이 개발할 수 있다

모바일 앱은 응용 소프트웨어의 일종으로 플레이스토어(Play Store)와 앱스토어(App Store) 등의 온라인상의 장터에서 자유롭게 사고 팔 수 있다. 프로그램을 한번 다운받게 되면 그 후엔 인터넷 환경이 제공되지 않아도 사용할 수가 있는 장점이 있으며, 인터넷 환경에 영향을 받지 않으므로 반응속도 또한 빠르고 화려한 기능으로 이용자의 만족도가 높다. 하지만 앱의 내용이 변경이 된다면 전체파일을 다시 다운받아야 하는 큰 단점이 있다.

모바일 웹(Mobile Web)

모바일 웹은 PC에서 브라우저를 통하여 사이트에 접속하듯이 모바일 기기에 설치된 브라우저를 통하여 사이트에 접속하는 것을 의미한다. 모바일 웹 어플리케이션은 HTML5, CSS, Javascript, PHP 등의 웹 표준기술을 이용하여 작성하

고 웹 브라우저를 기반으로 실행된다. 앱(App)이 플랫폼에 종속적이었다면 웹(Web)은 장치와 플랫폼에 독립적이기 때문에 다양한 환경에서 동일한 정보를 제공할 수 있다. 모바일 웹이 홈페이지라고 언급했듯이 고려할 사항 몇 가지만 주의한다면 쉽게 모바일 웹을 만들 수 있으며, 제작비용이 적게 든다. 또한 내용을 수정할 때 관리자가 홈페이지 서버에 접속하여 수정하기 때문에 바로바로 업데이트가 가능하다. 그러나 앱과 비교해 보면 플랫폼이나 기기에서 특별히 제공하고 있는 기능들(앱과 같은 수준의 푸시 서비스, 다양한 모바일 센서 등)을 자유롭게 사용하기는 아직 어려운 단계에 있다.

🐱 모바일 웹인가? 앱인가?

각기 장단점을 가진 모바일 웹과 앱은 2017년 현재 모바일 시장에서는 '앱'이 '웹'을 물리친 것으로 보인다. 모바일 시장조사기관 '앱 애니'에 따르면, 2017년 상반기 기준으로 전체 스마트폰 사용시간에서 모바일 앱이 차지하는 비율은 88%에 달하며, 특히 한국의 경우 스마트폰 사용시간의 90% 이상을 모바일 앱에서 보내고 있다. 이는 모바일 게임을 많이 하는 젊은 층에서 만의 통계는 아니라, 전 연령층에서 90%이상으로 동일하게 나타났다.

그렇다면 모바일 앱은 어떻게 모바일 웹과의 경쟁에서 이길 수 있었을까?'앱 애니'는 모바일 앱의 장점으로 아래와 같은 내용들을 들었다.

- 디바이스 하드웨어와 기능에 더욱 심도 있고 일관되게 접근
- 충성도가 높은 사용자와의 커뮤니케이션
- 더욱 빠르고 효율적인 사용자 경험 제공
- 앱 스토어 노출 확대

모바일 앱을 사용하면 카메라, GPS, 블루투스, 생채인식 등 스마트폰 하드웨어가 제공하는 기능을 활용한 서비스를 만들 수 있다는 점이 가장 큰 장점이며, 모바일 웹도 스마트폰 기능에 접근할 방법을 점차 모색하고 있지만, 기능면에서의 차이는 아직 많이 크다고 볼 수 있다.

푸시 알림 등 사용자와의 커뮤니케이션도 모바일 앱과 웹은 차이가 있다. 푸시 알림은 사용자들을 유지시키고, 참여도를 높일 수 있는 검증된 방법으로 모바일 앱에서는 구동되지 않을 때도 푸시 알림을 보낼 수 있다. 모바일 웹에서도

알림을 보낼 수는 있지만, 모바일 앱과 비교하면 효율성은 떨어진다. 특히 모바일 앱은 바탕화면 앱 아이콘에 푸시 알림이 표시된다는 점에서 모바일 웹보다 효과적이다.

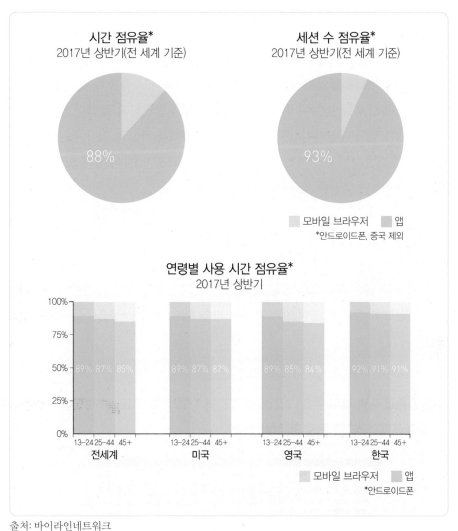

출처: 바이라인네트워크

🎯 그림 3-12 모바일 웹과 앱의 시간 및 세션, 연령별 사용시간 점유율

무엇보다 강점은 접속 속도를 비롯한 사용자 경험의 차이로서 모바일 앱은 서비스 구동을 위한 기본 데이터가 스마트폰에 저장돼 있고, 온라인을 통해 콘텐츠만 내려 받으면 되지만 모바일 웹은 접속할 때마다 모든 데이터를 새로 받아

야 하는 단점이 있다. 물론 모바일 앱에는 장점만, 모바일 웹에는 단점만 있는 것이 아니다. 모바일 앱의 가장 큰 단점은 검색에서 배제된다는 점으로, 모바일 앱에만 올라간 콘텐츠는 구글이나 네이버에서 검색되지 않는다. 이 때문에 뉴스 등의 서비스는 모바일 앱 활용도가 낮다. 뉴스 콘텐츠는 검색을 통해 접근하는 경우가 가장 많은데 모바일 앱은 검색되지 않기 때문에 언론사에서 모바일 앱의 활용도가 낮아졌다. 물론 차별화 된 경험으로 충성도 높은 사용자를 확보하겠다는 시도도 있었지만, 뉴스는 서비스 경험보다는 특종과 같은 콘텐츠의 변별력이 더 중요한 분야이기 때문에 모바일 앱이 발달하지 않았다. 그러나 모바일 앱에는 검색 대신 '피처드'라는 매력적인 특색을 가지고 있다. 피처드에 한 번 오른 앱 개발자는 인생역전의 기회를 가질 수 있으며, 검색 결과 상단에 오르기보다 어렵지만 그만큼 혜택이 크다.

'앱 애니'는 모바일 비즈니스 시장의 급속한 성장에 따라 기업들은 고객들의 모바일 사용 패턴에서 새로운 성장모델을 찾기 시작하였으며, 포켓몬GO, 인스타그램 등 트렌드를 이끌고 이제는 일상 깊이 파고든 비즈니스 모델은 공통적으로 모바일 웹 브라우저의 기본적인 기능에 의존하는 대신 다양한 사용자 맞춤형 기능으로 사용자 참여를 이끄는 모바일 앱을 통해 성공을 이루었다고 설명한다.

④ 호텔·관광 분야에서의 모바일 앱과 웹의 사용

✿ 항공권과 숙박 예약뿐 아니라 세계 각지의 호텔 상품 비교, 공항 찾기, 관광 일정 계획까지 스마트폰을 활용하는 시대.

출처: 앱 애니

◎ 그림 3-13 궁극적인 여행도구 모바일 앱

여행과 관련된 전반적인 정보가 모바일을 통해 유통되면서 여행 앱 시장의 경쟁도 치열해지고 있다. 모바일 앱 장터 분석업체 앱애니가 발표한 '앱 경제에서 여행 업체가 살아남는 방법' 보고서에 따르면 2016년 전 세계 여행 관련 앱 다운로드 건수는 약 30억건으로 2015년보다 20% 증가하였고 2014년과 비교하면 50%나 상승한 수준이며, 스마트폰에서 앱을 통한 예약의 비중은 2014년 12%에서 2016년 54%까지 증가하였다. 보고서에서는 여행도 디지털 산업이라며 앱을 중심으로 구축되는 환경에 최적화해야 살아남을 수 있다고 분석했다. 특히 과거 모든 서비스를 대행해 주는 여행사에 맡기는 추세에서 개별적인 요구를 충족할 수 있는 다양한 전문 서비스들을 적극적으로 활용하려는 변화가 두드러지고 있으며, 검색과 예약 정보를 통합적으로 제공하는 웹 사이트들에서 쉽게 가격을 비교할 수 있는 환경은 여행 시장의 경쟁을 심화시키고 있다.

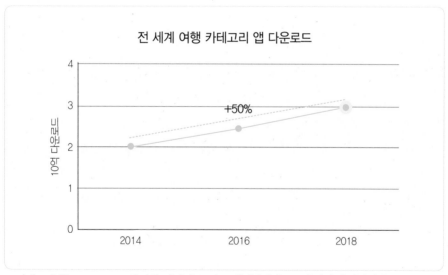

※ 카테고리에는 Google Play의 여행, 지역정보, 지도, 내비게이션. iOS의 여행 및 네비게이션 포함

그림 3-14 전세계 여행 카테고리 앱 다운로드

보고서는 앞서 모바일 생태계에 발맞춰 적응하기 시작한 항공 산업의 변화에 주의를 기울여야 한다고 분석했다. 항공사를 직접 통하지 않고 예약 전문 업체를 이용하는 고객이 늘면서 항공사들이 고객과의 관계를 넓히기 위한 수단으로 앱을 활용하기 시작했다는 설명이다. 이는 "다른 서비스와 대척하기 보다는 교

차로 판매할 수 있는 하나의 플랫폼으로 앱을 성장시키고 고객의 데이터도 앱 안에서 효과적으로 수집하고 있다"고 덧붙였다.

실제 다양한 항공사 앱들이 원격 체크인, 좌석 선택, 여권 스캔, 공항 지도, 실시간 운행 업데이트, 기내 엔터테인먼트 등의 서비스를 제공하고 있다. 저가 항공사들은 앱 안에 애플의 간편결제 서비스 애플페이 등을 통합 적용해 결제 편의성을 높이고 있으며, 미국 델타 항공사는 승객이 비행 중에도 자신의 수화물 위치를 확인하고 문제가 생기면 바로 고객 서비스에 연락할 수 있도록 하고 있다.

이 같은 모바일로의 전환 노력 덕분에 2016년 유럽 10위권 내 항공사 앱의 월평균 이용자 수는 2014년 대비 150% 늘었다. 같은 기간 저가항공 앱인 이지앱에서 모바일 탑승권을 이용하는 승객 수가 60% 이상 늘었다. 작년 기준 아일랜드 저가 항공사 라이언에어의 경우 웹 트래픽의 55%가 모바일에서 발생했다.

보고서는 모바일의 활용도가 높아짐에 따라 여행 관련 앱들도 여행객들에게 영향력 있는 콘텐츠를 다양화하고 새로운 가치를 제공해야 한다고 조언하며, 새로운 시도에 나선 기업들을 예로 들었는데, 호텔 체인 메리어트인터내셔널(Marriott International Inc.)은 앱으로 객실 문을 열고 잠그는 기능을 추가했다. 여행 사이트 트립어드바이저 (TripAdvisor, Inc.)는 지도와 후기를 미리 저장할 수 있는 서비스로 고객들이 로밍 요금을 아낄 수 있도록 하고 있다. 또한 스마트폰 이용자들은 매달 평균적으로 30개가 넘는 앱을 이용하고 있으며 이는 앱이 효과적인 채널이라는 의미도 되지만 동시에 고객의 관심을 끌기 위해 경쟁하는 앱들이 많다는 것이라고 설명했다. 이어 앱 마켓 최적화, 앱에 맞는 사용자 확보 전략 수립 등을 통해 앱 경쟁 시장에서 두각을 나타내야 도약할 수 있다고 강조했다.

🌸 호텔의 핸디서비스

스마트폰 형태의 '핸디'는 호텔 내 전 객실에 배치되며, 고객이 호텔 내외로 가지고 다니며 무료로 이용하는 것으로서, 호텔 어메니티 주문, 객실 정비서비스 등을 요청할 수 있다.

스마트폰 형태의 핸디는 호텔 내뿐 아니라 외부에서도 사용 가능하다. 먼저 국내외 전화를 무료로 이용할 수 있으며, 무제한 LTE 인터넷 데이터를 제공해 언제 어디서나 웹 서핑이 가능하다. 따라서 해외에서 한국을 방문하는 고객들

은 로밍을 하거나, 인터넷을 쓰기 위해 와이파이를 찾는 불편함을 겪지 않아도 된다. 또한 근처 관광지, 레스토랑 등 다양한 도시 관광 가이드 정보가 탑재돼 있으며, 공연 티켓도 핸디에서 구매할 수 있다.

출처 : 뉴스1(http://news1.kr/photos/details/?2701013)

🌀 그림 3-15 호텔의 핸디서비스

원 터치 호텔 서비스가 핸디에 탑재돼 있어 해외 고객뿐 아니라, 국내 고객도 호텔 이용이 보다 편리해진다. 인룸다이닝(in room dining) 주문뿐 아니라 슬리퍼, 수건, 욕실용품 등 호텔 소모품 및 서비스 용품의 주문 및 객실 정비 요청 서비스까지 원격으로 가능하다. 호텔 외부에서 업무를 보다가도 간단한 입력으로 호텔 도착하는 시간에 맞춰 서비스를 받을 수 있게 하였다. 호텔 측은 해외 및 국내 고객의 편리성을 강화시켜 고객 만족도를 높이고 궁극적으로는 한국 관광의 질을 높이는데 기여하고자 핸디 서비스를 도입하였으며, 앞으로 호텔 업계도 4차 산업혁명에 대응하고자 모바일 컨시어지 서비스(concierge service)를 더욱 강화할 것이라고 한다.

🌸 의료관광 앱 서비스

2015년 9월 중국 법인명 아이보우를 설립하고 중국 론칭을 준비해 온 딜리버리서비스의 의료서비스 앱 '강남가자'가 지난 16년 3월 19일 중국에서 론칭했다. '강남가자'는 18일 중국 '치후 360닷컴'의 등록 심사를 통과하여 중국에서 '去江南'으로 검색된다.

출처: 전자신문

⊙ 그림 3-16 딜리버리서비스의 의료서비스 어플

중국 안드로이드 시장의 80%는 바이두, 치후 360닷컴, 텐센트가 점유하고 있으며, 이 빅3 마켓에 한국 기업의 의료견적·관광 플랫폼으로는 유일하게 '강남가자'가 등록에 성공했다. '강남가자'는 한 달 후에는 바이두에도 등록을 계획하고 있다.

의료견적·관광 플랫폼 '강남가자'를 이용하면 중국 고객은 성형외과, 안과, 치과 등 한국의 수많은 병원과 중국 현지에서 위챗(개방형 메신저, 약 7억 명 이용) 등 커뮤니케이션 수단을 이용해 상담하고 의료견적을 받을 수 있게 된다.

또한, 한류 스타들이 다니는 헤어, 뷰티샵 정보와 함께 다양한 관련 쿠폰도 제공하면서 중국 의료 및 관광객의 발길을 한국으로 이끌 계획이다. 최근 불법 브로커의 폐해로 중국 의료관광객이 일본, 싱가포르 등으로 발길을 돌리고 있는 상황에서 한국의 병원과 중국 의료관광객을 직접 연결하는 '강남가자'는 중국 의료·뷰티 관광객의 유입을 다시 활성화시키는 계기가 될 것을 전망하고 있다.

3. 빅데이터의 활용

인터넷 및 모바일을 이용한 디지털 경제의 확산으로 우리 주변에는 규모를 가늠할 수 없을 정도로 많은 정보와 데이터가 생산되는 '빅데이터(Big Data)' 환경을 맞이하고 있다.

본 절에서는 빅데이터의 정의와 특징에 대해 살펴보고, 빅데이터를 관리하고, 의미 있는 정보를 추출하기 위한 데이터 웨어하우스와 마이닝, 빅데이터 처리 기술과 활용사례에 대해 살펴본다.

1) 빅데이터 개념과 등장 배경

디지털 경제의 확산으로 우리 주변에는 규모를 가늠할 수 없을 정도로 많은 정보와 데이터가 생산되는 빅데이터 환경이 도래하고 있다. 빅데이터란 과거 아날로그 환경에서 생성되던 데이터에 비하면 그 규모가 방대하고, 생성 주기도 짧고, 형태도 수치 데이터뿐만 아니라 문자와 영상 데이터를 포함하는 대규모 데이터를 말한다.

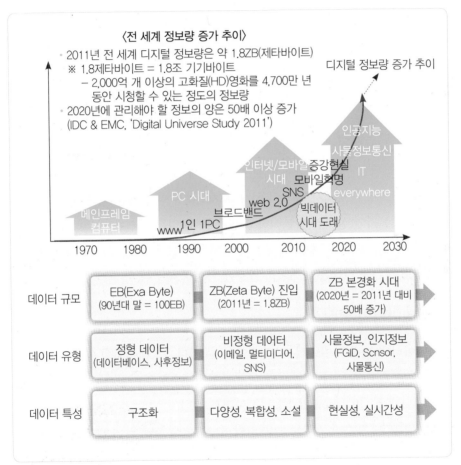

출처: 한국정보화 진흥원(2011. 12)

🔍 그림 3-17 글로벌 디지털 데이터 규모

글로벌 데이터 규모는 2011년에 1.8제타바이트(Zettabyte, 1ZB = 1021bytes), 2020년에는 2011년 대비 50배 증가할 것으로 예측하고 있다. 1제타바이트는

1000엑사바이트(Exabyte, 1EB = 1018bytes)이고, 1엑사바이트는 미 의회도서관 인쇄물의 10만 배에 해당하는 정보량이다.

빅데이터가 중요한 의미를 가지게 된 이유와 배경은 먼저 PC와 인터넷, 모바일 기기, 소셜미디어, SNS, GPS 등 센서, 사물인터넷(IoT) 기술의 발전 등에 힘입어 사람들이 도처에 남긴 발자국(데이터)은 기하급수적으로 증가하고 있다. 특히 사용자제작 컨텐츠(UCC:User Created Contents)를 비롯한 동영상 콘텐츠, 휴대전화와 SNS(Social Network Service)에서 생성되는 문자 등은 데이터의 증가 속도뿐 아니라, 형태와 질에서도 기존과 다른 양상을 보이고 있다. 즉, 이러한 데이터는 본인이 인식하거나 그렇지 못한 상황에서 매일의 삶과 생활을 통해 생성되는 데이터가 축적되어 의미를 내포하는 데이터의 역할을 하게 되었으며, 특히 블로그나 SNS에서 유통되는 텍스트 정보는 내용을 통해 글을 쓴 사람의 성향뿐 아니라, 소통하는 상대방의 연결 관계까지도 분석이 가능하다.

두 번째로는, 인터넷 속도의 증가로 이러한 데이터가 생성되는 즉시 메모리 장치에 축적될 수 있고 또한 활용될 수 있는 데이터 통신 인프라가 구축되었으며, 마지막으로 프로세서 가격의 하락과 처리속도의 증가는 엄청난 양의 축적된 데이터를 거의 실시간에 분석하고 활용할 수 있는 여건을 마련하게 되었다. 메모리 가격의 하락과 용량의 증가도 빅데이터 활용을 용이하게 하고 있으며 클라우드 컴퓨팅 기술은 빅데이터 활용에 기여하고 있다.

2) 빅데이터의 특징

빅데이터의 특징은 일반적 3V로 요약할 수 있다. 즉 데이터의 양(Volume), 데이터 생성 속도(Velocity), 형태의 다양성(Variety)을 의미한다. 최근에는 가치(Value)나 복잡성(Complexity)을 덧붙이기도 한다.

빅 데이터는 기존의 기술로는 관리할 수 없는 엄청난 양의 데이터를 가지고 있다. 2011년에 1.8제타바이트(Zettabyte, 1ZB = 1021), 2020년에는 2011년 대비 50배 증가할 것으로 예상되는 어마어마한 양의 데이터이다. 이는 빅 데이터의 가장 기본 특징으로, 여러 경로를 통해 계속 생성되고 있는 많은 양의 데이터임을 의미한다. 이처럼 다양하고 방대한 규모의 데이터는 미래 경쟁력의 우위를 좌우하는 중요한 자원으로 활용될 수 있다는 점에서 주목받고 있다.

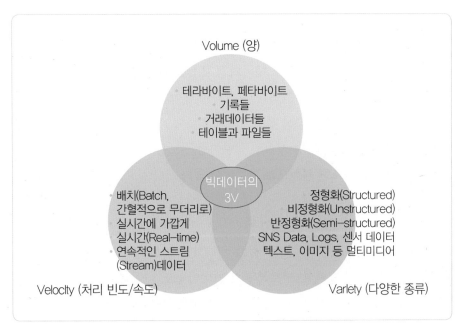

출처: www.tech360ng.com

🎯 그림 3-18 빅데이터의 3가지 기본적 특성

⚙️ 다양성

빅 데이터는 정형, 반정형, 비정형 같이 다양한 형태의 데이터를 모두 포함한다. 빅 데이터 이전의 데이터 분석은 기본적으로 관계 데이터베이스에 저장된 기업의 판매, 재고, 회계자료와 같은 정형 데이터를 대상으로 수행되었다. 반면, 빅 데이터는 반정형, 비정형 데이터도 분석 대상으로 삼는다. 비정형 데이터에는 책, 잡지, 의료 기록, 비디오, 오디오 같은 구조가 정해져 있지 않은 전통적인 비정형 데이터 외에도 위치 정보, 로그 기록, 이메일, SNS 등에서 생성되는 데이터도 포함한다. 반정형 데이터는 관계 데이터베이스와 같은 정형화된 시스템에 저장되어 있지 않지만 내부적으로 스키마, 즉 구조를 어느 정도 포함하고 있는 XML, HTML 등을 의미한다. 빅 데이터의 특징에 비추어 보아 빅 데이터는 단순히 양적 측면의 대규모 데이터를 넘어서 질적 측면의 다양한 형태를 포함하는 대규모 데이터로 이해해야 한다.

⚙️ 속도

빅 데이터는 데이터의 수집과 분석을 정해진 시간 내에 처리해야 한다. 많은

양의 데이터가 생성되고 전달되는 속도가 빨라, 여기서 가치 있는 정보를 추출하려면 대규모의 데이터를 사용자의 요구에 맞게 수집하고 분석하는 작업을 실시간으로 처리해야 한다. 대규모 데이터를 분석해서 의미있는 정보를 찾아내는 시도는 예전에도 존재했다. 그러나 현재의 빅데이터 환경은 과거와 비교해 데이터의 양은 물론 질과 다양성 측면에서 패러다임의 전환을 의미한다. 이런 관점에서 빅데이터는 산업혁명 시기의 석탄처럼 정보통신기술을 기반으로 4차 산업혁명을 선도할 중요한 원천으로 간주되고 있다.

3) 데이터 웨어하우스와 마이닝

다양한 분야에서 데이터를 관리하고 처리하기 위해 데이터베이스 시스템을 이용하는 것이 보편화되고, 정보통신기술의 발달로 데이터베이스에 저장하는 데이터의 양이 크게 증가하였다. 그래서 데이터베이스에 많은 양의 데이터를 효과적으로 저장하는 것도 중요하지만 사용자가 원하는 데이터를 빠르게 검색하여 제공하는 기능이 무엇보다 중요하게 되었다. 데이터베이스에 저장된 엄청난 양의 데이터를 분석하여 사용자에게 필요한 정보를 효율적으로 추출하는 일은 결코 쉽지 않다. 여러 데이터베이스에서 필요한 정보를 추출하는 경우에는 훨씬 더 복잡하다. 특히 기업과 같은 대규모 조직에서 정보 시스템에 저장된 데이터를 분석하고 요약하여 추출한 유용한 정보를 의사 결정에 이용하는 의사 결정 지원 시스템(DSS; Decision Support System)이 많이 사용되면서, 데이터베이스에 저장된 많은 데이터 중에서 의사 결정에 도움이 되는 데이터를 빠르고 정확히 추출할 수 있는 방법에 대한 연구가 많이 이루어졌으며, 그 중 한 가지 방법이 데이터 웨어하우스다.

데이터 웨어하우스(Data Warehouse)는 아래 그림과 같이 내부 또는 외부 데이터베이스 시스템으로 부터 ETL(Extract/Transform/Load) 도구를 사용하여 의사 결정에 필요한 데이터를 추출하고, 이를 원하는 형태로 변환하여 통합한 읽기 전용의 데이터 저장소다. 데이터 웨어하우스는 데이터베이스 시스템 하나를 대상으로 할 수도 있고 여러 개를 대상으로 할 수도 있다.

빅데이터를 위한 데이터 웨어하우스의 특징은 다음과 같다. 첫째 MPP(Massively Parallel Processing) 구조를 가짐으로 대규모 데이터 처리를 다수의 독립된 처

리로 나누어 복수의 노드에서 병렬로 처리함으로써 처리 성능을 크게 향상시킬 수 있다. 둘째, 기존의 관계형 데이터베이스(RDB: Relational DataBase)는 행 단위로 데이터를 저장하는데 비하여 빅데이터에서는 열 단위로 데이터를 저장함으로써 대규모 데이터를 분석할 때 필요한 컬럼만 추출함으로서 성능을 크게 향상시킬 수 있다. 컬럼 지향 데이터베이스에서는 같은 열에 문자나 수치와 같은 자료형 데이터가 존재할 가능성이 커서 압축이 가능하다. 셋째, 빅데이터는 대부분 범용 하둡에서 작동하도록 설계되어 있으므로 데이터가 급증할 시에도 저비용으로 스케일 아웃을 할 수 있는 장점이 있다. 이와 같이 빅데이터 분석을 위해 사용하는 데이터 웨어하우스는 대용량의 데이터를 빨리 처리하는데 초점을 맞추어 설계되었다.

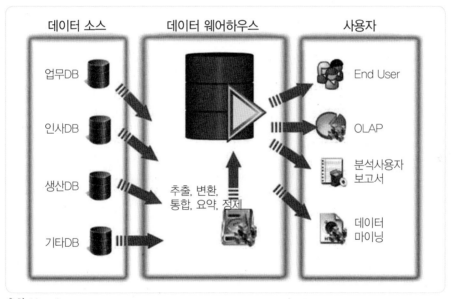

출처: blog.chosun.com

◎ 그림 3-19 데이터 웨어하우스

데이터 웨어하우스도 데이터베이스의 일종이지만 일반 데이터베이스와는 여러 가지 차이가 있다. 일반 데이터베이스는 운영 데이터의 집합으로, 트랜잭션에 의해 데이터의 삽입·삭제·수정을 수행하는 트랜잭션 처리 중심의 업무를 위한 것이다. 반면 데이터 웨어하우스는 의사 결정을 위한 정보의 집합으로, 검색 위주의 의사 결정 업무를 위한 것이다. 그리고 일반 데이터베이스는 최신의

데이터를 유지하지만, 데이터 웨어하우스는 올바른 의사 결정을 위해 현재의 데이터와 과거의 데이터를 함께 유지하는 경우가 많다. 데이터 웨어하우스가 일반 데이터베이스와 다른 주요 특징 몇 가지는 다음과 같다.

- 주제 지향적(Subject-Oriented) : 데이터 웨어하우스는 의사 결정이 필요한 주제를 중심으로 데이터를 구성한다. 의사 결정자인 최고 경영자나 데이터 분석가 등이 사용하기 때문에 데이터를 좀 더 이해하기 쉬운 형태로 제공하기 위하여 주제 지향적 특징을 가진다.
- 통합된(Integrated) 내용 : 데이터 웨어하우스는 여러 데이터베이스에서 필요한 데이터를 추출하여 의사 결정에 필요한 분석 및 비교 작업을 지원한다. 구조가 다른 여러 데이터베이스에서 데이터를 추출할 때는 이름이나 타입 등에서 충돌이 발생할 수 있다. 예를 들어 서로 다른 두 데이터베이스에서 추출한 데이터가 이름은 같지만 내용이 다르거나, 타입이 다른 경우를 생각해볼 수 있다. 데이터 웨어하우스는 내부적으로 데이터가 항상 일관된 상태를 유지하도록 여러 데이터베이스에서 추출한 데이터를 통합하여 저장하는 특징이 있다.
- 시간에 따라 변하는(Time-Variant) 내용 : 올바른 의사 결정을 위해 현재와 과거 데이터를 함께 유지한다. 데이터 간의 시간적 관계나 동향을 분석하여 의사 결정에 반영할 수 있도록 하기 위해서이다.
- 비소멸성(Nonvolatile)을 가진 내용 : 데이터 웨어하우스는 검색 작업만 수행되는 읽기 전용의 데이터를 유지한다. 계획된 정책에 따라 정기적인 데이터 변경이 이루어지기는 하지만, 트랜잭션 단위로 변경 작업을 처리하는 일반 데이터베이스와는 다르다. 검색 작업 위주의 데이터 웨어하우스는 삽입·삭제·수정(갱신) 이상이 발생할 염려가 없어, 검색의 효율성을 고려하여 설계하는 경우가 많다.

4) 빅데이터 분석기법

🏵 빅데이터 분석기법

글로벌 컨설팅 그룹 맥킨지&컴퍼니 산하 경제연구소인 맥킨지 글로벌 인스

티튜트는 빅데이터 기술을 빅데이터 분석을 위한 '분석기법'과 데이터를 수집, 조작, 관리, 분석하기 위한 '처리기술'로 구분했다. 분석기법은 기계학습이나 데이터 마이닝 기법을 적용한다.

기계학습(Machine Learning)은 인공지능 기법의 하나로 인간의 자연스러운 학습 능력을 컴퓨터를 통하여 구현하는 것이다. 빅데이터를 분석하여 그 데이터로부터 유용한 규칙, 지식표현, 판단기준 등을 도출하는 것이다. 음성이나 화상인식, 스팸메일 필터링, 추천엔진, 일기예보, 유전자 분석 등의 분야에 기계학습 기술이 이용될 수 있다.

데이터 마이닝(Mining) 기법에서 마이닝은 광산에서 광물을 캐낸다는 의미를 가지며, 대량의 데이터에 숨겨진 패턴과 관계 등을 파악해 내는 기법으로 클러스터링, 신경망네트워크, 회귀분석, 결정트리 및 연관분석 등의 방법을 이용하여 미래를 전망할 수 있는 정보를 추출해 낸다.

현재 기업의 의사결정, 마케팅, 고객관리에 적용될 뿐 아니라 금융이나 교육 등 다양한 영역으로 활용되는 중이다. 최근엔 그림이나 영상, 문서처럼 형태와 구조가 복잡해 정형화되지 않은 데이터인 비정형 데이터 증가로 인하여 다양한 분석기법이 주목받고 있다.

🔅 텍스트 마이닝

텍스트 마이닝(Text Mining)이란 대규모의 문서에서 의미 있는 정보를 추출하는 것을 말하며, 분석대상이 비구조적인 문서정보라는 점에서 데이터 마이닝과 차이가 있다. 텍스트 마이닝은 텍스트 분석, 텍스트 데이터베이스로부터 지식발견, 문서 마이닝(Document Mining) 등으로 불리기도 한다.

텍스트 마이닝은 정보 검색, 데이터 마이닝, 기계 학습, 통계학, 컴퓨터 언어학 등이 결합된 학제적 분야이다. 분석 대상이 형태가 일정하지 않고 다루기 힘든 비정형 데이터이므로 인간의 언어를 컴퓨터가 인식해 처리하는 자연어 처리(NLP: Natural Language Processing) 방법과 관련이 깊다. 대용량의 텍스트 데이터에서 의미 있는 정보를 추출하고, 해당 정보와 연계된 정보를 파악하는 등 텍스트가 가진 단순한 정보 이상의 의미 있는 결과를 얻어 낼 수 있다는 장점을 가지고 있다.

텍스트 마이닝은 대규모의 문서(text)에서 의미있는 정보를 추출하는 분석기법이다. 텍스트가 가진 단순한 정보 이상의 의미 있는 결과를 얻어 낼 수 있다는 장점을 가지고 있다.

그림 3-20 텍스트 마이닝

오피니언 마이닝

오피니언 마이닝(Opinion Mining)은 인물, 이슈 등에 대한 대중들의 의견이나 평가, 감정 등을 분석하는 기법을 뜻한다.

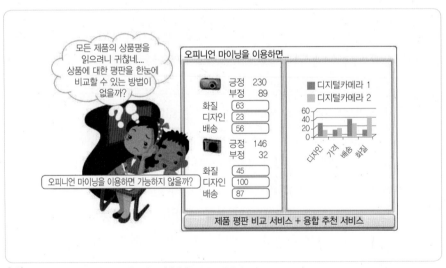

출처: https://sites.google.com/site/ssudslab/Opinion-Mining

그림 3-21 오피니언 마이닝

소셜 미디어 등에 게재된 정형·비정형 텍스트에서 사실과 의견을 구분하고 의견을 추출하여, 전달하려는 의도가 긍정적인지 부정적인지로 나누고 그 강도까지 측정할 수 있다. 주로 블로그, 쇼핑몰과 같은 대규모 웹 문서에서 마이닝이 이루어지기 때문에 자동화된 분석방법을 사용하며, 이를 통하여 신상품 시장 규모를 예측하거나 소비자 반응에 대해 사전 파악이 가능하다. 분석 대상이 텍스트이므로 텍스트 마이닝에서 활용하는 자연어 처리 방법, 컴퓨터 언어학 등을 활용하며, 소셜미디어 시대의 중요한 기술로 자리매김하고 있다.

🌐 웹 마이닝

웹 마이닝(Web Mining)은 인터넷을 이용하는 과정에서 생성되는 웹 로그(Log) 정보나 검색어로부터 유용한 정보를 추출하는 웹 대상의 데이터 마이닝이다. 웹 데이터의 속성이 반정형 혹은 비정형이고, 링크 구조를 형성하고 있기 때문에 별도의 분석기법이 필요하다. 웹 마이닝은 분석 대상에 따라 웹 구조 마이닝(Web Structure Mining)과 웹 유시지 마이닝(Web Usage Mining), 그리고 웹 콘텐츠 마이닝(Web Contents Mining)으로 구분된다. 이 중 웹 콘텐츠 마이닝은 웹 페이지에 저장된 콘텐츠로부터 웹 사용자가 원하는 정보를 빠르게 찾는 기법으로 검색엔진에 많이 사용된다.

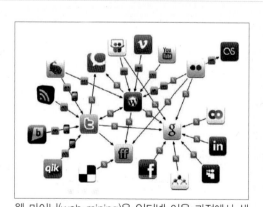

웹 마이닝(web mining)은 인터넷 이용 과정에서 생성되는 웹 로그(web log) 정보 혹은 검색어로부터 유능한 정보를 추출하는 웹 대상의 데이터 마이닝이다.

출처: http://www.elec4.co.kr/article/articleView.asp?idx=10458#

🔘 그림 3-22 웹 마이닝

5) 빅데이터 처리 기술

🌐 빅데이터 처리 기술

웹 환경은 기존의 전통 방식으로는 효과적으로 처리하기 어려운 대규모 데이터가 존재하는 대표적인 곳이다. 웹에서 검색이란 규격이 일정하지 않은 여러 종류의 데이터가 대규모로 쌓여 있는 데이터 더미에서 원하는 내용을 효과적으로 빠른 시간 안에 찾는 것이 필수적이다. 웹 검색엔진 개발자들은 이러한 문제를 해결하기 위해 다양한 시도를 했다.

컴퓨터 성능을 향상시키기 위해서는 성능이 더 좋은 장비를 도입하는 스케일 업(Scale -Up) 방식과 장비의 수를 늘리는 스케일 아웃(Scale-Out) 방식이 있는데, 구글(Google)은 스케일 아웃 방식을 이용하여 고성능 서버를 사용하지 않고 가격대비 성능이 우수한 일반 프로세스들로 클러스터를 구성하였으며 그 성능을 최대한 끌어 낼 수 있는 소프트웨어는 자신들이 직접 개발하는 전략으로 대규모 데이터를 효과적으로 처리하였다.

검색엔진 기술은 대량의 정보를 효과적으로 저장하기 위한 분산파일 시스템(GFS: Google File System), 대용량 데이터의 읽기와 쓰기를 위한 분산 스토리지 시스템인 빅테이블(Bigtable), 분산 데이터 처리를 위한 맵리듀스(MapReduce)로 요약할 수 있다.

분산파일 시스템은 여러 대의 컴퓨터를 조합해 대규모 기억장치를 만드는 기술로서, 구글은 가격이 저렴한 하드웨어를 대량으로 이용하기 때문에 고장 발생을 전제로 시스템을 설계한다. 분산파일 시스템은 이를 위해 항상 파일을 여러 개 복사해 저장한다. 또한 파일의 내용과 위치에 대한 정보도 여러 개의 복사본을 만들어 저장한다. 이렇게 파일의 내용과 정보가 여러 대의 컴퓨터에 분산 저장되기 때문에 검색 시간도 단축되고 여러 곳에서 동시에 검색이 이루어져도 어느 한 곳에 작업량이 집중되지 않는다. 예를 들어 한국에 있는 이용자가 특정 단어를 검색하면 저장된 복수의 정보 중에서 이용자와 가장 가까운 곳에 있는 정보를 찾아내 검색하게 된다. 한 대의 컴퓨터가 고장이 나도 거기에 담겨 있는 정보는 다른 곳에 복사본이 존재하기 때문에 데이터 손실의 염려도 없다.

빅테이블은 구조화된 데이터(Structured Data) 처리를 위한 분산 스토리지 시

스템(Distributed Storage System)으로, 웹 검색과 같은 대규모의 복잡한 데이터 구조에서 효율적으로 읽고 쓰기 위하여 기존의 관계형 데이터베이스와는 달리 복잡한 구조를 가지고 있다. 관계형 데이터베이스가 테이블(Table), 행(Row), 열(Column)이라는 간단한 구조로 구성되어 있는 반면 빅테이블은 칼럼 대신에 로 키(Row Key)와 칼럼 패밀리(Column Family), 타임 스탬프(Time Stamp)와 같은 복잡한 구조로 구성되어 있다. 빅테이블은 이러한 기능을 이용하여 테이블을 종횡으로 무한정 늘려갈 수 있다.

맵리듀스는 효율적인 데이터 처리를 위해 여러 대의 컴퓨터를 활용하는 분산 데이터 처리 기술이다. 맵리듀스는 이름에서 짐작할 수 있듯이 맵(Map)과 리듀스(Reduce)의 두 과정으로 구성되어 있다. 먼저 맵 단계에서는 대규모 데이터를 여러 대의 컴퓨터에 분산, 병렬로 처리하여 새로운 데이터(중간 결과)를 만들어낸다. 리듀스 단계에서는 이렇게 생성된 중간 결과물을 결합해 최종적으로 원하는 결과를 생산한다. 리듀스 과정 역시 여러 대의 컴퓨터를 동시에 활용하는 분산처리 방식을 적용한다. 맵리듀스 처리 과정을 쉽게 이해하기 위해 어떤 문서에 존재하는 특정 단어의 숫자를 계산하는 작업을 생각해보자. 맵 단계에서는 문서의 내용을 하나하나의 단어로 분해한다. 만약 이 단어가 우리가 찾는 특정한 단어라면 숫자 1을 부여한다. 이 작업을 여러 대의 컴퓨터가 병렬적으로 처리하면 순식간에 숫자 1로 구성된 중간 결과물이 생성된다. 리듀스 단계에서 이렇게 생성된 중간 결과를 모두 합치면 원하는 단어의 개수를 얻을 수 있게 된다.

구글은 분산 데이터 처리 프로그램을 쉽게 사용할 수 있도록 소젤(Sawzall)이라는 프로그램 언어를 새로 개발했다. 이 언어는 관계형 데이터베이스에서 간단한 문장으로 데이터 처리를 위한 프로그램을 작성할 목적으로 사용되고 있는 구조화 질의 언어(SQL: Structured Query Language)와 유사하다. 데이터 통계와 로그 분석 등 반복 사용하는 프로그램 업무를 간단한 명령어로 처리할 수 있다.

하둡

하둡(Hadoop)은 대용량의 데이터 처리를 위해 개발된 오픈소스(Open-Source) 소프트웨어이다 하둡은 야후(Yahoo)의 재정지원으로 2006년부터 개발되었으며 현재는 아파치(Apache) 재단이 개발을 주도하고 있다. 하둡은 구글의

분산 파일 시스템(GFS) 논문 공개 후 본격적으로 개발되었는데 구글의 시스템과 대응되는 체계로 구성되어 있는 것이 특징이다.

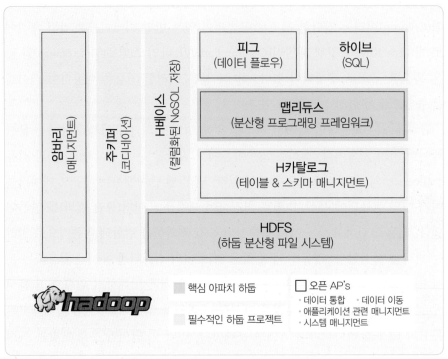

출처: http://blog.daum.net/rurouni2000/8322754

그림 3-23 하둡의 구성 요소

구글의 분산파일 시스템 기능은 하둡 분산파일 시스템(HDFS: Hadoop Distributed File System), 구글의 맵리듀스는 하둡 맵리듀스(Hadoop MapReduce), 구글의 빅테이블은 에이치베이스(Hbase)가 각각 담당하고 있다.

하둡은 핵심 구성 요소인 분산파일 시스템과 맵리듀스 이외에 다양한 기능을 담당하는 시스템으로 구성되어 있다. 하둡 프로그램을 쉽게 처리하기 위한 솔루션으로 피그(Pig)와 하이브(Hive)가 있다. 피그는 야후에서 개발되었는데 현재는 하둡 프로젝트에 포함되어 있다. 피그는 데이터를 적재·변환하고 결과를 정렬하는 과정을 쉽게 처리하기 위해 만든 프로그램 언어다. 하이브는 하둡을 데이터웨어하우스로 운영할 수 있게 해주는 솔루션이다 페이스북에서 개발한 하이브는 관계형 데이터베이스에서 사용하는 SQL과 유사한 질의 언어의 특

징을 가지고 있다. 에이치베이스는 칼럼 기반의 데이터베이스로 대규모 데이터에 빠른 속도로 접근할 수 있도록 만든다. 스쿱(Sqoop)은 관계형 데이터베이스로부터 데이터를 하둡으로 옮기는 도구이며, 플럼(Flume)은 로그데이터를 하둡 분산파일 시스템으로 옮기는 도구이다. 이 밖에 처리 과정을 조정하고 관리하는 주키퍼(Zookeeper)와 우지(Oozie)가 있다.

하둡은 공개용 소프트웨어이기 때문에 무료로 이용할 수 있다는 장점이 있다. 현재 인터넷 환경에서 오픈 소스로 제공되는 개발 도구로는 LAMP(Linux, Apache, MySQL, PHP/ Python)가 있다. 운영체제인 리눅스(Linux), 웹 서버인 아파치(Apache), 데이터베이스는 마이에스큐엘(MySQL), 개발언어인 피에이치피/파이썬(PHP/Python)을 사용하면 저렴한 비용으로 시스템을 개발할 수 있다. 빅데이터 처리 기술인 하둡을 포함한 이러한 오픈 소스 프로그램의 등장은 개방과 협업, 공유를 지향하는 웹 생태계의 특성을 잘 나타내주고 있다.

출처: SPRi-소프트웨어 정책연구소 산업동향

◎ 그림 3-24 빅데이터 처리 개념도

6) 빅데이터 활용사례

🏅 2016년 올림픽을 개최한 브라질 리우데자네이루의 지능형운영센터

- 도시 관리 및 긴급 대응 시스템으로 IBM의 분석 솔루션이 적용되어 자연재해를 비롯한 교통 및 전력 인프라에 대한 통합 관리
- 48시간 이전 폭우 예측 기능 보유

🔅 싱가포르의 교통량 예측 시스템

- 차량의 증가로 인한 교통체증을 해소하기 위한 시스템으로 85%이상의 정확도로 교통량을 측정
- 싱가포르 육상교통청(LTA)의 지능형 교통망 시스템은 싱가포르 전체의 교통망을 관리하며 실시간으로 차량 움직임을 인지하여 대응
- 아래 그림은 주행 차량이 다른 차량이나 도로에 설치된 통신장치와 통신하면서 주변 교통상황과 급정거·낙하물 등 위험정보를 실시간으로 확인, 위험을 알리는 차세대 지능형 교통시스템을 보여 줌.

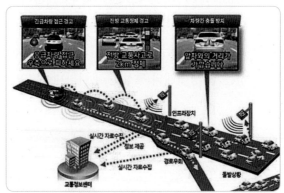

출처: 차세대 지능형교통시스템(C-ITS) 개념도./사진=국토교통부

🔘 그림 3-25 지능형 교통 예측 시스템

🔅 GE의 산업 인터넷

- 스마트팩토리(Smart Factory) 실현을 위해 GE소프트웨어를 별도로 설립하고, 빅데이터 분석 플랫폼 Predix를 개발
- 2016년도 Predix가 대부분을 차지하는 소프트웨어 부분에서만 올해 매출 70억 달러 달성 목표

🔷 그림 3-26 GE의 빅데이터 분석 플랫폼 Predix 효용

⚙️ 2016년 올림픽을 개최한 브라질 리우데자네이루의 지능형운영센터

- 도시 관리 및 긴급 대응 시스템으로 IBM의 분석 솔루션이 적용되어 자연 재해를 비롯한 교통 및 전력 인프라에 대한 통합 관리
- 48시간 이전 폭우 예측 기능 보유

🔷 그림 3-27 브라질 지능형운영센터

⚙️ 아마존의 예측 배송

- 빅데이터 분석을 통해 고객의 패턴을 파악하고 구매 물품을 추천

● 고객이 구매하기 전에 고객들의 기존 검색 및 주문내역, 쇼핑 카트에 담아 놓은 상품, 반품내역, 마우스 커서가 머무른 시간 등을 분석하여 배송을 준비하는 시스템인 예측 배송을 구현

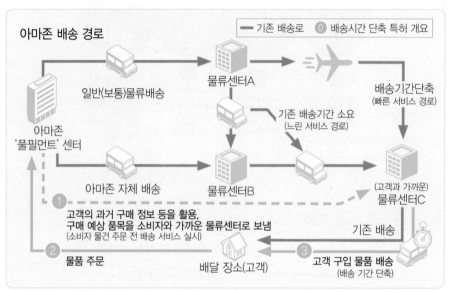

자료 : 아마존, 디지츠

◎ 그림 3-28 아마존의 예측 배송

⚙️ 중장비 제조업체 코마츠(Komatsu)의 KOMTRAX 시스템

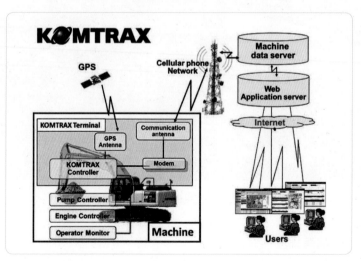

◎ 그림 3-29 코마츠(Komatsu)의 KOMTRAX 시스템

- 코마츠에서 제조한 건설기계 차량에 각종 센서를 부착하여 차량의 현재 상태 및 정상 작동 여부를 체크, GPS를 통한 위치 확인
- 차량의 엔진 과열, 부품 내 유압의 저하, 각종 경보데이터, 연료상황 등 수집된 데이터를 통신위성 및 이동 통신망을 통해 사내 서버에 저장하고 이를 분석하여 장비 구매자들과 대리점에 제공
- 장비구매자의 관리비용 절감, 고장원인의 추정용이 등과 같은 효과

후지쯔(Fujitsu)의 농업용 빅데이터 분석 솔루션

- 농지 기후 및 토양 등 환경정보를 센서로 부터 수집한 데이터와 과거 수확 실적 데이터 등을 비교 분석하여 파종, 농약살포, 수확시점 등을 결정

넷플릭스(Netflix)

- 스트리밍 서비스 가입자의 영화시청 패턴을 분석하여 영화를 추천해주는 시네매치(Cine- match) 시스템을 개발하여 사용자별 선호도가 높은 컨텐츠를 추천

특급호텔 파라다이스 부산

- 2017년 1년 동안 자체 투숙객 및 식당 이용객 자료를 모아 빅데이터 분석 기법으로 조사한 결과 공표, 지역 특급호텔이 고객 데이터를 정량·정성화해 체계적으로 분석한 경우는 이번이 처음이다.

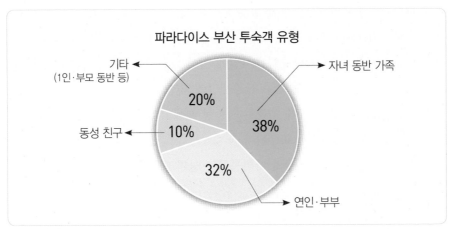

출처: 국제신문

그림 3-30 파라다이스 부산 자체 빅데이터 분석 자료

- 객실 이용객 중 초등생 이하 자녀가 있는 30, 40대 부부의 비율은 38%였으며, 예약 건수는 1만3446건을 차지했다. 연인·부부, 동성친구, 비즈니스 고객이 그 뒤를 이었다. 호텔 인근인 부산, 울산, 경남에 거주하는 투숙객이 30%를 넘어서는 등 증가세인 점도 주요 고객이 자녀를 둔 부부인 점과 무관하지 않다.

- 투숙객의 55%는 서울 등 수도권 지역, 나머지 15%는 전라, 강원, 지역인 것으로 조사됐다. 또한 주중 투숙객이 급증한 것도 달라진 세태를 보여준다. 이 호텔의 주중 투숙객은 전년과 비교해 70% 늘어났으며, 주중 객실 점유율도 40%대에서 50%대로 껑충 뛰었다. 최근 기업과 정부에서 연월차 사용을 장려하면서, 숙박료가 비싼 주말을 피해 휴가를 내고 여행을 즐기는 이들이 늘었기 때문으로 분석하고 있다.

⚙ 미래창조과학부

- 대형화·복합화 되고 있는 재난위험에 선제적으로 대응하고자 현행 시스템을 개선하고, 재난산업을 전략산업으로 육성하기 위한 범부처 차원의 마스터 플랜을 마련했다. 먼저 재난정보의 수집과 분석, 의사결정이 유기적으로 연계되도록 '통합재난정보관리 시스템' 구축에 속도를 낼 계획이다. 재난 빅데이터 분석기술과 시뮬레이션 등을 통해 재난을 미리 감지하고, 재난 발생시 빠른 대처가 가능하도록 관련 체계를 일원화하는 것이 골자다.

- 재난으로 인한 통신두절 상황을 염두에 둔 신호감도 증폭과 임시통신망 기술도 함께 개발되며, 예방과 감시 강화를 위한 모니터링 기술도 확보된다. 국가기반시설과 다중이용시설에 대한 실시간 위험평가 기술이 구체화되고, 싱크홀과 기후재난 등 신종재난에 대한 모니터링 기술이 개발된다. 사물인터넷(IoT) 센서와 고화질 지능형 폐쇄회로 텔레비전(CCTV) 등 감시 기술의 개선도 여기에 포함된다.

- 재난이 발생한 현장에서의 지휘통제는 물론 빠른 구조작업을 위한 기술도 첨단화될 전망이다. 재난용 무인기, 특수차량, 로봇 등 첨단 장비구축과 함께 그간의 선진국 모델을 대체할 수 있는 심리피해 진단기술 개발, 재난조사 및 기록관리·환류시스템(Feedback System)도 구축한다.

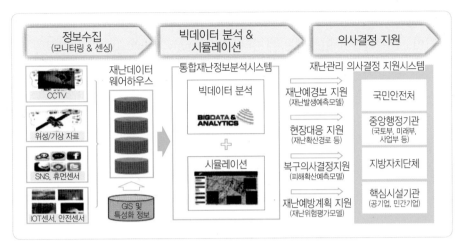

출처: 헤럴드 경제(2014)

그림 3-31 통합재난정보 플랫폼 개념도.

4. 클라우드 컴퓨팅의 활용

클라우드 컴퓨팅은 언제, 어디서나 IT자원을 자신이 필요한 만큼 빌려 쓸 수 있는 인터넷 서비스를 가능하게 해주는 인프라 역할을 담당한다. 이절에서는 먼저 클라우드 컴퓨팅에 대해 논의하고, 서비스 모델 및 이용방식에 대하여 살펴보며, 빅데이터와 클라우드 컴퓨팅 사이의 관계를 알아보자.

1) 클라우드 컴퓨팅

클라우드 컴퓨팅(Cloud Computing)이란 IT자원을 필요에 따라 크라우드 서비스를 제공하는 사이트로부터 자신이 필요한 만큼 빌려 쓰고 이에 대한 사용요금을 지급하는 방식의 컴퓨팅 서비스를 말한다. 여기서 IT 자원은 응용프로그램 및 데이터베이스와 같은 소프트웨어는 물론, 서버 및 기억장치와 같은 하드웨어 등 기타 다양한 서비스를 포함한다.

클라우드라는 이름이 붙여진 이유는 컴퓨터 네트워크 구성을 그림으로 나타낼 때 인터넷을 구름으로 표현했기 때문이다. 즉, 수많은 컴퓨터가 연결되어 있는 인터넷 환경이 마치 하늘 에 떠 있는 구름처럼 알 수 없는 존재로 여겨졌기

때문이다. 클라우드 방식은 새로운 개념은 아니다. 컴퓨터가 등장한 초기에는 가격이 너무 비싸서 이용자는 더미터미널(dummy terminal)이라고 부르는, 입출력 기능만 있는 단말기로 자료를 입력하면 중앙의 대형 컴퓨터에서 저장하고 처리했다. 클라우드 컴퓨팅과 유사한 이러한 방식은 개인용 컴퓨터(PC)가 등장하고 성능이 향상되면서 점차 사라졌다.

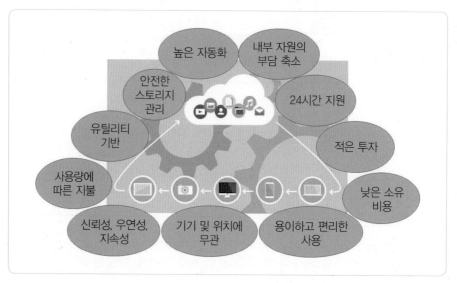

그림 3-32 클라우드 컴퓨팅의 특징

우리가 사용하고 있는 개인용 컴퓨터에는 필요에 따라 구매한 소프트웨어가 설치되어 있고 동영상과 문서와 같은 데이터도 저장되어 있다. 문서를 작성하려면 자신의 컴퓨터에 저장되어 있는 한컴오피스와 같은 프로그램을 구동하여 작성한다. 그러나 인터넷이 출현하면서 클라우드 컴퓨팅은 재등장하게 되었으며, 처리해야 할 데이터의 양이 증가하면서 개인용 컴퓨터보다는 외부에 있는 고성능 컴퓨터의 힘을 자연스럽게 빌리게 된 것이다. 클라우드 컴퓨팅은 PC에서 클라우드 서비스를 제공하는 사이트로부터 프로그램과 문서작성을 인터넷 접속을 통하여 이용하는 방식이다. 이렇게 되면 필요한 소프트웨어를 개개인의 컴퓨터에 설치할 필요도 없고, 또한 주기적으로 업데이트 하지 않아도 된다. 게다가 회사 컴퓨터에서 작업을 하던 문서를 따로 저장해서 집으로 가져갈 필요도 없으며, 자신의 컴퓨터가 고장을 일으켜도 데이터가 손상될 염려도 없다. 필

요한 만큼 쓰고 비용을 지불하면 되므로 사용 빈도가 낮은 소프트웨어를 비싸게 구입할 필요도 없고, 터무니없이 큰 저장장치를 갖추지 않아도 된다.

기업도 클라우드가 도입되기 이전에는 필요한 시스템을 구축하기 위해서 값비싼 하드웨어와 애플리케이션을 구입하여 기업 상황에 맞게 커스터마이징(customizing)하여 회사 내에 시스템을 구축하고 운영했기 때문에 시간도 수개월 이상 걸렸고 비용도 많이 들었다. 이러한 이유로 클라우드 컴퓨팅은 컴퓨터 시스템을 관리하는데 들어가는 비용과 서버의 구매 및 설치비용, 업데이트 비용, 소프트웨어 구매 비용 등을 줄일 수 있을 뿐만 아니라 PC에 자료를 보관할 경우와 달리, 외부 서버에 자료들이 저장되기 때문에 안전하게 자료를 보관할 수 있으며 언제 어디서든 자신이 작업한 문서 등을 열람하고 수정할 수 있다는 이점이 있다. 현재 우리는 구글, 네이버, 다음 등의 다양한 포털사이트에서 구축한 클라우드 컴퓨팅 환경을 통하여 태블릿 컴퓨터나 스마트폰 등 휴대용 IT기기로도 손쉽게 각종 서비스를 사용할 수 있게 되었다. 이용 편의성이 높고 산업적 파급효과가 커서 차세대 인터넷 서비스로 주목받고 있는 클라우드 컴퓨팅은 2000년 대 후반부터 새로운 IT 통합관리모델로 등장하였다.

출처: http://techm.kr

◎ 그림 3–33 클라우드 컴퓨팅 서비스 제공 기업

클라우드를 가능하게 해주는 핵심 기술은 가상화(Virtualization)와 분산처리(Distributed Processing)이다. 가상화란 실질적으로는 정보를 처리하는 서버(Server)가 한 대지만 여러 개의 작은 서버로 분할해 동시에 여러 작업을 가능하게 만드는 기술이다. 이를 이용하면 서버의 효용률을 높일 수 있다. 분산처리는 여러 대의 컴퓨터에 작업을 나누어 처리하고 그 결과를 통신망을 통해 다시 모으는 방식이다. 분산 시스템은 다수의 컴퓨터로 구성되어 있는 시스템을 마치

한 대의 컴퓨터 시스템인 것처럼 작동시켜 규모가 큰 작업도 빠르게 처리할 수 있다.

2) 클라우드 컴퓨팅 서비스 모델

클라우드 컴퓨팅은 하드웨어나 소프트웨어와 같은 컴퓨터 자산을 구매하는 대신 빌려 쓰는 개념이다. 어떠한 요소를 빌리느냐에 따라 소프트웨어서비스 (SaaS: Software as a Service), 플랫폼 서비스(PaaS: Platform as a Service), 인프라 서비스(IaaS: Infrastructure as a Service)로 구분한다. 소프트웨어서비스는 네트워크를 통해 응용소프트웨어 및 데이터베이스를 온라인으로 이용하는 방식이다. 이용자가 필요로 하는 소프트웨어만을 골라 이용하고 사용한 만큼 요금을 지불하는 개념이다. 가장 성공적인 소프트웨어 서비스 제공업체로는 세일즈포스닷컴(salesforce.com)이 있다. 이 회사는 기업의 영업활동과 고객관계관리 (CRM)에 필요한 다양한 소프트웨어를 제공한다. 구글 앱스(Apps)는 개인 대상의 서비스로 문서작성과 계산 기능을 제공하는 광고 기반의 무료 서비스다.

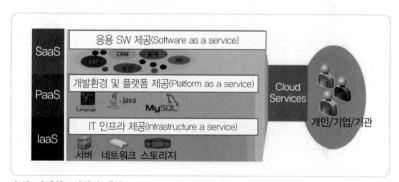

출처: 미래창조과학부 제공

그림 3-34 클라우드 서비스 모델

플랫폼서비스란 운영체제를 빌려 쓰는 방식을 말한다. 플랫폼이란 마이크로소프트의 윈도우즈(Windows)처럼 컴퓨터 시스템의 기반이 되는 하드웨어 또는 소프트웨어와 응용 프로그램이 실행되는 기반을 말한다. 구글의 앱 엔진 (App Engine), 아마존의 EC2(Elastic Computing Cloud), 마이크로소프트 어주어 (Microsoft Azure) 등이 대표적인 플랫폼 서비스 상품이다.

인프라 서비스는 서버나 스토리지, 데이터베이스, 네트워크를 필요에 따라 이용할 수 있게 서비스를 제공하는 형태이다. 아마존의 S3(Simple Storage Service)가 대표적인 서비스다. 국내 기업의 경우 삼성SDS가 서버와 스토리지, 백업 인프라를 사용한 만큼 비용을 청구하는 유즈플렉스(USEFLEX) 서비스를 제공하고 있다. 개인 대상의 서비스로는 KT의 유클라우드(ucloud), 네이버 N드라이브(N drive), 다음 클라우드가 있다.

3) 1.5.3 클라우드 컴퓨팅 이용방식

클라우드 컴퓨팅을 이용하는 방식에 따라 사설 클라우드(Private Cloud), 공용 클라우드(Public Cloud), 혼합형 클라우드(Hybrid Cloud)로 분류하기도 한다. 폐쇄형 클라우드는 특정한 기업 내부 구성원에게만 제공되는 서비스(Internal Cloud)를 말하고 공개형 클라우드는 일반인에게 공개되는 개방형 서비스(External Cloud)를 말한다. 혼합형 클라우드는 특정 업무는 폐쇄형 클라우드 방식을 이용하고 기타 업무는 공개형 클라우드 방식을 함께 이용하는 것을 말한다.

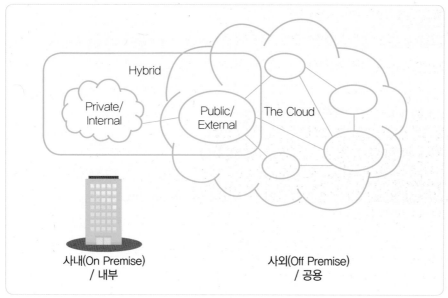

출처: 위키백과

🎥 그림 3-35 클라우드 컴퓨팅 이용방식

클라우드 컴퓨팅의 가장 큰 약점은 외부 침입자로부터 기업의 민감한 데이터나 정보가 노출되거나 변경될 수 있다는 점이다. 사설 클라우드는 기업이 자체 클라우드를 구성함으로써 이러한 외부의 침입을 원천적으로 방지하여 보안을 확보하는 방식이다. 이를 위하여 기업은 자체 데이터 센터를 구축하여 자체적으로 운영하거나 외부 업체에 위탁한다. 그러나 사설 클라우드는 많은 투자비용과 추가적인 컴퓨팅 자원을 정기적으로 보완해야하는 문제점이 있다.

공용 클라우드는 모든 기업이나 사용자에게 하드웨어 및 소프트웨어 자원을 인터넷을 통해 제공하는 방식이다. 따라서 보안이나 프라이버시 문제를 일으킬 수 있으나 일반적으로 중소기업이나 일반 사용자에게는 오히려 클라우드 서비스 제공자가 더 철저히 보안 문제를 해결해 줄 수 있는 방식이기도 하다. 아마존 AWS, 마이크로소프트, 구글과 같은 대기업은 자체 데이터 센터를 통해서 우수한 보안 정책과 관리를 통해서 중소기업이나 일반 사용자가 자체적으로 보안을 구축하는 곳보다 더 안전하게 보안 및 관리를 제공할 수 있게 된다.

하이브리드 클라우드는 사설 클라우드 방식과 공공 클라우드 방식을 혼합한 방식이다. 기업의 민감하고 중요한 데이터는 사설 클라우드에 저장하고 응용 소프트웨어는 공공 클라우드를 통해서 처리함으로써 민감한 데이터가 유출되거나 오용되는 것을 방지할 수 있다. 하이브리드 클라우드 방식은 기업의 IT자원의 요구가 일시적으로 급증할 때 공공 클라우드를 통해서 해결할 수 있는 방식이기도 하다.

4) 빅데이터와 클라우드 컴퓨팅

빅데이터와 클라우드는 떼려야 뗄 수 없는 관계이다. 빅데이터를 처리하기 위해서는 다수의 서버를 통한 분산처리가 필수적이다. 그런데 분산처리는 클라우드의 핵심 기술이기 때문에 빅데이터와 클라우드 기술은 서로 보완적이다. 클라우드 서비스를 제공하는 대표적인 기업으로 아마존, 구글, 마이크로소프트를 꼽을 수 있다. 그 중에서 아마존과 구글은 빅데이터 원천 기술을 선도적으로 개발한 기업으로 그 과정에서 자연스럽게 클라우드 서비스를 외부에 제공하게 되었다. 구글은 인터넷 검색 서비스가 핵심인 기업으로 검색 서비스의 성능 개선과 이를 위한 데이터 센터의 설비 증강이 가장 중요한 사안이다. 예를

들어 구글의 개인 클라우드 서비스인 구글 앱스는 이메일 기능(Gmail)과 문서 도구(Google Docs), 데이터 연산 기능(Google Spreadsheet)을 제공하고 있다. 이러한 서비스는 저장용량과 처리 성능을 지속적으로 늘려야 하기 때문에 세계 각지에 데이터센터를 계속해서 건설해야 한다. 구글의 데이터센터는 오픈소스 소프트웨어를 사용하고 서버도 직접 만들어 저비용 설비 구축을 특징으로 하고 있다. 예를 들어 벨기에에 있는 데이터센터는 야외 컨테이너 박스에 서버가 설치되어 있으며 망가진 서버는 수리하지 않고 파기한다. 설비 장소도 벽지나 한랭지를 선택한다. 데이터센터는 안정적인 전력공급과 효율적 운영이 필수적이므로 전력관리와 발전소 사업에도 진출했다. 이렇게 구축한 거대 인프라 일부를 클라우드 서비스로 제공하게 되었다. 구글은 빅데이터 분석 소프트웨어인 빅쿼리(Big Query) 소프트웨어를 제공하고 있으며, 이는 온라인분석처리(OLAP: Online Analytical Processing) 시스템으로 테라바이트(TeraByte, 1TB = 1012bytes)급의 대용량 데이터를 구글 검색엔진 인프라로 실시간 분석하며 구글 클라우드 스토리지와 함께 이용할 수 있다. 구글이 예측 프로그램(Google Prediction API)은 기계학습을 통해 일정한 데이터 패턴을 발견하고 이를 통해 새로운 예측결과를 제공한다. 스팸메일을 판단해 삭제하거나 자동차의 운행 경로를 찾아 주는 등 다양하게 응용할 수 있다.

아마존은 인터넷 서점으로 출발한 기업으로 서적 검색과 추천 기능을 통해 성장했다. 아마존은 서적뿐 아니라 방대한 상품 정보를 저장하기 위해 대량의 서버와 데이터베이스를 구축하였는데, 이러한 설비는 최대치를 기준으로 설계되므로 평소에는 다른 기업에게 서비스로 제공할 수 있게 된 배경이 되었다. 아마존의 클라우드 서비스는 저장 장치를 빌려주는 S3(Simple Storage Service), 데이터베이스를 빌려주는 심플DB(SimpleDB), 서버를 빌려주는 EC2(Elastic Computing Cloud)가 있다. 빅데이터 분석용 프로그램으로는 EMR(Elastic Map Reduce)이 있다.

마이크로소프트는 컴퓨터에 운영체제(OS)를 설치하는 사업모델로 성장해 온 기업으로 클라우드 서비스와는 대척점에 서 있었다. 따라서 윈도어주어(Window Azure) 서비스는 기존의 사업모델을 파괴하는 것이 아니라 윈도 기반과 클라우드 기반을 연계하는 혼합형 서비스 전략을 지향하고 있다.

5) 빅데이터와 인공지능

⚙️ **빅데이터 처리 기술이 지향하는 모델은 딥러닝(Deep Learning)**

- 수많은 데이터를 컴퓨터에 주입하고 해당 데이터가 의미하는 바를 스스로 해독할 수 있도록 만드는 것
- 빅데이터 처리를 위한 목표는 컴퓨터에 인공적 지능을 부여

⚙️ **딥러닝을 통해 방대한 양의 데이터로부터 목적에 맞는 최적의 답안을 찾음**

- 의료 분야의 경우, 수많은 임상실험 데이터와 환자 치료데이터를 기반으로 학습하여 사람보다 정확한 진단과 치료방안 제시
- 자동차 분야의 경우, 차량 비전시스템으로부터 수집된 영상 빅데이터를 학습하여 차량 주변을 판독하고 안전하고 정확하게 차량 움직임을 제어
- 이 밖에도, 천체 시뮬레이션, 기상예측, 유전체 돌연변이 연구 등 빅데이터를 갖는 모든 분야에 인공지능이 활용

⚙️ **결론적으로, 빅데이터를 학습하고 분석하여 가장 효과적인 답안제시를 위한 인공지능 기술은 필수적**

- 최근 빠른 정보처리를 위한 하드웨어의 성능이 올라가고 과거에 비해 상대적으로 가격이 저렴해 지면서, 많은 계산량을 필요로 하는 딥러닝 알고리즘이 기존 방식을 능가하며 그 성능을 입증

(1) 인공지능의 의미

기존의 컴퓨터는 인간의 연산능력을 배가하는 것만으로도 인간 사회를 크게 변화시켜 왔다. 더욱이 이는 인간이 작성한 프로그램을 통해서만 이루어졌고 인간이 관여했다. 그런데 컴퓨터가 인간의 관여 없이 스스로 학습해 결정하는 인공지능 능력을 만들어 낸 것이다. 지능은 인간만이 가진 고유한 능력으로 알려져 왔다. 물론 동물의 다른 종도 약간의 지능을 가지고 있지만, 그 정도는 매우 미약해 지능이라고 불릴 정도는 아니었다. 그런데 이렇게 인간만이 가진 것으로 알았던 지능을 컴퓨터가 스스로 갖게 된 것은 놀라운 일이었던 것이다. 이는 기계학습(Mchine Learning)이라는 방법으로 이루어졌다.

기계학습은 기계가 수학적 최적화 및 통계분석 기법을 기반으로 사람의 도움 없이도 데이터로부터 일정한 신호와 패턴을 배우고, 그것을 바탕으로 다음에 일어날 일을 예측하며 적합한 의사 결정을 내리는 알고리즘을 만드는 일에 주력한다. 이런 기계학습 방법론에 기댄 인공지능 연구 흐름은 특히 2012년 6월 구글과 앤드루 응(Andrew Ng)이 기계학습의 한 분야인 딥러닝(Deep Learning) 알고리즘을 이용해 컴퓨터가 1000만 개의 유튜브 동영상 속에서 고양이 이미지를 74.8%의 정확도로 식별하도록 하는 프로젝트를 성공적으로 수행하면서 커다란 도약의 전환점을 맞게 되었다. 딥러닝은 신경망 네트워크 개념을 이용해 가능해졌다. 클라우드 컴퓨팅 환경의 급속한 발전과 빅데이터가 뒷받침되자 딥러닝이 구현된 것이다. 2016년을 대표하는 중요한 사건의 리스트에는 반드시 알파고(AlphaGo)와 이세돌 기사의 대국과 인공지능이 포함될 것이다. 알파고를 통해 전 세계의 관심을 끌게 된 인공지능은 오랜 침체기를 거쳐 클라우드 컴퓨팅 환경의 급속한 발전과 빅데이터가 뒷받침되어 딥러닝이 구현되는 극적인 돌파구가 열리면서 전환기를 맞았다. 이제 인공지능은 4차 산업혁명의 핵심요소로 급부상하고 있다.

(2) 인공지능의 개념

인공지능(AI: Artificial Intelligence)을 정의하는 것은 쉬운 일이 아니다. 인공지능 전문가나 교과서 마다 정의를 달리하고 있다. 위키피디아(Wikipedia)에서는 기계(컴퓨터)에 의해 표출되는 지능"이라고 정의하며, 컴퓨터 과학적 의미는 "지능적 기계란 환경을 인지하여 주어진 목표를 성공적으로 달성할 확률을 최대화하는 선택과 행동을 취하는 유연하고 합리적인 에이전트"라고 정의하며, 전문가에 따라서는 "인간과 같이 생각하는 컴퓨터" 또는 "인공적으로 만들어진 인간과 같은 지능"정의하고 있다. 하지만 우리가 쉽게 이야기할 수 있는 인간의 두뇌 활동은 사고, 인식, 판단, 기억, 감정 등의 개념을 담고 있다.

인공지능은 일반적으로 크게 두 가지로 구분할 수 있다. 강한 인공지능(Strong AI)은 인간의 지능을 구현하는 기술로 사람처럼 생각하는 기계를 만드는 기술을 의미한다. 강한 인공지능기술은 아직 미완성 단계이고 매우 어려운 일로써 컴퓨터가 인간처럼 사고하고 창의성을 발휘하며 감정을 가지는 것은 상

당 기간 불가능할지도 모른다. 이에 비해 약한 인공지능(Weak AI)은 인간의 지능을 모방하여 특정한 문제를 푸는 기술을 의미한다. 예를 들면 무인자동차, 공장에서의 오류탐지 등이 있다. 특정분야의 일을 사람처럼 해결한다는 것은 인간과 같은 일반적인 지능이 없이도 때로는 인간보다 우수할 수 있는 영역이다.

(3) 인공지능의 역사

인간의 지능을 가진 생각하는 기계를 만들겠다는 생각은 오랜 역사를 가지며, 인공지능은 인간이 컴퓨터의 계산 방법을 발전시키면서 자연스럽게 대두되었다. 1930~1940년대부터 생각하는 기계에 대한 기대가 본격화되기 시작하였으며, 인공지능의 역사를 보면 상당한 기간 동안 굴곡진 시간을 거쳐 왔음을 알 수 있다.

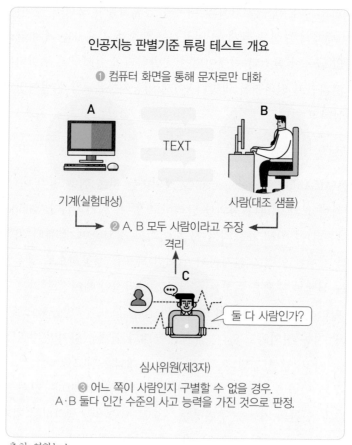

출처: 연합뉴스

🔅 그림 3-36 인공지능 판별기준 튜링 테스트 개요

튜링 테스트는 "과연 기계가 생각할 줄 아는가"라는 질문에 답하기 위한 기준으로 제시된 시험 방법으로, 인공지능 연구의 아버지라고 할 수 있는 영국 전산학자 앨런 튜링(1912~1954)이 1950년대에 철학 학술지 '마인드'에 게재한 논문 '계산 기계와 지능'에서 이 방법을 제안했다. 튜링 테스트는 기계가 인간과 얼마나 비슷하게 대화할 수 있는지를 기준으로 기계의 사고 능력을 판별하는 것이다. 다시 말해 진정한 과학적·철학적 의미에서 인공지능의 판별 기준인 것이다.

튜링은 만약 컴퓨터의 반응을 진짜 인간의 반응과 구별할 수 없다면, 컴퓨터는 생각할 수 있는 것으로 보아야 한다는 기준을 제시했다. 아래 그림에서와 같이 실제로는 사람과 컴퓨터가 대화를 나누고 있는데, 대화 상대편이 컴퓨터인지 진짜 인간인지 대화 당사자인 사람이 구분할 수 없다면 그 컴퓨터는 진정한 의미에서 생각하는 능력이 있다"고 할 수 있다는 것이다.

인간처럼 생각하는 인공지능을 판별하는 과학계의 기준으로 간주돼 온 튜링 테스트를 통과한 첫 사례가 2014년 러시아 과학자들이 개발한 '유진 구스트만'이라는 슈퍼컴퓨터에서 돌아가는 '유진'이라는 프로그램이 이 기준을 통과하였다. 이번 행사에서 유진은 5분 길이의 텍스트 대화를 통해 심사위원 중 33% 이상에게 유진은 진짜 인간이라는 확신을 주었다고 한다. 이 프로그램은 우크라이나에 사는 13세 소년 수준이었다고 한다. 튜링테스트가 개발되고, 수리논리학이나 컴퓨테이션, 인공두뇌학, 정보이론 등 인간의 사고 과정에 대한 이론들이 등장했다. 어떤 기술이 태동하여 발전하다가 침체기를 격게되고 다시 점진적 안정화단계로 반복되는 사이클을 가트너(Gartner)사에서 하이프 사이클(Hyper Cycle)이라 정의하였다. 대부분의 기술은 이러한 하이퍼 사이클을 거쳐 발전해 나가며 인공지능 분야도 예외는 아니다.

1956년에는 처음으로 인공지능이라는 용어가 생겨났고 컴퓨터에 지능을 부여한다는 것을 매우 낙관적으로 생각하였으며, 주로 탐색과 추론에 대한 연구가 진행되었다. 그러나 기계가 인공지능을 가지고 문제를 해결하는 것이 생각보다 어렵다는 것이 판명되어 1970년대까지 침체기를 겪기도 하였으며, 이때 영국의 AI연구소는 해체되고, 미국의 연구재단은 AI 연구 지원을 중단했다. 1980년대 들어 신경망(Neural Network) 이론으로 인공지능이 재발견되었다. 신경망 이론은 인간의 사고를 두뇌 작용의 산물로 보고 이 두뇌 구조를 분석하고

처리하는 메커니즘을 규명해 생각하는 기계를 만들 수 있다는 이론에서 출발하였으나, 이 이론을 적용하기에는 방대한 데이터를 관리할 방법이 없어 다시 침체기를 맞았다.

1990년대 인터넷의 발전으로 인공지능이 다시 부활했다. 검색 엔진 등을 통하여 방대한 데이터를 수집할 수 있게 되고, 이것으로 기계학습을 가능하게 하여 수많은 데이터를 분석하고 인공지능 스스로 학습하는 방식으로 진화할 수 있게 되었으며, 더 나아가 인간의 뇌를 모방한 신경망 네트워크(neural networks) 구조로 이루어진 딥러닝(Deep learning) 알고리즘으로 발전하면서 그 한계를 뛰어넘을 수 있었다. 특히 딥러닝 기술의 실용성이 2012년 토론토 대학의 제프리 힌튼(Hinton)교수에 의하여 증명되면서 기업들이 인공지능 연구에 많은 투자를 시작하였다.

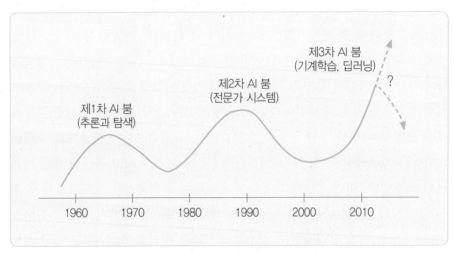

그림 3-37 인공지능 기술의 하이프 사이클

(4) 인공지능의 특이점(Singularity Point)

인공지능 기술의 발전으로 인공지능 컴퓨터가 인간의 지능을 능가하는 상황에 도달할지 모른다. 발명가 레이 커츠와일(Ray Kurzweil)은 이 시점을 특이점이라 부르며 2035~2045년경 발생할 것으로 예상하고 있다. 컴퓨터 프로세싱 능력의 지속적인 발전, 빅데이터와 클라우드 컴퓨팅의 발전으로 딥러닝 기술을 이용한 기계학습은 컴퓨터의 지능이 빠르게 발전할 것으로 예상하고 있다. 특이

점이 일어나는 순간 이후 컴퓨터의 지능은 기하급수적으로 발전하여 인간의 지능을 훨씬 능가하는 시대가 시작되어 우리사회의 모든 분야에 엄청난 변혁을 가져올 수 있게 된 것이다.

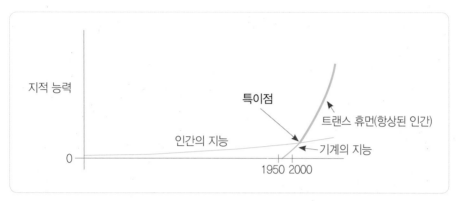

🔘 그림 3-38 기계가 인간의 능력을 능가하는 특이점의 발생

6) 글로벌 기업의 AI 전략

현재, 주요 글로벌 기업들은 AI(인공지능: Artificial Intelligence) 전략을 미래의 최대 성장 동력으로 보고 있다. 구글, IBM, 마이크로소프트, 애플, 페이스북, 바이두, 알리바바, 삼성 등이 대거 참여하면서 인공지능 적용분야가 의료기술 향상, 유전자분석, 신약개발, 금융거래 등으로 빠르게 확대되고 있다.

🔘 그림 3-39 알파고 서버실(CPU 1920개, GPU 280개 보유)

구글은 2001년 이후 인공지능 관련 기업을 인수합병하며 인공지능 분야를 선도하고 있다. 2014년에는 영국 AI 기업 '딥마인드 테크놀로지(DeepMind

Technologies)'를 인수했다. 딥마인드는 이세돌 9단과의 바둑 대결에서 승리해 인공지능에 대한 관심을 불러일으킨 '알파고'를 개발한 회사다. 구글은 또한 2009년부터 자율주행차 개발을 시작하는 등 AI 기술을 활용하는데 앞장서 왔으며, 로봇 분야에서도 앞서고 있다.

구글은 스마트폰 이용자를 위해 이메일을 읽고 이용자의 모든 동작을 파악하며, 묻기도 전에 원하는 것을 알아서 검색하고 그 결과를 이용자가 원하는 상황까지 감안해서 알려 주는 진정한 의미의 사이버 도우미를 개발하는 목표를 세웠다. 그 일환으로 AI 비서 '구글 어시스턴트(Assistant)', 사물인터넷(IoT) 허브 '구글 홈', AI 모바일 메신저 앱 '알로(Allo)'등 인공지능을 활용한 서비스를 준비하고 있다.

IBM은 슈퍼컴퓨터 딥블루(Deep Blue)가 1997년 5월 여러 번의 도전 끝에 당시 체스 세계챔피언이었던 게리 카스파로프(Gary Kasparov)를 물리치면서 다시 주목을 받았다. 그리고 2011년 2월에는 IBM의 왓슨(Watson)이 미국의 텔레비전 방송 프로그램인 '제퍼디(Jeopardy)' 퀴즈쇼에서 두 명의 참가자들을 누르고 우승을 차지했다. 세계는 기계가 인간을 이겼다는 사실에 놀랐고, 이에 따라 IBM 등이 주도하는 인공지능 개발에 대한 관심도 다시 크게 높아졌다.

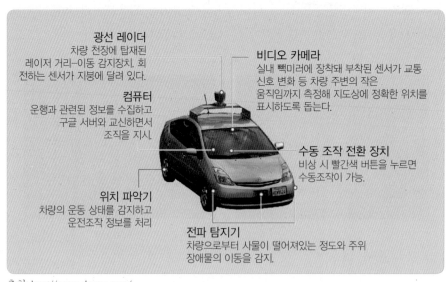

출처: http://news.donga.com/

🔘 그림 3-40 구글 자율주행 자동차

　　IBM은 산업 전반에 인공지능 기술을 접목하여 거대한 인공지능 생태계를 만드는데 주력하고 있다. 왓슨의 데이터 검색 능력과 자연언어 이용 능력을 활용해 개발자들이 다양한 인공지능 서비스를 개발하도록 하는 것이다. IBM은 특히 왓슨을 의료 분야에 적용하는 데 발군의 실력을 보여 주고 있다. 왓슨은 암 환자 치료에 환자의 데이터와 각종 의료 데이터를 동원해 암 발견과 최적의 치료를 수행하는 시스템으로 발전하고 있으며, 유명한 의사보다 왓슨이 더 정확하게 수행한다고 한다. 또한 최근에는 왓슨 IoT 기술을 적용한 자율 주행 셔틀버스를 발표했다. 이 버스는 차량 외부에 장착된 센서들로 데이터를 수집하고 이를 활용해 인공지능이 운전한다. 또 승객과의 일상 대화가 가능해 승객이 목적지를 말하면 목적지와 최적 경로를 자동으로 운행한다. 이렇게 IBM은 왓슨을 실제 생활에 접목해 커다란 인공지능 생태계를 구축하고자 한다.

출처: IBM 뉴스룸

🎥 그림 3-41　IBM RS/6000 SP(딥블루), IBM 왓슨

　　마이크로소프트는 '코타나(Cortana)'를 이용자가 가장 먼저 의존하는 디지털 개인 비서로 만드는 데 주력하고 있다. 코타나는 자연언어 인식과 기계학습 기능을 갖추고, 검색 엔진 빙(Bing)의 빅데이터를 활용해 정보 검색을 넘어 이용자가 원하는 것을 도와주는 서비스로 발전하고 있다. 마이크로소프트는 모든 기계가 인공지능 기반으로 진화하며, 인간의 언어를 이해하는 컴퓨팅 시대가 되어 대화가 인간과 사물의 핵심 커뮤니케이션 수단이 된다는 것으로 보고, 이를 '플랫폼과의 대화' 개념으로 정리하고 있다.

　　애플은 음성인식 정보검색 서비스인 '시리(Siri)'의 생태계를 확대하는 데 주력

하고 있다. AI 시리를 외부의 앱과 연동해 서비스 확장성을 추진한다. 또한 그동안 아이폰과 아이패드 등에서만 작동되던 시리를 PC와 노트북PC 운영체제(OS)인 맥 OS에도 포함한다고 한다.

| MS사의 'Cortana' | Apple사의 'Siri' | Google사의 'Assistant' |

그림 3-42 AI 음성인식 서비스

　페이스북은 뒤늦게 2013년에 인공지능 연구소를 설립하고, 인공지능 채팅플랫폼인 '챗봇(Chatbot)'을 공개했다. 10억 이용자를 기반으로 인공지능 기반의 생태계를 만들겠다는 목표를 내세웠다. 한편 중국은 거대한 시장과 막대한 자본력을 바탕으로 인공지능 산업에 적극 나서고 있다. 구글의 거의 모든 비즈니스 모델을 따라 하는 것으로 알려진 바이두는 인공지능 분야도 예외가 아니다. 바이두는 구글의 인공지능 분야를 이끌었던 앤드루 응을 영입해 인공지능 연구소의 책임자로 임명했다. 바이두의 인공지능 연구소는 진정한 의미에서 인간의 개입 없이 스스로 학습할 수 있는 지능을 개발하는 목표를 가지고 있으며, 이러한 인공지능 기술이 바이두의 비즈니스 역량을 향상시킬 것으로 기대하고 있다.

　지금까지 상용화된 인공지능은 대부분 서비스 영역에 그치고 있으며, 인공지능을 활용한 대규모 사업이 실현되려면 아직 갈 길이 멀다. 인공지능이 아직은 오류를 내고 있는 것도 극복해야 할 문제다.

　최근 테슬라 전기자동차의 자율 주행 기능이 트레일러를 인지하지 못해 운전자가 사망한 것이 대표적인 예다. 구글 등이 추진 중인 자율주행차도 신뢰성 문제를 극복하지 못해 일반도로 진입에 제한을 받고 있다. 높은 수준의 신뢰도가 뒷받침되지 않으면 인공지능이 산업계 전반으로 확산하는 데 한계가 있다. 이런 와중에 인공지능의 개발과 발전에 중국이 대단한 기세로 추격하고 있는 상황이 주목된다. 중국은 인터넷에 이어 인공지능을 국가 목표로 설정하고, 인간과 기기 간 상호작용, 빅데이터 분석 및 예측, 자율자동차, 군사·민간

용 로봇 등을 개발하는 차이나브레인(China Brain) 프로젝트를 13차 5개년 계획 (2016~2020)에 포함했다.

이제 마치 인터넷이 그랬던 것처럼 인공지능은 경제, 사회, 문화를 변화시킬 것으로 예상된다. 우리의 소통 방식을 변화시키는 것은 물론 문화 자체가 바뀔 수 있으며, 모든 산업 부문에도 인공지능이 연결되어 산업의 지형을 바꿀 것으로 예측되며, 인터넷이나 스마트폰을 뛰어넘는 충격을 줄 수 있을 것이다.

한편, 호텔기업에서도 미래 경영전략의 일환으로 인공지능을 적극적으로 도입하고 있다. 사례를 소개하면, 메리어트 인터내셔널(Marriott International)은 위챗(WeChat)과 구글 어시스턴트(Google Assistant)를 채널로 추가하여 페이스북 메신저와 슬랙(Slack)을 통해 고객경험 향상을 위한 챗봇을 사용하고 있다. 그리고 메리어트 인터내셔널 계열의 알로프트(Aloft) 호텔은 인공지능을 활용하여 다양한 고객 요청을 처리하는 챗봇 'ChatBotlr'을 발표했고, 뉴욕의 모바일 메시징 업체 스냅(Snap)의 툴을 통해 개발된 이 챗봇은 메신저만으로 4,700여 개의 메리어트 호텔 회원들 중 약 44%의 고객들에게 숙박 서비스를 제공한다고 하였다.

또한, 워커힐 호텔앤리조트(이하 워커힐)은 서울에 위치한 호텔 최초로 인공지능에 기반한 챗봇 서비스를 론칭하였다. 워커힐 챗봇은 SK주식회사 C&C의 인공지능 서비스 에이브릴(Aibril)을 기반으로 선보이는 워커힐 챗봇 서비스는 사람이 아닌 인공지능에 의해 제공되는 서비스로 편리한 호텔 이용을 위한 위치, 연락처, 교통편 등 기본 정보안내를 비롯해 워커힐의 7개 레스토랑 간편 예약 및 취소뿐만 아니라 진행 중인 식음 프로모션 추천 기능이 탁월하다고 한다. 그리고 객실예약의 경우에도 워커힐 호텔 예약 웹사이트와 연동되며, 향후 챗봇 플랫폼 상에서 객실예약 및 취소가 가능할 것으로 전망하고 있다.

출처: http://skccblog.tistory.com/3618
[SK(주) C&C 블로그]

그림 3-43 워커힐 챗봇 서비스

101

 IoT 융합과 호텔경영

요즈음 가장 떠오르는 기술의 하나인 사물인터넷(IoT: Internet of Things)은 센서, 인터넷 및 ICT를 기반으로 헬스 케어, 산업현장, 가정뿐만 아니라 도시, 무인자동차 등 생활과 사회 전반적인 분야로 확대되고 있으며, 향후 우리사회에 미치는 영향과 시장이 지속적으로 증가할 것으로 예상된다. 이 절에서는 사물인터넷 개념 및 발전 과정, 활성화 배경, 활용 사례에 대해 살펴본다.

1. IoT 기술과 유래

1) 사물인터넷의 의미

요즘 자주 회자하는 사물인터넷(IoT: Internet of Things)이라는 용어의 탄생은 1999년으로 거슬러 올라간다. 인터넷이 탄생한지 정확히 30년 후의 일이다. 당시 매사추세츠공과대학(MIT)의 오토아이디센터(Auto-ID Center) 소장 케빈 애시턴(Kevin Ashton)이 향후 전자태그(RFID: Radio Frequency IDentification)와 기타 센서를 일상생활에 사용하는 사물에 탑재함으로써 사물들의 가시성을 확보할 수 있는 것처럼, 세상에 존재하는 모든 사물이 서로 연결될 수 있다면 새로운 세상이 펼쳐질 것이라는 생각에서 기인했다.

이후 사물인터넷의 개념은 RFID뿐만 아니라 다양한 센서 및 통신기술들과 결합하며 발전해 나가기 시작했다. 대표적인 것이 무선센서 네트워크(WSN: Wireless Sensor Network) 기술과 사물지능망통신(M2M: Machine-to-Machine) 기술이다.

'사물인터넷이 기술인가, 하나의 패러다임인가?'라는 논의는 현재도 분분하다. 사물인터넷에 대한 정의도 분야별로 차이가 있으며, 때론 매우 추상적이기까지 하다. 2014년 미래창조과학부에서는 "사물인터넷은 사람·사물·공간·데이터 등 모든 것이 인터넷으로 서로 연결되어, 정보가 생성·수집·공유·활용되는 초연결 인터넷"으로 정의하였다.

사물인터넷은 기본적으로 모든 사물을 인터넷으로 연결하는 것을 의미한다. 하지만 정말 중요한 것은 어떻게 인터넷으로 연결할 것인가? 보다는 왜 인터넷으로 사물들을 연결하는가? 에 있다.

사물인터넷의 궁극적 목표는 우리 주변의 모든 사물의 인터넷 연결을 통해 사물이 가진 특성을 더욱 지능화하고, 인간의 최소한의 개입을 통해 자동화하며, 다양한 연결을 통한 정보 융합으로 인간에게 지식과 더 좋은 서비스를 제공하는 데 있다. 이를 위해서는 기존 인터넷에서 추구하던 컴퓨터의 연결이 아니라, 인간·사물·공간·무형의 데이터 등을 서로 연결하고 이로부터 수집된 다양한 정보를 분석하고, 서로 공유하도록 하는 것이 중요하다.

출처: 한국 사물인터넷 협회

◎ 그림 3-44 사물인터넷

(1) RFID, USN, 그리고 M2M

사물인터넷은 센서와 개체 식별 데이터 등의 데이터 중심의 RFID, WSN, USN (Ubiquitous Sensor Network)에서 이동통신 네트워크를 활용하여 정보를 전달하는 사물지능망통신(M2M), 다양한 사물의 지능화를 목표로 하는 사물인터넷, 지구상의 모든 정보와 지식이 연결되는 만물인터넷(IoE: Internet of Everything)의 흐름을 보인다. RFID, WSN, USN, M2M의 기술별 정의와 추구하고자 하는 의미에는 다소 차이가 있다.

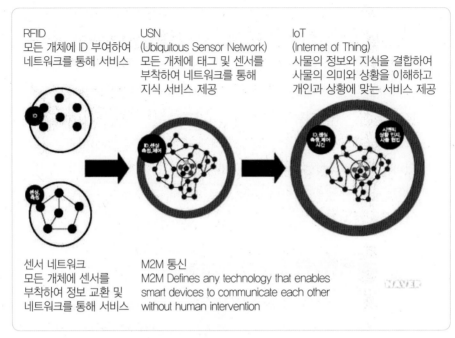

RFIID
모든 개체에 ID 부여하여
네트워크를 통해 서비스

USN
(Ubiquitous Sensor Network)
모든 개체에 태그 및 센서를
부착하여 네트워크를 통해
지식 서비스 제공

IoT
(Internet of Thing)
사물의 정보와 지식을 결합하여
사물의 의미와 상황을 이해하고
개인과 상황에 맞는 서비스 제공

센서 네트워크
모든 개체에 센서를
부착하여 정보 교환 및
네트워크를 통해 서비스

M2M 통신
M2M Defines any technology that enables
smart devices to communicate each other
without human intervention

그림 3-45 사물인터넷 개념의 진화

RFID는 소형 전자칩과 안테나로 구성된 전자태그(Tag)를 사물에 부착하여, 리더(Reader가 무선주파수를 사용하여 전자 태그의 고유 정보를 읽어 사물을 인식하는 기술이다. 현재 유통경로, 재고관리, 교통카드, 지불결제, 출입통제, 도시관리, 차량·선박 등의 위치 추적 등 다양한 분야에서 활용되고 있다.

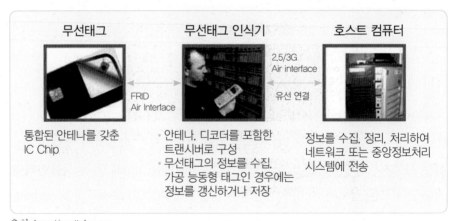

무선태그

무선태그 인식기

호스트 컴퓨터

2.5/3G
Air interface

FRID
Air Interface

유선 연결

통합된 안테나를 갖춘
IC Chip

• 안테나, 디코더를 포함한
  트랜시버로 구성
• 무선태그의 정보를 수집,
  가공 능동형 태그인 경우에는
  정보를 갱신하거나 저장

정보를 수집, 정리, 처리하여
네트워크 또는 중앙정보처리
시스템에 전송

출처: http://act.jinbo.net

그림 3-46 RFID 시스템

무선센서 네트워크는 주변의 다양한 정보를 수집하기 위해 센서, 프로세서, 근거리 무선통신 및 전원으로 구성되는 센서 노드(Sensor Node)와 수집된 정보를 외부로 연결하기 위한 싱크 노드(Sink Node)로 구성되는 네트워크 개념으로, 자동화된 원격 정보 수집을 목적으로 군용·농업·도시·교통 등 다양한 응용을 위한 기초 기술이다.

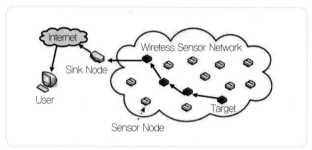

출처: http://monet.postech.ac.kr/research.html

그림 3-47 무선 센서 네트워크

유비쿼터스 센서 네트워크(USN: Ubiquitous Sensor Network)은 온도·습도·오염 등의 다양한 센서의 유·무선 네트워크, 사람과 정보, 환경, 사물 간의 개방형 정보 네트워크를 구성하고 언제, 어디서나, 다양한 서비스를 제공하는 지식 기반 서비스 인프라로써 건물·교량 등의 안전 관리, 에너지 감시, 농업 생장 관리, 기상, 재난 및 환경오염 모니터링 등의 응용 분야에서 활용을 목표로 하고 있다.

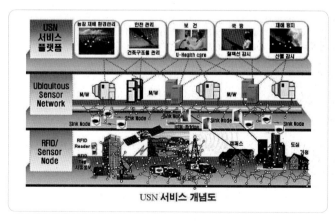

그림 3-48 유비쿼터스 센서 네트워크 시스템

RFID/USN은 2004년 정통부 시절부터 IT839정책의 일환으로 시작되었으며, 지식경제부로 부처 개편 이후에도 14대 분야 지식 서비스 USN으로 적극 추진되었던 기술 개발 방향이다.

사물지능망통신(M2M)은 B2B(Business To Business), B2C(Business To Consumer)라는 용어들이 등장했던 10여 년 전부터 유럽을 중심으로 확산되고 있었다. M2M은 사람이 직접 제어하지 않는 상태에서 이동통신 기술을 이용하여 멀리 떨어져 있는 기계장치와 기계장치를 연결함으로써 효율적으로 장치를 운용하는 기술이다. 즉, 장비나 사물 또는 지능화된 기기들이 사람을 대신해 통신의 양쪽 모두를 맡고, 센서 등을 통해 전달·수집·가공된 위치·시각·날씨 등의 데이터를 다른 장비나 기기 등에 전달하기 위한 통신을 의미한다. 병원에서는 응급상황, 환자의 상태모니터링, 의학 데이터 등을 연결하여 건강관리 시스템을 구축하기도 한다. 은행의 현금지급기(ATM)나 택시에 설치된 카드 결제기가 대표적인 예에 해당한다.

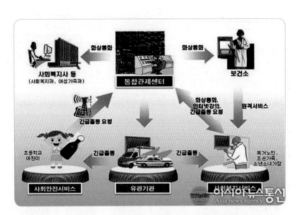

🎯 그림 3-49 사물지능망통신(M2M) 시스템

M2M과 RFID/USN의 개념은 유사하다. RFID/USN은 사물 간 통신을 한다는 점에서는 공통된 점이 있어 경쟁 기술인 듯 보이지만 주파수나 시장 측면에서 다른 영역을 확보하고 성장했다. M2M은 일반적으로 사람이 접근하기 힘든 지역의 원격 제어나 위험 품목의 상시 검시 등의 영역에서 적용된 반면, RFID는 홈 네트워킹이나 물류, 유통 분야에 적용되다가 근거리 무선 통신(NFC: Near Field Communication,)로 진화해 모바일 결제 부문으로 영역을 확장하였다.

M2M과 사물인터넷은 사물 간 통신을 한다는 공통점 때문에 많이 혼용해서 쓰이기도 한다. 하지만 M2M이 이동통신 주체인 사물을 중심으로 한 개념인데 비해, 사물인터넷은 인간을 둘러싼 환경에 초점을 맞췄다는 점에서 차이를 보인다. 아래 표에 RFID/USN/M2M과 사물인터넷 사이의 차이점을 비교하였다.

표 3-2 RFID/USN/M2M과 사물인터넷 비교

구분	RFID/USN/M2M	사물인터넷
통신/네트워크	근거리망, 이동망 중심	인터넷 중심
디바이스의 형태	센서 중심	센서와 액츄에이터의 Physical Thing과 데이터와 프로세스 등을 포함한 Virtual thing
디바이스의 서비스 구동 수준	단순 정보 수집/수동적	자율 판단하는 지능 보유/자율적
서비스 플랫폼	모니터링 정보 처리	의미 기반 모니터링 및 자율 제어
서비스 관리 규모	수천만 개의 사물	수백 억 이상의 사물
서비스 적응성	통시적 서비스 제공	즉시적 스마트 서비스 제공

(2) 사물인터넷과 빅데이터

- 빅데이터의 분석을 위해서는 대량의 데이터가 공급되어지는 구조가 필요
  - 사물인터넷 환경에서는 다수의 센서들로 이루어진 센서 네트워크로부터 방대한 양의 데이터가 생성
- 사물인터넷 환경 속의 수많은 센서 네트워크에서 쏟아지는 실시간 데이터들은 빅데이터의 특징을 고스란히 갖고 있음
  - 이러한 데이터들은 빠르게 지속적으로 생성되고, 비정형 데이터이기도 하며, 수집한 데이터의 양은 매우 방대
- 사물인터넷 환경이 목적에 맞게 제대로 동작하기 위해서는 빅데이터에 대한 분석과 가공이 필요
  - 수집된 데이터 자체만으로는 가치를 살릴 수 없고, 목적에 맞는 데이터 분석과 처리가 필요
  - 미래사회에는 거의 모든 사물에 센서가 부착되며, 여기서 생성되는 데이터를 어떻게 처리하느냐에 따라 해당 정보를 처리하는 기관 및 단체의 가치가 달라짐

● 결론적으로, 사물인터넷 환경은 필연적으로 빅데이터를 생성하며, 빅데이터 분석을 위해서는 사물인터넷을 위한 센서네트워크와 같은 데이터 생성 및 수집 체계가 필요

- 사물인터넷과 빅데이터는 상호 필요충분 조건하에 있음

2) 사물인터넷 활성화 배경

(1) 사물인터넷 패러다임의 변화

흔히 사물인터넷 기술이라는 말을 쓰지만, 엄밀한 의미에서 사물인터넷은 기술 용어가 아니다. 사물인터넷은 센서 기술, 무선통신기술, 데이터 처리 기술 등 지금까지 개발되어온 다양한 기술들을 함께 이용함으로써 새로운 가치를 만들어내는 패러다임의 변화라 할 수 있다.

(2) 활발한 IoT 표준화 노력

사물인터넷 표준화는 공적 표준화기구와 사설표준화기구가 있으며, 이들은 기업 간 연합체 중심으로 표준화 주도권 확보를 위해 경쟁 중이다. 공적 표준화기구인 ITU-T는 사물인터넷 기능 모델, 서비스 구조, 식별자, 응용 등 전반적인 영역에서, IEC JTC1은 사물인터넷 개념, 시장 요구사항, 스마트 시티 등을 중심으로 표준화를 다루고 있다. 사설 표준화기구인 IETF는 인터넷 표준 중심, OneM2M은 SDO(Starndards Development Organization)중심, IEEE는 무선 LAN/PAN 기술 표준화 중심으로 활동하고 있다.

출처: HelloT 첨단뉴스

◎ 그림 3-50 사물인터넷 관련 기술의 표준화

사물인터넷 표준화는 국제 기업체 연합을 중심으로 전자업계 자체 표준으로 진행 중이며, 대표적으로 OIC와 AllSeen Alliance가 있다. 인텔과 삼성이 주도하는 OIC에는 GIE, IBM, Dell, 하니웰 등 약 900개 기업이, 퀄컴과 LG전자가 주도하는 AllSeen에는 MS, HTC, 필립스, 샤프, 소니 등 약 150개 기업이 참여하고 있다. 최근 OIC에 퀄컴과 MS가 새롭게 합류하면서 OIC가 OCF로 명칭이 변경됐다.

표준화 기구 중에서 사물인터넷 관련 가장 많은 활동을 보인 곳이 OneM2M이다. oneM2M이란 기존 사물인터넷 관련 서비스를 제공하기 위한 표준 상당수가 애플리케이션 서비스에 종속적인 표준으로 제공됨에 따라 이러한 개발 트렌드가 사물인터넷 플랫폼의 파편화 및 관련 산업 활성화에 저해 요소로 작용함을 개선하기 위해 마련된 것이다. oneM2M의 이름으로 유럽, 미주, 한국, 중국, 일본의 7개의 SDO(Starndards Development Organization)들이 함께 애플리케이션 서비스에 종속적이지 않은 공통 표준을 제작한 것을 뜻한다. 2012년 7월에 공식 출범하여 지금은 280여개 기업 및 기관이 참여해 활동하고 있다. 국내에서는 OneM2M을 기반으로 오픈소스 형태의 '모비우스' 플랫폼을 개발, 실증사업에 활용 중이며 OCEAN을 통해 공개하고 있다. OIC와 All-Seen은 댁내에 한정되어 있어 타 서비스 연계, 원격 제어 등 홈 IoT 서비스 구현을 위해 OneM2M 표준과의 연계를 지속적으로 모색하고 있다. 예로, 삼성전자는 CES 2016에서 OneM2M과 OIC의 연동 기술을 전시했으며, 미국전기통신공업협회(TIA)에서는 2015년 6월에 OneM2M과 AllSeen 간의 표준 연동 기술을 시연한 바 있다.

이와 같이 수많은 기업이 생산하는 다양한 사물인터넷 디바이스들을 아무런 문제없이 이용하기 위해서는 디바이스들은 표준화된 방식으로 통신을 할 수 있어야 하며 디바이스를 구성하는 소자들 역시 표준화된 방식으로 데이터를 교환할 수 있어야 한다. 특히, 사물인터넷에서 중요한 와이파이(Wi-Fi)나 블루투스(Bluetooth)와 같은 근거리 무선 통신기술들은 이미 오래전에 표준화가 완료된 상태이다.

(3) 소형화와 저 전력화

사물인터넷 관련 기술의 표준화와 함께 주목해야 할 것은 부품의 소형화 및 저 전력화다. 미세전자기계시스템(MEMS: Micro Electro Mechanical System)나

나노기술 (Nano - Technology) 등 반도체 기술의 발전은 전자소자를 수 밀리미터(mm) 수준으로 작게 만들 수 있도록 하며, 소형화된 소자는 그만큼 적은 전력을 소모하게 된다.

출처 : Jaycon Systems 및 TDK 홈페이지

그림 3-51 반도체 기술의 발달로 부품의 소형화, 저 전력화가 가능해짐.

(4) 사물인터넷의 본격화

산불감시나 현금지급기 등 주로 개별적인 목적을 위해 사용되던 무선센서 네트워크와 M2M 기술은 활용분야도 한정적이었으며 도입 비용도 비싸서 그다지 성공적이지 못했다. 그러나 반도체 소자의 소형화 및 대량 생산 기술의 발전은 소자의 저가격화를 이끌고 있으며, 이와 동시에 무선통신기술의 발전은 같은 가격으로 더 많은 데이터를 전송하는 것을 가능하게 만들고 있다. 이후 다양한 센서 장치와 디바이스를 결합함으로써 새로운 사용자 가치를 창출하려는 시도가 나타나면서, 소비자 유통, 헬스케어, 스마트홈 등 다양한 분야에서 사물인터넷 시대가 본격화되기 시작했다.

그림 3-52 반도체소자의 대량생산 및 저가격화

2. 호텔, 관광산업에서의 IoT

1) 2018년 호텔 사물인터넷(IoT)

2017년 국내 호텔산업은 IoT의 도입과 적용에 대한 활발한 고민을 시작했다. 대표적인 것으로 키리스 시스템(Keyless System), 스마트 객실제어 시스템(Smart Room Control System), 에너지 소비 모니터링 시스템(Energy Consumption Monitoring System)등 다양한 시도와 적용이 있었다. 차별화된 호텔 경영의 경쟁력을 갖기 위한 이러한 노력은 호텔 경영자와 관계자들에게 신기하기도 하고 필요성에 대해 의문을 가지게도 만들고 약간의 혼란을 가져오기도 했다.

출처: Korea Duty Free News(2017.02.20.)

◎ 그림 3-53 사물인터넷 기반의 플랫폼 서비스

그러나 IoT는 대한민국 정부가 주도하는 신성장 동력이며, 전 산업분야에서 도입 및 적용 중인 시대적 흐름으로 이를 적절하게 운용할 줄 아는 능력이 필요하다는 것은 누구나 아는 상식적인 '직관(Intuition)'이다. 직관. 이는 감각, 경험, 연상, 판단, 추리 따위의 사유 작용을 거치지 않고 대상을 직접적으로 파악하는 작용이라는 의미의 단어다. 바로 이 '직관'이라는 단어를 통해 IoT에 대한 시대적 필요성을 설명할 수 있다는 것이 2017년 호텔 산업 IoT에 대한 설명이자 요약이라 하겠다.

2018년 호텔 IoT는 객실경험 강화를 통한 차별적인 고객 경험을 제공하는 시도가 확산될 것으로 보인다. AI(인공지능) 음성인식 스피커를 통한 객실 제어 경험, 스마트폰 채팅을 통한 객실 서비스 주문 및 매니저와의 의사소통, 비접촉 무자각 센서 활용 수면상태 모니터링 및 수면의 질 관리 서비스 제공, 고객 객실 내 활동 별 조명 밝기 자동 조절 기능 등의 새로운 객실경험을 제공할 수 있게 될 것이다.

AI(인공지능)와 음성인식 스피커는 객실경험 강화에 필수적인 요소로써 키보드, 마우스, 모바일 앱 등의 기존보다 진화된 차별적인 입력기를 활용해 고객에게 강렬한 첫 인상과 사용경험 및 편의성을 제공 가능해지므로 호텔의 객실 판매율을 상승 또는 유지시키는 중요한 요인으로 작용할 것으로 전망한다. 이를 위해 앰배서더호텔그룹도 국내외 주요 AI 플랫폼과 인공지능 스피커 제조사와 협의 중이며 빠른 기능의 구현을 위한 개발협력을 진행 중에 있다. 원격시설제어는 호텔의 업무환경 개선과 인건비 절감의 효과를 가져 올 수 있을 것으로 전망한다. 센서를 활용한 소방 설비, 전기, 상수도, 난방시설의 실시간 자동화 모니터링을 구현해, 불필요한 인력의 배치 없이 안정적으로 무인 점검이 가능하게 하며, 나아가 전력, 조명, 냉난방기의 원격제어를 통한 에너지 관리의 자동화도 실현 가능하다. 이를 위해 앰배서더호텔그룹도 솔루션 호텔 최적화 개발을 협의 중이며 PoC(Proof of Concept)를 통한 솔루션의 가능성 검증을 준비 중이다.

🏨 사례 : IoT를 체험할 수 있는 스마트 호스텔, & AND HOSTEL (앤 호스텔)

최근 다양한 기업과 연구 기관이 IoT 를 통해 보다 안전하고 쾌적한 생활을 실현하고자 제품 개발 및 상용화에 격전을 벌이고 있는 가운데, 2016년 8월 후쿠오카현 후쿠오카시에 문을 연 '& AND HOSTEL(앤 호스텔)'은 11종의 IoT 디바이스를 체험할 수 있는 일본 최초 스마트 호스텔로서, IoT를 체험할 수 있는 시설은 근래에 많이 생겼지만 이처럼 많은 업체의 IoT 장치가 호스텔에 집결된 것은 처음이다.

객실은 총 11실, 정원 48명으로 이 중 IoT 장치를 갖춘 객실은 IoT 킹룸 2실, IoT 트윈 룸 2실 등 총 4실이다. IoT 룸을 이용할 경우, 체크인시 프론트에서 전달되는 것은 룸 키와 카드가 아니라 객실 전용 스마트 폰이다.

출처: http://hoteltrend.tistory.com/226

🔘 그림 3-54 커뮤니케이션 로봇 BOCCO와 Qrio Smart Lock

이 스마트 폰에는 & AND HOSTEL 전용 애플리케이션이 설치돼 있으며, 앱을 실행하고 T셔츠 모양의 가제트 'PlugAir'를 스마트 폰에 연결하면 호스텔 개요와 연계되는 장치 데이터가 다운로드 된다. 제공된 스마트 폰 메인 화면에 있는 6개 버튼으로 룸의 IoT 디바이스를 모두 컨트롤 할 수 있는 것이 특징이다. 방 안에는 가전 제어 장치 'iRemocon'이 놓여 있는데, 카운터에서 받은 스마트 폰과 연동돼 모든 가전 장치의 허브가 된다. & AND HOSTEL에서는 미쓰비시 에어컨, 도시바의 TV, 히타치 공기 청정기 등 각기 다른 제조업체의 가전제품이 사용되고 있지만, 이들 모두 하나의 스마트 폰으로 조작할 수 있다. 객실 문 앞에서 스마트 폰의 'DOOR'버튼을 누르면 열쇠가 해제 되며, 열쇠의 개폐와 연동해 방 조명도 자동으로 점·소등된다. 객실 안 침대 머리맡에는 조명을 자유롭게 컨트롤 할 수 있는 'Hue' 와 커뮤니케이션 로봇 'BOCCO', 소리와 빛과 향기로 숙면을 도와주는 'Sleepion'이 놓여 있다. 우선 Hue 두개는 조명 색으로 각각 오늘과 내일 날씨를 알려주는데, 빨간색은 맑음, 흰색은 흐림, 파란색은 비를 의미하며, 데이터는 1분 간격으로 갱신된다. BOCCO는 이 호스텔의 컨시어지 역할을 한다. 룸서비스나 기타 요청 사항이 있을 때 음성을 입력하거나 또는 스마트 폰 앱으로 입력하는 텍스트에 따라 다양한 대답을 해준다.

BOCCO가 보낸 정보는 카운터에 전송되며, 나오는 대답은 모두 카운터에서 입력한 것을 음성으로 전해 주는 형식이다. BOCCO의 기본 언어인 영어와 일본어 이외에도 직원의 어학 능력에 따라 8개 국어로 대응이 가능하다. Sleepion

은 스마트 폰 앱에서 'NIGHT MODE'를 누르면 Hue, BOCCO, Qrio Smart Lock, 공기 청정기가 함께 작동하게 한다. 조명이 꺼지고, 보안을 위해 방 잠금 모드로 동시에 전환되며, 고객이 선택한 향기가 방안을 감돌아 기분 좋은 수면으로 유도한 다. Hue는 수동 설정도 가능하다. 알람 설정도 스마트 폰에서 할 수 있다. 'ALARM' 아이콘을 눌러 시간을 설정하면 BOCCO와 Hue, TV가 연동돼 조명이 내장된 BOCCO에서 소리가 나고 TV가 자동으로 켜진다. 옷장에 설치된 디지털 창문 'Atmoph Window'도 이색적이다. 설치된 스마트 폰 앱을 간편히 조작해 좋아하는 풍경을 설정할 수 있도록 만들어졌다. 또한 투숙객은 무료로 'Smart Eyeglass'를 대여할 수 있다. Smart Eyeglass는 눈앞 풍경에 정보를 겹쳐서 표시하는 안경형 웨어러블 단말기다. 주변 지역과 관광지를 AR(Augmented Reality)로 볼 수 있다. 관광객이 이벤트시기에 맞춰 방문하게 될 경우, 가상 이벤트 체험 서비스를 제공받을 수도 있다.

현재 일반적으로 IoT 장치를 작동하기 위해서는 개별 전용 앱이 필요하며, 우선 이를 각각 다운로드해야 한다는 번거로움이 과제가 되고 있다. 그러나 이 호스텔에서는 소니, 오므론, 필립스, 라이팅 재팬 등 기업들과 규슈 대학, NPO 법인이 제휴해 개발한 통합 응용 프로그램으로 이러한 불편을 개선했다. 그리고 이 호스텔에서 취합된 사용자 데이터는 개인을 식별 할 수 없는 익명 데이터로 전환돼 기업과 대학의 연구 기관에 제공된다. & AND HOSTEL은 숙박 시설 이면서 실험 장소이기도 한 것이다. & AND HOSTEL에 모이는 연간 2만 개의 빅 데이터는 연구 기관 등에 피드백 돼 더 나은 서비스를 제공하는 방법과 IoT 디바이스 활용 방법을 연구해 나가는데 활용된다. 또 하나 주목할 만한 사실은 이러한 시스템이 완성된 것이 아니라 수시로 업데이트되고 있다는 것이다. 향후 업데이트 에는 스페인 사람이 숙박할 경우 그 정보를 통해서 디지털 창문인 Atmoph Window 화면에 스페인 라이브 뷰를 반영 할 수 있고, BOCCO가 스페인어로 말하게 될 수도 있을 것 이다. 또한 1층 바 카메라로 사람들의 얼굴을 인식한 뒤 룸 에 있는 BOCCO가 "지금 아래층이 붐비고 있어!"라는 메시지를 전해주는 것도 가능한 일이다. 지속적인 업데이트를 통해 이처럼 친밀한 서비스로 발전될 수 있으며, 또한 이러 한 서비스 개발에는 호스텔 경영자뿐만 아니라 일반인도 아이디어를 제출해 시스템 개발에 참여할 수 있다고 한다.

미래의 IoT를 체험 할 수 있는 & AND HOSTEL은 오픈 전 부터 주목을 받아왔으며, 크라우드 펀딩 사이트 'Makuake'에서 사이트 개설 이래 최단 시간인 9분 33초 만에 100만 엔의 목표 지원 금액을 달성한 프로젝트이기도 하다. 이미 예약 상황도 순조로워 한 달 이상 예약이 꽉 찬 상황이다. 그리고 이용객 절반 이상은 해외에서 온 사람들이다. 이러한 순조로운 스타트는 & AND HOSTEL이 창조해 낸 새로운 가치에 기인한다. & AND HOSTEL의 콘셉트는 일본의 가전산업 분야와 IT 연구 분야, 그리고 서비스 산업의 융합을 보여주며, 이는 단순한 숙박의 차원을 넘어서 숙박 자체가 관광의 목적이 되는 새로운 가치를 창조해 내었다.

2) 관광산업의 가상현실(VR), 증강현실(AR)

컴퓨팅 파워, 통신 속도, 3D 센싱(sensing), 고해상도 디스플레이 등의 기술이 발전하고 하드웨어 기기 비용이 하락하면서 그래픽이 현실을 실감나게 재현하게 되자, 대중화되기 이전에 가상현실 기술은 이미 경주 관광지를 가상현실로 체험할 수 있는 콘텐츠를 상업적으로 제공하기 시작하였다. 한편, 닌텐도 포켓몬고의 등장으로 새롭게 조명되고 있는 증강현실은 실제 존재하는 현실 공간에 홀로그램 등 3차원의 가상정보를 겹쳐서 보여주는 기술로서 이 절에서는 가상 및 증강현실의 개념과 특성, 활용사례에 대해 알아본다.

(1) 가상현실(VR: Virtual Reality)

가상현실이란 어떤 특정한 가상의 환경이나 상황을 컴퓨터를 이용하여 현실과 같이 만들어 내고, 이것을 사용하는 사람이 마치 창조된 세계 안에 존재하며 직접 경험하는 것처럼 만들어 주는 인간-컴퓨터 사이의 인터페이스를 의미한다. 흔히 사이버 공간(Cyberspace), 가상환경(VE: Virtual Environment)등이라고도 한다. 달 탐사나 항공기, 탱크 조종과 같은 상황을 가상으로 만들어 시뮬레이터를 통해 훈련을 하게 되는데 이러한 것들이 가상현실의 대표적인 예이다. 또한 컴퓨터 게임 같은 곳에서도 많이 사용되고 있기도 하다. 이러한 가상현실이 가능하기 위해서는 예술과 기술이 조화된 3차원 그래픽스 기술과 상황의 변화에 따라 영상을 생성할 수 있는 실시간 렌더링 기술, 사용자의 요구에 적절히 반응하는 상호 작용성 등의 요소가 조화를 이루어야 한다. 또한 멀티미디어 기

술의 발전도 가상현실의 실현에 커다란 영향을 미친다. 가까운 미래에는 멀티미디어 데이터 처리 기술의 발전과 초고속통신망이 확장과 같은 네트워크 기술의 발전을 통해 가상현실에 좀 더 쉽게 접근할 수 있게 될 것이다. 가상현실은 전통적인 시뮬레이션과 구별되는 특징으로 임장감과 몰입감, 상호작용성 및 자율성을 갖는다.

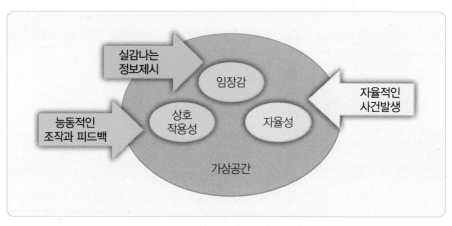

🎯 그림 3-55 가상현실 시스템의 요구사항

⚙️ 임장감(Presence)과 몰입감(Immersion)

효과적인 가상현실을 제공하기 위해서는 사용자가 3차원 공간에 직접 있는 것과 같은 임장감과 실감나는 정보제시를 통하여 몰입감을 높여주어야 한다. 가상현실에서 사용자의 감각은 시스템 설계자가 창조한 가상적인 정보를 통해 실제 세계에 빠져있는 듯한 느낌을 받는다. 몰입을 위한 대표적인 장치들로는 HMD(Head Mounted Display), 데이터 글러브(Data Glove), 3D 위치 트래킹(Position Tracking)등이 있으며, 이러한 장치를 이용해 사용자에게 전자적인 피드백(Feedback)을 통해 감각을 형성한다. 따라서 임장감과 몰입감은 일차적으로 하드웨어에 의해 지원된다. 가령, 비행 시뮬레이션의 경우 몰입을 제공하기 위해 각 비행장의 모든 상황을 그대로 재현하여 보여주는 것도 임장감과 몰입감을 높이기 위한 방법이다.

⚙️ 상호작용성(Interactivity)

사용자는 가상환경을 능동적으로 조작하고 적절한 피드백을 받을 수 있어

야 한다. 즉, 원하는 곳을 자유롭게 돌아다닐 수 있는 탐색 항해(Navigation) 기능과 가상공간 안에서 문을 열고, 불을 켜거나 의자를 옮기는 등의 조작 (Manipulation)이 가능해야 한다. 이러한 특성을 지니는 가상현실을 '상호작용 할 수 있는 전자적 표현'이라 할 수 있다. 즉, 가상현실은 상황전개나 정보의 흐름을 컴퓨터뿐만 아니라 사용자도 제어할 수 있는 메카니즘(Mechanism)의 의미를 지니고 있다.

🔅 자율성(Autonomy)

가상환경 내에서는 실세계와 같은 자연법칙(예, 중력법칙)이 적용되거나 자율적인 행동을 수행하는 물체가 존재할 수 있다. 즉, 가상환경 내의 물체나 생명체가 외부의 자극과 스스로의 욕구에 의해 자율적으로 움직일 수 있다는 것을 의미한다.

🔅 가상현실의 부활

2016년 세계가전박람회(CES: Consumer Electrics Show)와 세계통신박람회 (MWC: Mobile World Congress)에서 모두 가상현실이 중요한 주제로 등장했다. 많은 기업들이 가상현실 기기를 통해 기존에 체험하지 못했던 영상을 보며 새롭게 관심을 갖기 시작했다.

다른 한편으로는 2009년 영화 '아바타(Avatar)'가 몰고 온 3D 영화와 3D TV 열풍을 연상하면서도 말이다. 당시 3D 영화와 3D TV는 기존 영화와 TV에서 느낄 수 없던 입체감을 주어 영상 매체의 미래로 주목을 끌었다. 많은 전문가들이 3D TV가 차세대 TV가 될 것으로 보고 기존의 TV는 죽었다고 말할 정도였다. 그러나 콘텐츠의 부족으로 3D 생태계를 만들지 못하고 곧 시들해진 경험이 있다.

가상현실도 이제 초기여서 콘텐츠와 장비의 부족 등을 겪고 있기는 마찬가지다. 그러나 전문가들은 가상현실이 3D와는 다를 것으로 보고 있다.

우선 콘텐츠의 몰입도가 비교할 수 없을 정도라는 점을 든다. 가상현실은 가상의 세계를 내가 존재하고 있는 현실의 공간으로 착각하게 만들 정도의 몰입도를 보여 준다. 콘텐츠의 확장성도 높다. 3D 영상이 전문 제작사가 제작한 데 비해, 가상현실은 360도 카메라로 일반 이용자들도 자신이 촬영한 영상을 제공할 수 있다. 이용자와 다양한 상호작용을 할 수 있는 것도 장점이다.

현실감이 있으면서도 다양한 상호작용을 할 수 있어서 예전과 달라지고 있다. 가상현실 역시 완전히 새로운 것은 아니다. 이미 1960년대부터 가상현실을 구현하고자 하는 연구들이 지속적으로 시도되어 왔다. 그러나 가상현실을 구현하기 위한 제반 여건이 충족되지 못했다. 그러나 컴퓨팅 파워, 통신 속도, 3D 센싱(sensing), 고해상도 디스플레이 등의 기술이 발전하고 하드웨어 기기 비용이 하락하면서 새로운 기회를 맞게 된다. 이러한 기술이 융합되면서 그래픽이 현실을 실감나게 재현하여 인간을 몰입할 수 있게 한 것이다.

물론 2016년 7월 현재까지는 머리에 쓰는 헤드셋이 불편하고, 그래픽은 갈라지며, 20분 이상 기기를 착용하면 울렁증을 유발할 수 있는 문제점이 있는 것이 사실이다. 그러나 이러한 문제는 짧은 시간 내에 해결될 것이며, 작고, 가볍고, 착용이 편리하며 선명한 영상을 제공하는 기기들이 대중화되면 가상현실은 널리 보편화될 것이다. 그러나 대중화되기 이전에 가상현실은 이미 상업적으로도 활용되고 있다.

2015년 삼성전자의 '기어VR'에서 경주 관광지를 가상현실로 체험할 수 있는 콘텐츠를 제공하기 시작했다. 세계의 박물관, 미술관들은 가상현실을 통해 더 많은 관람객을 끌어들이고 수입을 올릴 수 있다는 점에서 깊은 관심을 보이고 있다. VR 콘텐츠가 아직 많지 않은 상황에서 박물관과 미술관이야말로 무궁무진한 콘텐츠의 보고인 것이다. 우주개발이나 군사훈련 분야에서 이미 가상현실이 활용되고 있다는 것은 잘 알려진 사실이다.

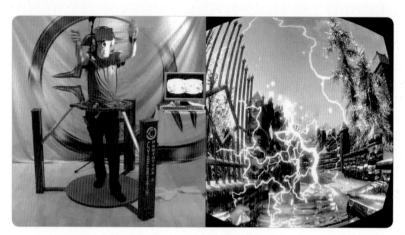

그림 3-56 사이버리스 버추얼라이저, 오큘러스 리프트

가상현실이 산업적으로 주목을 받은 것은 2014년 3월 페이스북이 가상현실 헤드셋 제조 업체인 오큘러스VR(Oculus VR)를 20억 달러(약 2조 원)에 인수하면서 부터이다. 오큘러스는 2012년에 킥스타터(Kickstarter)를 통해 설립되었으며, 가상현실 초기 시장을 선도해 왔다. 삼성전자의 기어VR도 오큘러스와 제휴해 출시된 것이다.

페이스북이 가상현실에 심혈을 기울이는 것은 페이스북이 가상현실의 애플이 되고자 하기 때문이다. 애플이 아이폰과 아이튠스를 통해 모바일 생태계를 주도해 온 것처럼 페이스북은 가상현실 시장을 주도하려고 한다. 그뿐만 아니라 삼성전자, 소니(Sony), 엡슨(Epson) 등의 글로벌 기업들도 가상현실 시장에 진입하고 있다. 특히 소니는 플레이스테이션(Playstation) VR로 저가의 대중적인 시장을 목표로 하고 있다. 플레이스테이션 게임기를 통해 게임 생태계를 강화하려는 것이다

🌐 가상현실의 확산

가상현실은 사회 여러 분야에 적용될 수 있다. 지금은 게임 위주로 이용되고 있지만, 방송과 영화 등 미디어 전 분야로 확산될 것이다. 영화계에는 VR 헤드셋을 이용한 VR 영화제작에 관심이 높다. 방송사도 가상현실을 이용한 다양한 영상 프로그램을 기획하고 있다. 스포츠는 가상현실을 대중화하기에 적합한 분야다. 이미 2016년 8월 리우올림픽에는 가상현실로 제작한 영상이 등장했다. 2018년 평창올림픽 이후에는 상당히 보편화될 것이다.

교육 분야도 가상현실 기술이 적용될 때 교육의 효과를 크게 증진시킬 수 있는 분야다. 과학이나 의학 분야에서 실험 실습에 가상현실을 적용할 경우 실제 실험을 한 것과 같은 효과를 가져 오며 몰입도 높은 교육이 가능하다. 일대일 가상 과외를 통해 기존의 대중적인 교육이 아니라 학습자 맞춤형 교육이 가능해지면서 창의적인 교육의 가능성을 열 수 있다.

의료와 헬스 산업에도 큰 영향을 미칠 것이다. VR 기기를 통해 원격 진료와 처방을 함으로써 의료 혁신을 가져올 수 있다. 헬스 산업도 VR 기기를 활용해 업그레이드할 수 있다. 비가 오는 날에도 화창한 해변을 달릴 수 있고, 자신의 운동 자세를 확인하고 운동 효과를 높여 건강 증진에 기여할 수 있다.

🌀 불확실한 기대

아직 산업에 대한 영향은 예측하기 어렵다. 그러나 단지 VR 헤드셋이나 관련 기기의 매출보다는 가상공간에서 사용자들이 소비하는 시간과 비용이 대단히 크다는 점은 분명하다. 기존의 오프라인과 온라인 비즈니스 모델을 가상현실에서 구현할 수 있다. 더 나아가 오프라인과 온라인을 결합해 커머스 등 다양한 비즈니스가 확장되는 형태로 시장을 확대할 수 있다.

그러나 가상현실의 최대 관건은 역시 콘텐츠 이며, 예전의 3D영상이나 증강현실 등에서 확인할 수 있듯이 가상현실 콘텐츠가 확보되지 않으면 대중화가 어렵다. 그런데 가상현실 콘텐츠를 개발에서 여전히 예전의 콘텐츠 제작 방법이나 기술에서 벗어나지 못한다면 그 역시 시행착오에 그칠 가능성이 크다. 가상현실 콘텐츠가 게임과 엔터테인먼트 중심에서 디자인, 교육, 헬스 케어, 군사 등의 분야로 확대하는 모델로 자리 잡는다면 마치 핸드폰에서 스마트폰으로 점프했던 것과 같은 영향력을 미칠 수 있을 것이다.

(2) 증강현실(AR: Augmented Reality)

가상현실과 함께 많은 주목을 받은 또 하나의 기술로 증강현실을 이야기 할 수 있는데, 증강현실은 실제 존재하는 현실 공간에 홀로그램 등 3차원의 가상정보를 겹쳐서 보여주는 기술을 말한다. 카메라를 통해 얻은 실제 이미지에 그래픽을 얹어 현실인 듯 현실 아닌 현실 같은 이미지를 제공하는 것을 말한다. 현실 세계에 실시간으로 부가정보를 갖는 가상세계를 합쳐 하나의 영상으로 보여주므로 혼합현실(MR: Mixed Reality)이라고도 한다.

증강현실은 현실 환경에 가상정보를 추가한 것으로 스마트폰의 위치 기반 서비스 등에서 찾아볼 수 있다. 거꾸로 가상환경에 현실 정보를 추가할 수도 있다. 2016년 7월에 세계를 놀라게 한 '포켓몬 고(Pokémon Go)'는 바로 포켓몬(Pokémon)이라는 기존의 캐릭터와 스토리에 증강현실을 더해 새로운 게임으로 등장한 것이다. 신규 콘텐츠가 필요한 가상현실과 달리 증강현실은 기존 콘텐츠를 활용해 새로운 영역을 만들어 내었으며, 특히 게임 분야에서 증강현실의 장점이 더욱 도드라지고 있다. 가상현실 게임을 이용하기 위해서는 별도의 기기를 구매해야 하고, 어지럼증 등 기술적인 단점이 있으며, 특히 가상현실 기기는 아

직 이용자들이 편하게 이용하기에는 부담스럽다. 마치 3D 이용을 위해 별도로 안경을 써야 하는 것이 부담스러운 것과 마찬가지다. 반면에 증강현실은 스마트 폰에서 앱을 내려 받으면 바로 실행할 수 있어, 별도의 기기가 필요 없으니 이용 자 친화적이다. 일단 게임 분야에서는 증강현실이 유리한 것처럼 보인다.

증강현실 대중화에 가장 큰 공을 세운 것은 바로 그 유명한 닌텐도의 포켓몬 고 이다. 포켓몬 고는 침체의 늪에 빠진 닌텐도를 구원해 준 제품으로 출시 후 단 20일 만에 1억 달러의 매출을 올렸으며 출시 한 달 만에 2억 달러 이상의 수 익을 닌텐도에게 안겨주었다. 서비스 시작 한 달 만에 1억3천만 건의 다운로드 를 기록하는 등 수많은 기록을 남긴 2016년도 최고의 앱이라고 해도 과언이 아 닐 것이다.

출처: Dalton White 유투브 채널

◎ 그림 3-57 닌텐도의 포켓몬고(Pokémon Go)'

포켓몬 고는 위치 기반 증강현실 게임으로 플레이어 자신이 위치하는 현실을 기반으로 주변에 돌아다니는 수많은 몬스터들을 잡고 대결하는 방식으로 게이 머들에게 새로운 경험을 안겨 준 게임이다. 아쉽게도 국내에는 구글 지도 및 여 러 가지 이슈들로 인해 정식 출시되지 않았으나, 어떤 이유에서 인지 강원도 속 초 지방에서는 플레이가 가능하여 한때 수많은 사람들이 속초에 몰리면서 속초 일대가 포켓몬 고 관광명소가 되었다는 소식도 들릴 정도였다. 이러한 현상은 단지 하나의 해프닝으로 해석하기 보다는 증강현실이 제대로 구현이 된다면 그 파급효과가 얼마나 크게 나타나는지를 보여주는 좋은 사례가 될 것이다.

(3) 관광산업의 가상현실, 증강현실

✿ 가상현실 및 증강현실을 이용한 창덕궁

한국과학기술원(KAIST) 문화기술대학원의 우운택 교수 연구팀이 스마트 관광 지원을 위한 증강 및 가상현실 어플리케이션(사진)을 개발했다.

◎ 그림 3-58 가상 및 증강현실을 이용한 창덕궁

창덕궁을 대상으로 시범 서비스에 나선 '케이 컬처 타임머신' 앱은 가상현실 기기에 스마트폰을 장착해 제공되는 360도 비디오로 문화 유적지를 원격으로 체험하고 해당 문화유산 및 연관관계가 있는 인물, 장소, 사건 등에 대한 정보를 확인할 수 있다. 또한 현재는 존재하지 않는 인정전 동쪽의 궐내 각사 지역에는 3D모델을 통한 승정원에 대한 3차원 디지털 복원도 체험할 수 있다.

한편, 웨어러블 기기 활용 없이도 모바일 모드를 통하여 사용자 주변 유적지 확인, 카메라에 인식된 문화유산을 인식하고 관련된 정보와 콘텐츠를 제공하는 증강현실 기반의 문화유산 가이드도 가능하다. 사용자는 자신의 위치에서 창덕궁 돈화문을 시작으로 인정문, 인정전, 희정당에 이르는 창덕궁 내부를 이동하며 360도 파노라마 이미지나 비디오를 통해 현장을 가상체험 할 수 있다.

연구팀은 문화유산 데이터베이스와 증강 및 가상현실 콘텐츠의 표준화된 메타데이터를 구축하고, 이를 활용하여 일시적으로 개발 후 소비되는 기존 어플리케이션과는 달리, 증강현실 콘텐츠의 상호 활용성과 재활용성을 증진하여 스마트관광 분야의 새로운 시장을 선점할 수 있을 것 이며, 콘텐츠 개발 비용 절감과 증강현실 콘텐츠 생태계 활성화를 가능하게 하는 다양한 부가 효과도 기대할 수 있을 것이라 한다.

🏛️ 런던 박물관의 증강현실 브랜드 앱 〈Street Museum〉

출처: www.museumoflodon.org.uk

🔘 그림 3-59 스트리트 뮤지엄(Street Museum) 앱

   영국의 런던 박물관은 증강현실을 이용한 런던의 생생한 역사 현장을 탐색할 수 있는 브랜드앱 'Street Museum'이란 서비스를 시작했다. ICT를 접목해 영국의 과거 역사를 체험할 수 있도록 한 사례이다. 브랜드앱은 유저가 위치한 주요 런던 거리의 현재 모습에 과거 역사 속 런던의 사진들이 증강현실을 통해 절묘하게 배치(layout)되어 보이도록 한다. 브랜드앱을 통해 길에서 런던의 생생한 역사를 탐방 할 수 있도록 한 것이다. 구글맵 또는 GPS 기능을 열면 사용자의 현 위치가 화살표로 표시되고, '3D 뷰(VIEW)'로 역사체험을 할 수 있는 런던의 명소들이 줄줄이 펼쳐진다. 사용자의 현 위치나 목적지를 선택하면 스트리트 뮤지엄을 경험할 수 있는 가장 가까운 장소를 지도상에 표시해준다.

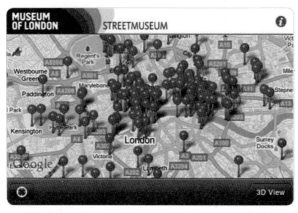

🔘 그림 3-60 런던 박물관 스트리트 뮤지엄관

ICT융합 **호텔경영론**

PART 02 실무편

Chapter 04

호텔서비스의 표준과 테이블 매너

제1절 호텔서비스의 표준

1. 호텔서비스의 개념과 기본정신

서비스에 대한 고유의 용어는 1960년 미국 마케팅협회(AMA ; American marketing association)에서 "서비스란 판매를 위하여 제공되거나 제품의 판매에 수반되는 만족, 행위, 편익이다"라고 정의하고 있다. 따라서 서비스의 개념이나 정의는 과거에서부터 오늘날에 이르기까지 학자별, 상황별, 산업특성별, 시대별에 따라 폭넓고 다양하게 변천되어 해석되고 있다.

특히 정보통신기술의 발달과 더불어 인간의 가치와 욕구도 질적으로 변화되면서 오늘날의 서비스는 매우 중요한 무형의 최대가치로 평가되고 있다. 그 이유는 대부분의 서비스는 고객과의 접점에서 발생되고 소비되므로 기업의 경영활동과 직접적인 상관관계가 있기 때문이다. 따라서 호텔기업에 대하여 서비스를 구분하자면 식음료서비스와 현관객실서비스로 세분할 수 있겠으나, 일반적으로 호텔서비스는 업무특성상 고객과의 접점에서 이루어지는 것이기 때문에 가장 포괄적인 개념으로서 '고객의 전반적인 욕구와 판매행위에 대한 물적, 인적인 서비스를 제공하는 환대행위'라고 할 수 있다.

한편, 호텔종사원의 기본정신은 업무에 대한 흥미를 갖고 있으며 업무에 헌신적으로 임하는 성격의 소유자가 적임자이다. 호텔기업에 대한 애사심은 근무경험과 만족을 통하여 얻어지는 것이겠지만, 호텔업무에 애착심을 갖는 사람만이 호텔기업에서 훌륭한 서비스를 수행할 수 있고 유능한 종사원이 될 수 있다. 따라서 호텔종사원의 기본정신은 호텔업무에 애착심을 갖고 업무를 숙지하며, 서비스를 자발적으로 실천해야 한다. 그리고 종사원은 서비스의 중요성을 인지하여 깨끗하고 예의바르며, 신속하고 정확한 서비스행위로서 표출할 수 있어야 한다. 이상과 같이 호텔서비스의 성공적인 수행을 위하여 접점종사원이 갖추어야 할 '호텔종사원의 7대 기본정신'을 다음과 같이 요약 정리하였다. 이는 호텔기업에서 일명 영어의 첫 글자를 합성하여 '스키치(SCEECHH)정신'으로 불리기도 한다.

1) 봉사성

봉사성(service)은 '고객의 전반적인 욕구와 판매행위에 대한 물적, 인적인 서비스를 제공하는 환대행위'로서 호텔사업의 핵심행위이다. 따라서 호텔종사원은 고객에게 물적인 서비스와 능동적이면서도 적극적인 관심으로 인적 서비스를 봉사하는 마음으로 제공해야 한다. 즉, 종사원은 고객의 욕구와 심리상태, 고객의 가치를 인식하고 고객이 만족할 수 있는 진실 된 행위로서 지혜를 가지고 고객에게 봉사하여야 한다.

2) 청결성

청결성(cleanness)은 공공위생과 개인위생으로 구분할 수 있다.

공공위생이란 고객이 이용하는 공공장소와 제반시설의 청결 및 집기비품, 가구 등을 청결히 하여 고객이 불쾌감을 갖지 않도록 항상 깨끗하게 유지·관리하는 상태를 의미한다.

개인위생은 자기 자신의 청결상태를 의미한다. 우선 육체적으로 건강해야 하고 철저한 위생관념에 입각하여 개인의 몸과 복장, 단정한 머리스타일, 손톱, 구두, 화장 등을 아름답고 청결하게 관리하여야 한다.

3) 경제성

경제성(economy)이란 최소의 경비지출과 노력으로 최대의 영업이익을 획득하는 것을 말한다. 기업의 최종목표가 이윤추구임으로 호텔기업에서도 종사원 개개인은 절약정신과 주인의식을 갖고 각종 소모되는 비품과 집기 및 기자재 등의 철저한 관리와 원가절감을 위해 항상 최선을 다해야 한다. 그리하여 기업의 지속적인 경영성과 달성을 위하여 경비절약을 통한 영업이익의 증대에 이바지하여야 한다. 예를 들어 식음료 영업장의 각종 기물류는 고가품이 많으면서도 파손의 위험이 상대적으로 높으며, 각종 소모품이 빈번하게 불출되기 때문에 종사원 개개인의 절약정신은 소모품 항목의 경비지출에 막대한 영향을 미치고 있다.

4) 능률성

능률성(efficiency)이란 종사원이 정해진 시간 내에 맡은 직무를 가장 효율적으로 수행하여 얻어낸 최대의 성과를 의미한다.

호텔사업은 인적자원의 의존성이 상대적으로 높기 때문에 종사원은 모든 업무의 능률성을 제고하기 위하여 매사에 적극적이고 능동적인 자세로 직무를 수행해야 한다. 또한 업무의 흐름을 올바르게 숙지하고 효과적으로 업무처리가 가능하도록 전반적인 업무능력이 탁월하여야 한다. 특히 고객 개개인마다 욕구와 가치가 다르게 나타나기 때문에 가장 효율적이면서도 재치 있는 업무처리 능력이 요망된다.

5) 예절성

예절성(courtesy)이란 일상생활에 필요한 모든 예의와 절차를 말한다. 특히 호텔사업은 고객과의 접점을 통하여 상품이 생산되거나 소비되는 특성을 가지고 있다. 따라서 고객이 지각하는 품질은 종사원의 행동거지에 따라 상당히 다르게 느껴지기 때문에 호텔종사원은 각별하게 예의범절을 준수하고 실행하여야 한다.

6) 환대성

환대성(hospitality)이란 고객이 만족할 수 있도록 종사원이 자신의 행동과 대화 등을 통하여 반갑게 맞이하는 정신이다. 즉, 고객의 기쁨이 자신의 기쁨이라 인지하고 진솔한 행위와 매너로서 고객을 매우 반갑게 맞이해야 한다. 따라서 종사원들이 고객을 접객할 때는 항상 즐거운 마음과 얼굴에 미소를 가득 머금고 정중하게 공손한 태도로 맞이해야 한다. 이러한 예의바른 접객태도와 충만된 서비스는 고객에게 서비스의 가치를 인정받게 되고, 고객의 재방문을 높이고 이는 새로운 고객의 창조와 곧바로 연결된다. 또한 고객이 종사원의 태도에 느끼는 감정은 아주 민감함으로 종사원은 고객이 온화하고 안락한 분위기 속에서 언제나 정성이 가득한 대접을 받고 있다는 호감과 좋은 인상을 고객이 갖도록 해야 하며 그리고 고객에게 수준 높은 서비스를 제공하기 위하여 부단한 노력과 지식을 축적하여야 한다.

7) 정직성

정직성(honesty)이란 인간의 근본정신 중에서 가장 고귀한 믿음 즉, 신뢰성을 의미한다. 고객과 종사원 그리고 조직구성원 서로간의 믿음과 협력을 통하여 원만한 인간관계를 형성해야 하고, 서로 인격을 존중하는 매너를 갖추어야 한다. 특히 호텔사업은 고객간의 상호관계에서 유·무형의 상품을 서비스라는 매체를 통하여 판매되기 때문에, 종사원들의 내면에서 우러나오는 정직한 서비스 정신이 기업의 가치를 한층 더 높이는 촉매역할을 한다고 볼 수 있다.

2. 호텔기업 고객관리

1) 고객 불평관리 요령

접객서비스를 아무리 완벽하게 하였다 해도 고객의 불평(complaint)은 항상 발생하게 된다. 특히 식당부문은 최고의 시설과 서비스로 접객서비스를 완벽하게 하려고 해도 손님의 불평은 종종 발생하기 마련이다. 그 이유는 고객들은 각

자 다른 주관적인 사고를 소유하고 있기 때문에 고객의 욕구가 모두 동일할 수 없으며, 인간이 추구하는 가치가 다르게 나타날 수도 있기 때문이다.

따라서 고객의 지적사항이나 불평이 발생했을 경우에는 항상 긍정적인 자세와 고객의 입장에서 정확한 원인을 파악하여 불평에 대한 해결방안을 마련하도록 해야 한다. 그리하여 호텔의 이미지를 향상시키고 신뢰감을 더 높이며, 고객으로 하여금 자연스럽게 재방문이 이루어지도록 고정 고객을 확보해야 할 것이다.

이상과 같이 고객의 불평(complaint)사항을 처리하는 요령을 구체적으로 제시하면 다음과 같다.

① 문제발생 시 고객의 불쾌감이 확대되지 않도록 신속히 응대하며, 성실한 태도와 적극적인 자세로 대처를 해야 한다.

② 고객의 불평을 경청할 때는 끝까지 인내심을 가지며 듣도록 하고, 예의바른 자세와 솔직한 답변으로써 고객이 믿음과 신뢰성을 가질 수 있도록 성심을 다해야 한다.

③ 불평사항 또는 지적사항이 발생할 경우에는 메모하는 자세와 진지한 모습을 보여줄 수 있도록 적극적이어야 한다.

④ 고객의 불평사항을 조심스럽게 경청하는 즉시 문제해결이 가능하도록 유연한 대처능력과 지식을 확보하고 있어야 한다.

⑤ 불평내용 중에서 일부분이 고객의 오해나 고객의 착각으로부터 발생되어 부당한 것이라고 생각이 되더라도 말의 중간에 변명하거나 고객의 잘못을 지적해서는 안 된다.

⑥ 절대적으로 고객의 불평을 회피하려고 해서는 안 되며, 고객의 불평을 성급하게 또는 대충 해결하려는 인상을 주어서는 안 된다.

⑦ 접객종사원이 무조건 잘못을 시인한다거나 잘못이 없다고 주장을 해서는 안 되며, 고객의 불평과 요구사항이 무엇인지 신속, 정확하게 판단하여 상사에게 보고하고, 가급적이면 고객의 뜻에 따르도록 한다. 다만, 고객의 실수나 잘못이 명백할 경우에는 친절하게 문제점을 설명하고 이해를 시키도록 노력한다거나, 다른 동료직원에게 도움을 요청하여 고객이 불쾌하지 않도록 설득과 이해를 구하도록 한다.

⑧ 다른 고객이 옆에 있다는 것을 인식하고, 고객의 목소리가 높아지지 않도록 최대한 노력하여 조용히 해결해야 한다.

⑨ 본인이 해결할 수 있는 경미한 사항은 본인이 대처하여 해결하고, 만약 본인이 해결하기 힘든 문제 사항이면 신속히 상급자에게 사실을 보고하여 더 이상 확산되지 않도록 신속하게 조치해야 한다.

⑩ 고객의 불평을 적극적으로 수용하고, 가급적이면 문제발생에 대한 조치사항이나 시정 내용을 고객에게 신속히 알려주도록 한다.

⑪ 항상 개인적인 감정 및 입장에 치우쳐서는 안 되며, 호텔을 대표한다는 공적인 입장에서 판단하고 조치해야 한다.

⑫ 같은 실수 및 불평이 발생하지 않도록 개선되어야 할 문제점을 기록 유지하여 접객서비스 향상을 위한 교육 자료로 활용한다.

2) 호텔이용 고객안내 요령

고객을 영업장으로 안내를 할 때는 정중하고 바른 걸음걸이로서 고객보다 2~3보 전방에서 유도하며 안내를 하도록 한다. 특히 여성고객과 주빈고객을 우선시 한다는 것을 잊지 말고, 행사내용을 재빨리 판단하여 분위기에 알맞도록 자리배치를 하도록 한다. 구체적인 안내요령은 다음과 같다.

① 젊은 남녀고객은 안쪽 조용한 방향으로 배치한다.

② 노약자, 부자유스러운 고객은 가급적이면 입구 가까운 쪽에 위치하도록 한다.

③ 어린이나 단체고객일 경우에는 소란스러울 수 있으니 안쪽 구석진 곳이나 분리된 테이블로 안내되도록 유도한다.

④ 여성고객이나 혼자 이용을 원하는 고객은 가급적 창가 쪽으로 배치한다.

⑤ 예약된 테이블은 고객이 인식할 수 있도록 표식을 하도록 하고, 영업장의 조화를 이룰 수 있도록 적당하게 균형을 맞추어 좌석을 배치한다.

⑥ 부득이하게 고객이 원하는 테이블이 있다면 고객의 의사를 존중하여 안내하도록 한다.

⑦ 동일한 스타일의 복장이나 색상을 착용한 고객은 서로 민망할 수 있으니 약간 떨어진 곳으로 배치한다.

⑧ 특별한 의상이나 화려한 의복을 입고 입장하는 고객은 고객들의 시선을 사로잡을 수 있는 위치를 선호할 수 있으니 조심스레 분위기를 파악하여 가급적이면 테이블의 가장자리에 위치하도록 배치한다.

⑨ 고객이 테이블로 안내되면 의자에 손쉽게 착석이 가능하도록 의자등받이를 가볍게 뒤로 살짝 뺀 후, 고객이 착석할 때 등받이를 앞으로 밀면서 오른쪽 무릎을 사용하여 부드럽게 밀착시키도록 한다.

⑩ 고객이 테이블로 안내되면 보편적으로 노약자, 어린이, 지체부자유자, 여성고객 등의 순서로 착석을 돕도록 하고, 호스트(host)가 맨 마지막에 착석할 수 있도록 돕는다.

 ## 제2절 호텔 테이블매너

테이블 매너는 요리를 맛있게 먹기 위한 것이고, 자기만족 및 자기가치를 향상시키기 위한 에티켓이다. 그리고 현대사회에서는 무엇보다 국제적으로 비즈니스를 수행할 일이 많아지면서, 글로벌 비즈니스를 올바르게 수행하고자 테이블 매너의 지식과 교양을 학습해야 할 필요성이 제기되었다. 따라서 가장 보편적이면서도 고급스러운 테이블 매너 지식을 구체적으로 언급하면 다음과 같다.

1) 기초 매너 10가지

테이블 매너는 서로가 요리를 맛있게 먹기 위한 것인데, 이는 주변의 분위기와 예의가 조화를 이룰 때 가능한 것이다. 예를 들어 같은 식탁에 동석한 일행이 보기 흉한 행위를 한다든지, 쩝쩝 소리를 내면서 음식을 먹게되면 같은 테이블에 동석한 다른 사람은 매우 불쾌할 것이다. 따라서 자기 자신이 교양을 갖추고 맛있게 음식을 먹고, 동석한 다른 사람도 예의바르게 음식을 즐길 수 있도록 하는데서 테이블 매너가 시작되었다고 할 수 있다.

(1) 자기만족 및 자기가치의 향상

식사 중에는 누구나 예상치 못하는 실수를 하기 쉽다. 즉, 기물을 떨어뜨리거나 옷에 음식이 묻거나 테이블에 물이나 음료를 쏟는 등 여러 가지 실수를 할 수 있는 요인들이 많다. 또한 각종 세팅이 된 기물을 잘못 사용하여 주 요리와 균형을 이루지 못하는 경우가 발생될 수도 있다. 뿐만 아니라 음식의 맛과 분위기를 한결 업그레이드 해주는 음료를 올바르게 선택하는 것도 식사 중의 기본예절인 것이다.

그러므로 동일한 비용과 시간을 투자하여 호텔의 식당을 이용한다 할지라도 테이블 매너의 정도에 따라 자기만족은 분명히 차이가 나타날 것이다. 그리고 테이블 매너를 올바르게 이용하게 되면 타인으로부터 교양과 멋있는 모습을 각인 받을 수 있어 자기가치를 향상시킬 수 있을 것이다.

(2) 예약방법과 약속

만약 예약을 하지 않고서 손님과 함께 식당에 가게 되면 기다리게 되는데, 이는 매우 큰 결례를 범하게 된다. 따라서 식당을 이용할 때는 반드시 사전 예약이 필수이다.

예약방법은 예약자 성명과 인원 수 그리고 시간을 먼저 알려주고, 모임 또는 예약의 목적을 간단하게 알려준다. 만약 부득이한 일이 발생되어 예약을 취소할 경우에도 명확하게 사전에 반드시 취소하는 약속을 지켜야 한다. 그리고 요리의 특성과 음료의 상식을 이해하고, 모임의 성격에 따라 메뉴를 결정해야 한다. 이때 메뉴와 균형을 이룰 수 있는 음료도 미리 알고 있어야 한다.

(3) 복장 준비와 식당 입장

개인마다 개성이 있기 때문에 특별히 정해진 복장은 없지만, 가장 보편적으로 준비해야 할 것이 정장차림이다. 이는 격식과 분위기에 따라 다르기도 하지만 테이블 매너를 지키는데도 정장이 가장 편리하고 신사숙녀답다. 만약 정찬의 모임에서 대부분의 사람들이 정장차림인데 동석한 몇 사람만이 정장이 아니라면 주위와 균형을 이루지도 못하고 다른 사람에게 실례를 범하게 된다. 이것은 식당을 이용하는 다른 고객들을 위한 최소한의 예절인 것이다. 그리고 식당

을 입장할 때는 슬리퍼를 신고 입장을 해서도 안 되며, 식당 내에서는 모자를 벗어야 한다. 왜냐하면 식당은 나 하나만을 위한 장소가 아니라 대중을 위한 공공의 장소이기 때문이다. 서양에서는 간혹 식당의 체크 룸(check room)에서 여분의 정장을 몇 벌 정도 준비해 놓고 미처 정장을 준비하지 못한 고객들을 위해 정장을 대여해주는 경우도 있다.

또한 고급식당일수록 식당의 입구에 매니저나 안내원이 대기하여 고객을 테이블까지 안내해 주는 경우가 있다. 그런데 안내원을 무시하고 자기 마음대로 좌석을 선택하는 것도 예의가 아니다. 예를 들면 어떤 테이블이 다른 사람에게 사전에 예약된 것일 수도 있으며, 또는 고객들이 한 구역에 집중적으로 몰리게 되면 식당의 소음이 많이 발생할 수도 있고, 서브할 때 공간이 좁아 많이 불편하게 되어 결국에는 고객에게 피해가 돌아갈 수 있으니까 안내원의 안내를 받는 것이 가장 바람직할 것이다. 그러나 안내된 테이블이 마음에 들지 않는다면 다시 안내원에게 '저쪽의 테이블이 마음에 드는데 안 되는가요'라고 물으면 안내원이 친절하게 적당한 장소를 추천해 줄 것이다.

(4) 좌석의 위치선정

테이블의 좌석을 선정하는 위치에 따라 종사원으로부터 서브 받는 순서가 달라진다. 동일한 요리일지라도 좌석의 위치에 따라 서브되는 시간과 순서가 달라서 분위기가 달라질 수 있다. 즉, 신분의 위치, 나이, 성별, 모임의 성격 등에 따라서 좌석의 위치가 일반적으로 정해진다.

일반적으로 호스트(host)를 가운데에 두고, 가장 중요한 고객이 호스트의 우측에 위치하고, 그 다음 중요한 고객이 호스트의 좌측에 위치한다. 만약에 고객들 중에서 비슷한 위치라면 보통 여성이 남성보다 상석을 차지한다. 그리고 부부가 초대를 받았을 때는 떨어진 곳의 대각으로 마주앉게 된다. 또한 사람들의 왕래가 많은 통로의 입구 쪽이 말석(末席)이다.

(5) 여성과 남성의 에티켓

남성보다 여성을 먼저 착석시킨다든지 우선시하는 것은 여성을 안전하게 보호하고 배려하고자 하는 것이다. 즉, 여성이 먼저 앉을 수 있도록 남성이 도와주

는 이유는 피로하기 쉬운 여성을 가능한 편히 해주자는 배려이다. 웃어른이나 여성이 있다면 그들이 좌석에 앉을 때까지 의자 뒤에서 기다리는 방법이 좋다. 그리고 의자에 앉을 때에는 의자의 우측으로부터가 아니라 반드시 좌측으로부터 몸을 의자방향으로 옮겨야 한다.

(6) 테이블 간격과 소지품 관리

테이블이 정해지면 조용히 의자에 앉게 되는데, 상체를 꼿꼿이 세우고 가볍게 의자 등 뒤에 기대며 불필요한 동작을 삼가면서 손은 무릎 위에 놓이도록 한다. 식사가 만약 시작되면 의자를 움직이는 것이 좋지 않기 때문에 처음부터 의자와 테이블간의 간격을 가장 적합하도록 정하는 것이 좋다. 보통 테이블에서 한 사람의 공간은 약 60~70cm정도를 차지한다.

또한 식당에 입장할 때는 외투, 모자, 가방 등을 가지고 입장하지 않고 체크룸(check room)에 보관을 하여야 한다. 그런데 여성은 핸드백을 항상 휴대하는 경우가 많으므로 이때는 본인의 상체 등과 의자사이에 가볍게 놓아둔다. 그러나 핸드백을 의자모서리에 걸어 두거나 땅 바닥에 놓아두면 안 된다.

(7) 냅킨 사용 및 메뉴 숙지

테이블에 동행의 고객들이 모두 착석하게 되면 호스트가 우선 냅킨(napkin)을 무릎부위에 조용히 가져와서 펼치게 된다. 그러면 나머지 일행들이 냅킨을 조용히 무릎위로 가져와서 펼치게 되는데, 반으로 접힌 쪽을 자기 앞쪽으로 놓아둔다. 또한 식사 전에 인사소개, 연설 등이 있을 때에는 프로그램이 끝날 때까지 냅킨을 펼치지 않는 것이 예의를 지키는 것이다.

냅킨은 무릎 위에 얹어 놓고 음식이나 오물에 옷이 더럽혀지지 않도록 하는 것이 원래의 사용용도이다. 그런데 냅킨을 가지고 입술의 립스틱을 닦는다든지 얼굴과 목 부위의 땀을 닦는다든지 하면 예의에 어긋난다. 단지 냅킨은 음식을 먹는 중에 입가에 무언가 묻어서 입가를 닦아야 할 때 그리고 식사도중에 버터나 잼, 소스 등이 손에 묻었을 때 닦기 위하여 사용된다.

냅킨을 상의 단추부위에 끼운다든지 목 부분에 걸친다든지 하면 큰 실례가 된다. 이러한 경우는 이동을 하면서 식사를 해야 하는 경우 즉, 열차나 비행기에서 기내식 식사를 해야 하는 때에는 필요하다.

한편, 식탁에 앉자마자 메뉴를 주문하는 것도 경솔한 행동이다. 메뉴는 정식요리(full course)와 일품요리(a la carte)로 양분되지만, 일반적으로 고객이 숙지해야 할 메뉴의 구성은 전채요리(에프타이저 ; appetizer), 수프(soup), 생선요리(fish), 샐러드(salad), 육류요리(main dish=entree), 디저트(dessert), 음료(beverage)등의 순서대로 구성되어 있다. 보통 이러한 순서대로 메뉴가 서브되면서 음료를 곁들이게 되며, 일품요리는 생선요리와 육류요리가 중복되면 둘 다 주요리(main dish)로 서브되기 때문에 식단(食單)이 부담스럽다. 따라서 이러한 형식의 일품요리는 중복되게 겹치지 말아야 한다. 그리고 음료의 선정이 매우 중요한데, 이는 음식과 균형을 이루어야 하기 때문이다. 음료는 알콜성 음료와 비알콜성 음료를 모두 포함하여 하는 말이다.

알콜성 음료는 다시 양조주, 증류주, 혼성주로 구분되고, 비알콜성 음료는 우리가 흔히 순수한 음료로 생각하며 마시는 탄산음료와 무탄산음료, 기호음료, 영양음료 등을 모두 포함한다. 여기서 칵테일이라고 하는 것은 일반적으로 알콜성 음료와 알콜성 음료의 혼합 또는 알콜성 음료와 비알콜성 음료의 혼합이 대부분이다. 그러므로 음료의 선택은 요리와 조화를 이룰 수 있도록 해야 되는데, 이는 식사의 분위기와 격식을 결정할 만큼 매우 중요하다.

(8) 종사원과의 커뮤니케이션

접객종사원(waiter & waitress)은 고객을 위하여 항상 무엇인가를 준비하고 있다. 그들은 고객이 식사를 즐겁게 하는데 도움을 주는 역할을 하며, 이러한 임무를 수행하기 위해 항상 고객의 주변에서 맴돌게 된다. 따라서 음식을 먹는데 종

사원이 옆에서 보고 있는 것은 당연한 일이며, 이것을 부담스럽게 생각해서는 안 된다. 그리하여 격식과 분위기를 창출하기 위해 올바른 테이블 매너의 기법이 한층 더 필요한 것이다.

종사원을 부를 때는 손가락, 각종 기물의 사용, 어떤 소리와 흉내, 야릇한 행위(몸짓) 등을 사용해서는 절대로 안 된다. 이때는 반드시 손바닥 전체를 사용하면서 살며시 쳐들기만 하면 된다. 예리하고 경험이 풍부한 종사원은 고객의 움직임 하나하나만 보아도 곧바로 눈치를 채고 주변을 맴돌며 다가서고 있기 때문이다. 한편, 고객이 음식과 이용기물, 기타 일반적인 사항 등을 잘 모른 상태라면 종사원에게 솔직하게 물어보며 조언을 구하는 것이 한결 아름다운 테이블 매너가 된다.

(9) 주문 상식과 메뉴 결정

최근에 와서는 고객을 접대할 때 일반 가정에서보다 고급식당으로 초대를 하는 경우가 많아지고 있다. 이때 초대받은 사람은 초대한 사람의 경제적 여건과 초대목적을 유심히 고려하는 것도 예의이다. 예를 들면 초대받은 사람이 그 식당의 메뉴와 음료를 제일 값이 비싼 또는 제일 값이 싼 식음료를 주문하여 때로는 분위기와 원래의 목적을 흐리게 할 수도 있기 때문이다. 이때는 가장 보편적이면서도 오해의 소지가 없는 중간정도의 가격에서 메뉴를 주문하는 것이 무난하다. 그리고 초대한 사람은 손님을 접견하는 것이 목적이기 때문에 가격이 저렴한 메뉴 또는 높은 가격이나 메뉴선택의 의사를 손님에게 지나치게 미루는 것은 가급적 피하고, 차분하고 격식 있게 전체메뉴를 살펴보면서 상황에 알맞은 메뉴를 결정하면 된다. 예를 들어 옆 좌석의 식단을 곁눈질로 보면서 저쪽과 똑같은 음식을 주문하는 사례는 매우 좋지 않은 방법이고, 동행한 사람에게도 실례가 된다.

또한 여성과 동행할 때는 메뉴의 선택우선권을 여성에게 주고, 여성은 가급적이면 자신이 평소에 즐기는 기호음식을 주문하고, 제공된 음식은 모두 소화할 수 있어야 한다. 만약 주문한 음식을 모두 먹지 못하고 남기게 되면 동석한 사람과 그 식당의 종사원에게도 예의에 어긋나기 때문이다. 그리고 여성이 남성을 초대하게 되면 메뉴의 선택권을 남성에게 건네주는 것이 가장 무난하다.

(10) 테이블 불평금지

우리는 어느 고급식당일지라도 음식의 맛, 분위기, 장소의 좋고 나쁨 등은 동행자 또는 그날의 컨디션에 따라 자기자신의 감정을 쉽게 노출하기 쉽다. 즉, 똑같은 중국식메뉴라 할지라도 미국에서 맛보는 것과 한국 또는 중국본국에서 음식의 맛을 느끼는 정도는 차이가 있을 수 있다. 또한 한국음식도 지방색에 따라 맵고, 짜고, 싱겁고 등처럼 맛이 서로 다를 수가 있다. 이처럼 각 지역의 특색에 따라 음식의 맛이 달라지게 마련인데, 사람을 초대해 놓고 "지난 번 음식 맛은 참 좋았는데 이번에는 왜 이래" 또는 "이곳 식당이 전에는 참 좋았는데 이제는 많이 틀렸네" 등의 언어를 사용하면 안 된다. 가령 전반적으로 음식의 맛과 종사원의 서브능력이 다소 부진하다 할지라도 처음부터 끝까지 테이블 매너를 잘 지킴으로써 자기만족과 자기가치를 향상시키고, 나아가서 성공적인 국제비즈니스를 수행할 수 있을 것이다.

2) 테이블 매너를 위한 메뉴의 역할

테이블 매너에서 가장 핵심적으로 등장하는 메뉴구성이 정식요리의 실천방법이다. 정식요리는 일식, 중식, 한식메뉴에도 있지만, 가장 어려우면서도 실천하기 힘든 것이 양식메뉴에 대한 테이블 매너이다. 따라서 이 부분에 대한 구체적이면서도 세부적인 실천방법은 아래와 같다.

(1) 전채요리와 에프리티프

모든 요리는 뜨거운 것은 뜨겁게, 차가운 것은 차갑게 제공되기 때문에 일반적으로 테이블에 음식이 모두 서브되면 즉시 주빈을 중심으로 한꺼번에 먹기 시작한다. 전채요리(에프타이저; appetizer)는 일명 오드블(hors d'oeuvre)이라고도 하는데 소량으로 제공된다. 즉, 식욕을 촉진시켜주는 역할을 하기 때문에 그 종류도 특색이 분명하고, 음료와 균형을 이루는 것이 좋다. 이는 식전주로서 에프리티프(aperitif)라고 하며 종류가 다양하다. 에프타이저의 종류로 대표적인 것은 foie gras, caviar, oyster, snail, smoked salmon, shrimp cocktail, fillet of sole 등이 있으며, 이와 균형을 이루는 음료로는 쉐리와인(sherry wine), 캄파리

(campari), 두보넷(doubonnet), 버무스(vermouth), 알티쇼크(artishoque), 아멜피콤(amerpicom), 칵테일의 맨하탄(manhattan)과 마티니(martini)가 대표적이다.

전채요리의 주문은 더운 요리를 주문할 때는 비교적 가벼운 요리를, 찬 요리를 주문할 때는 비교적 신맛과 진한 맛이 어우러지는 것을 주문하는 것이 좋다. 그리고 전채요리는 한 입에 먹을 수 있는 작은 분량이기 때문에 전혀 부담이 되질 않는다. 또한 메뉴가 제공되는 접시에는 항상 장식용의 샐러리(celery), 파세리(parsley), 당근(carrot), 아스파라거스(asparagus), 카나페(canape) 등이 함께 제공되는데, 이는 손을 사용하여 먹어도 무방하다. 오히려 아스파라거스는 뿌리 쪽을 손에 쥐고 봉우리에 소스를 발라서 먹고 손에 쥐인 부분을 남기는 것처럼 손을 사용하여 먹는 것이 더욱 분위기 있게 보인다. 또한 카나페의 경우에도 나이프(knife)를 사용하면 아름답게 장식한 것이 파손되기 때문에 손을 사용하여 한 입에 살짝 밀어 넣으면 훨씬 보기가 좋다.

또한 생굴은 왼손으로 껍질의 한쪽 끝을 잡고 오른 손으로 포크(fork)를 사용하여 먹는다. 이때 굴을 포크로 떼어서 먹고 나면 껍질 속에 굴 습이 남게 되는데, 왼손으로 들어 마시는 시늉을 하여도 무방하다. 뿐만 아니라 굴에는 레몬을 짜서 즙을 만들어 함께 먹는데, 레몬 즙을 짤 때는 옆 사람에게 튀는 일이 없도록 왼손으로 가리고 오른 손으로 짜는 것이 바람직하다.

(2) 수프

수프(soup)는 주 요리를 먹기 전에 위의 부담을 들어주고자 먹게 되는 영양가가 풍부한 국물요리이다. 수프는 스푼(spoon)을 사용하여 반드시 자기 앞쪽에서 바깥쪽을 향해 밀면서 떠서 먹는다. 스푼은 펜을 잡는 것처럼 적당한 위치를 잡는 것이 좋고, 절대로 소리를 내면서 먹지 않도록 한다. 그 이유는 수프는 마시는 것이 아니라 먹는 것이기 때문이다. 그러나 수프가 제공될 때는 보통 손잡이가 달린 컵 모양(soup cup)의 기물이 많이 사용된다. 이때는 어느 정도 스푼을 사용하여 먹고 난 후 스푼은 컵 받침대에 올려놓고 soup cup을 들어올려 조용히 마시는 시늉도 괜찮다. 그런데 soup cup속에 스푼을 넣어둔 상태에서 마신다거나 또는 들어올린 컵에서 스푼을 사용하여 떠서 마시면 올바른 매너가 아니다.

특히 수프는 뜨거울 수 있으므로 적은 양을 바깥으로 밀면서 떠서 먹어본 다음에 적당히 속도와 양을 조절하며 먹는다.

한편, 서양요리에는 일반적으로 빵이 제공되는데, 빵은 처음부터 테이블에 놓여 있을 때도 있으나 수프가 끝난 후에 제공되는 것이 원칙이다. 만약 테이블에 빵이 처음부터 제공되었다면 수프와 함께 먹지 말고 기다렸다가 수프가 끝난 다음부터 후식이 제공되기 전까지 천천히 먹도록 한다. 왜냐하면 빵은 입 속에 남아있는 요리의 여운을 없애고 새로운 미각을 위한 신선미를 제공하기 때문이다. 즉, 빵은 제공되는 음식과 음식사이에서 촉매제의 역할을 담당한다고 생각하면 된다. 그리고 빵 접시는 반드시 좌석기준 좌측의 것이 자기의 것이다. 가끔씩 우측의 것이 자기 것인 줄 알고 먹는 경우가 있는데, 이러면 테이블의 균형에서 질서가 완전히 파괴되어 종사원으로 하여금 새롭게 세팅과 서브를 받아야 하기 때문에 굉장한 실례를 범하게 된다.

또한 빵은 수프나, 음료 등에 적셔 먹어서는 안 되며, 빵은 나이프나 포크를 사용하는 것이 아니라 반드시 손으로 한 입의 분량씩 떼어서 먹는 것이 가장 바람직하다. 단, 빵을 먹을 때는 버터나 잼이 함께 제공되는데 이때는 버터나이프를 사용하여 적당한 크기의 버터나 잼을 빵에 바르도록 하면 된다.

(3) 생선과 육류요리

생선(fish)요리는 머리 부분이 좌측, 꼬리부분이 우측방향으로서 레몬과 함께 제공된다. 먼저 포크로 머리를 누르고 나이프로 머리와 몸체를 분리시킨다. 그 다음에 꼬리를 자르고 아래위의 지느러미를 자른다. 그리고 잘려진 부위인 머리와 지느러미는 생선의 뒤쪽에 옮겨놓고, 절대로 생선을 뒤집거나 방향을 바꾸어선 안 된다. 따라서 앞쪽의 표면을 다 먹고 나면 뼈 사이에 나이프를 집어넣고 좌측에서 우측방향으로 나이프를 이동시키면서 뼈와 아래 부분의 고기를 분리시킨다. 분리된 뼈는 생선의 좌측과 우측의 빈자리에 가지런히 놓으면 된다. 만약 먹는 중에 뼈가 입에 들어가면 왼손으로 입을 가볍게 가리고 오른손의 엄지와 첫손가락을 입에 살짝 갖다 대며 뼈를 골라서 접시에 놓으면 된다.

생선을 먹을 때는 생선의 담백한 맛을 유지시키고 비린내를 제거하기 위해 레몬의 즙을 짜서 여러 군데 살짝 뿌리며 먹는다. 물론 레몬의 즙을 짤 때는 다른

사람에게 튀지 않도록 왼손으로 가리면서 오른손으로 부드럽게 짠다. 또한 생선요리와 조화를 이룰 수 있는 음료로는 화이트와인(white wine)이 가장 적합하다. 와인을 함께 곁들이는 이유는 입안의 지방(脂肪)을 씻어내어 위를 적당히 자극하여 새로운 미각을 돋구기 위해서이다. 따라서 새로 제공되는 요리를 맛있게 먹기 위해서 와인을 선택한다.

세계적인 와인은 프랑스에서 주로 생산된다. 프랑스의 보르도(Bordeau), 비건디(Burgundy), 샹파뉴(Champagne)지방은 프랑스와인의 3대 생산구역이다. 이 중에서도 비건디 지방은 화이트와인을, 보르도 지방은 레드와인을, 샹파뉴 지방은 샴페인을 대표적으로 생산한다.

와인은 반드시 서브되기 이전에 테스팅(testing)을 하게된다. 물론 와인 테스팅은 초대한 주인이 와인을 마시기 이전에 맛보기를 행하는 것으로서 이는 상식이 되었다. 즉, 와인의 향과 온도가 적당한지, 보관을 잘못하여 변질은 안 되었는지, 콜크(cork)마개의 찌꺼기가 침전이 안 되었는지 등을 주빈이 체크하는 것이다. 와인 테스팅은 글라스에 약 1/4성도 채워서 전천히 맛을 음미하면 된다. 주빈이 와인 테스팅 중 훌륭하다(good)라고 신호를 보내면 종사원은 주빈의 우측에 위치한 손님부터 차례대로 따르면 된다. 물론 와인 테스팅은 남성이 하는 것이 원칙이고, 만약 여성이 주빈이면 동석한 남성에게 테스팅을 의뢰하면 된다.

한편, 육류요리(main dish = entree)로서는 스테이크(steak)가 가장 일반적인데, 스테이크는 고기의 왼쪽을 포크로 누르고 오른손으로 나이프를 사용하여 세로방향으로 잘라서 왼손으로 먹는다. 그러나 고기를 잘라놓고 난 후, 포크를 오른손에 옮겨 잡고서 먹어도 무방하다. 스테이크는 접시의 바깥쪽에서 안쪽으로 나이프를 움직여서 자른다. 즉, 나이프를 앞쪽에서 바깥쪽으로 움직이며 자르면 안 된다. 육류요리와 가장 균형을 이룰 수 있는 것은 레드와인(red wine)이다.

(4) 샐러드와 디저트

샐러드(salad)는 메뉴구성에 따라 사이드 디쉬(side dish)로 제공될 수도 있고, 메인 디쉬(main dish)로 제공될 수도 있다. 샐러드는 육류요리에 없어서는 안 되는 것이며, 샐러드와 육류요리를 번갈아 가면서 먹는 것이 가장 이상적이다. 즉,

샐러드는 육류요리의 미각을 돋구며 냄새를 제거하는데도 일조를 한다. 이러한 역할로서 육류요리가 제공되기 이전에 샐러드가 먼저 서브되는데, 이때 사이드 디쉬(고객의 왼쪽부분 포크상단에 샐러드를 놓는 것을 말한다. 이때 종사원은 고객의 좌측에서 오른손으로 서브한다)로 제공되면 고객은 기다렸다가 육류요리가 제공되면 함께 곁들이면 된다. 그런데 메인 디쉬로 제공되면 고객은 샐러드를 먼저 먹고 난 후에 육류요리를 제공받아야 한다. 왜냐하면 메인 디쉬는 샐러드가 요리코스의 한 순서에 해당되는 것으로서 종사원이 고객의 오른쪽에서 오른손을 사용하여 고객의 정면 한 가운데에 샐러드를 서브하기 때문에 이것을 모두 픽업(pick up)해야 그 다음 요리인 육류요리가 제공된다.

디저트(dessert)는 그 날의 식사와 만남을 마무리하고 정리하기 위하여 정식요리의 마지막에 제공되는 것이다. 이때에도 음료가 제공되는데 마지막의 아쉬움과 다시 만날 날을 위하여 축배와 감사의 뜻으로 샴페인과 와인(port wine) 및 드라이한 알콜성 음료(증류주의 브랜디(brandy), 혼성주의 베네딕틴(benedictine), 꼬인트루(cointreau), 드람부이(drambuie) 등)가 보통 제공된다.

3) 테이블 매너 일반

(1) 칵테일과 글라스

차가운 음료의 칵테일은 일반적으로 목이 있는 글라스가 적당하다. 글라스의 종류는 수십 종류가 넘는데, 목이 있는 글라스와 목이 없는 글라스로 크게 나눈다. 목이 있는 글라스는 세 부분으로 구성되어 있는데, 입이 닿는 부분을 림(rim), 목 부분을 스템(stem), 밑바닥을 풋(foot) 또는 베이스(base)라고 부른다. 목이 있는 글라스는 반드시 스템을 잡고서 사용하거나 음료를 마실 때 잡으면 된다.

특히 여성에게는 부드럽고 순한 칵테일이 잘 어울린다. 밝고 여성에게 잘 어울리는 칵테일은 다이퀴리(daiquiri), 핑크 레이디(pink lady), 알렉산더(alexander), 맨하탄(manhattan), 싱가폴 슬링(singapore sling), 글래스 홉퍼(grass hopper) 등이 있다.

칵테일을 한 잔하고 난 후에 추가로 한 잔 더 권하거나 마시고 싶을 때는 먼저

마신 것과 같은 종류의 칵테일을 주문하는 것이 가장 바람직하다. 왜냐하면 칵테일은 이것저것 혼합해서 마시게 되면 빨리 취기가 올 수 있으며, 칵테일의 맛과 향이 서로 혼합되어 올바른 향과 기분을 맡을 수 없기 때문이다. 그리고 칵테일을 마실 때 제공되는 칵테일용 냅킨은 칵테일은 흔히 차게 해서 마시는 것이라 글라스의 표면에 이슬이 맺히기 쉬운데 이것을 닦으며 제거하기 위해서 사용된다. 따라서 칵테일용 냅킨으로 입술을 닦는다든지 일반 휴지용도로 사용하는 것은 바람직하지 못하다.

스템 글라스

(2) 테이블 착석과 기물 사용법

테이블에 앉을 때는 남녀노소를 막론하고 다리를 포개는 것은 교양이 없어 보인다. 또한 테이블에 착석하고 나면 손으로 얼굴, 머리, 귀, 코, 입술 등의 주위를 만지거나 손을 이리저리 움직이면 안 된다. 가령 포크나 나이프를 잡고서 테이블 위에 팔을 얹어 놓아서는 안 된다. 이용하지 않는 손은 항상 무릎 위에 가지런히 올려놓는 것이 가장 이상적인 테이블 매너이다.

테이블 위에는 많은 기물들이 각각의 용도에 맞게 세팅되어 있다. 일반적으로

좌석을 중심으로 세팅된 기물을 자세히 보면 정식요리의 순서대로 바깥에서 안쪽으로 향하면서 기물들이 순서대로 세팅되어 있다. 따라서 각각의 음식이 서브되면 바깥부터 차례대로 안쪽으로 향하면서 용도에 알맞은 기물을 선택하여 기물을 사용하면 된다. 만약 잘 모르거나 이해가 안 된다면 종사원에게 도움을 요청하면서 음식과 어울리는 기물을 차례대로 학습하면서 사용한다. 왜냐하면 잘 모르면서도 아는 척하여 자기주장대로 기물을 잘못 사용하게 되면 곧바로 음식과 균형이 맞지 않는 것을 알 수 있기 때문이다. 그리고 잘 모를 때 처음부터 정확하게 학습하여야 다음에는 스스로 테이블 매너를 올바르게 지킬 수 있기 때문이다.

테이블에서 식사를 하는 도중에 기물이나 냅킨 등을 실수로 바닥에 떨어뜨리게 되면 본인이 직접 줍지 말고, 종사원이 주워서 새것으로 교체하여 주도록 도움을 요청한다. 그리고 요리를 모두 먹게 되면 나이프는 바깥쪽, 포크는 안쪽으로 접시의 중앙에서 오른쪽 아래 방향으로 비스듬히 놓아두면 요리가 다 끝났다는 신호가 되기 때문에 종사원이 이것을 치운다. 이때 나이프의 칼날은 안쪽(자신방향)으로, 포크는 등을 밑으로 향하게 둔다. 만약 요리가 끝나지 않았더라도 이렇게 나이프와 포크를 놓게되면 요리를 다 먹었다는 신호가 되어 종사원이 오해를 할 수 있으니 주의해야 한다.

(3) 테이블 음식과 조미료 사용법

일반적으로 양식은 요리의 순서나 식기를 놓는 위치에 따라 특이하게 서브되고 세팅된다. 이것은 고객들이 가장 편리하게 음식을 먹을 수 있도록 오래 동안 검증된 것이기 때문에, 테이블에 음식이 서브되면 고객들이 위치를 다른 곳으로 이동시킨다든지 접시를 자기 마음대로 옮기면서 식사를 하면 안 된다. 즉, 종사원이 접시에 음식을 담아 테이블에 갖다 놓으면 접시를 움직이지 말고 그대로 둔 상태에서 식사를 하라는 것이다. 왜냐하면 세팅된 공간마다 음식의 순서에 따라 가장 이상적으로 접시를 갖다 놓을 수 있기 때문이다. 예를 들면 수프접시를 종사원이 pick up했다고 할 때 그 빈자리에 빵 접시를 가져다 놓고 먹는다든지, 샐러드를 종사원이 서브했는데 고객이 제멋대로 앞으로 당겨서 먹는다든지 하면 다른 요리가 제공될 때 공간이 없어 다시 접시를 치우고 서브를 해야 되

는 번거로움을 발생시킨다. 이렇게 되면 아주 민망스럽고 동행자에게 큰 실례를 범하게 된다. 또한 식사를 마치고 나면 종사원을 도와준다 생각하고 옆 사람의 접시와 자기접시를 포개는 것도 옳지 않다.

뿐만 아니라 음식을 먹다보면 조미료를 사용하게 되는데 기본적으로 소금(salt)과 후추(pepper), 겨자(mustard), 타바스코(tabasco) 등이 있다. 보통 요리는 주방에서 조미료가 적당하게 맞추어서 서브되기 때문에 음식 맛을 차분히 보지 않고 조미료를 먼저 찾는 것은 잘못된 방법이다. 소금과 후추의 구별은 흔히 겉모양이 같은 용기를 사용하기 때문에 구별이 잘 안될 때도 있지만, 통상 용기의 구멍이 하나인 것은 소금이고 구멍이 세 개인 것을 후추라고 생각하면 무난하다.

Chapter 05

호텔의 핵심부문별 특성과 실무

제1절 객실부문의 업무특성과 실무

1. 객실업무의 기본실무

1) 객실영업의 중요성

　호텔기업의 수익사업으로는 일반적으로 객실영업과 식음료영업, 기타 부대영업으로 크게 나눈다. 과거에는 객실영업이 호텔매출의 절반이상을 차지할 정도로 매우 중요한 수익역할을 담당하였다. 물론 지금도 호텔기업은 객실의 규모에 따라 호텔등급을 결정하고, 당연히 객실이 많으면 식음료영업장도 많을 뿐만 아니라 기타 부대영업장도 범위가 넓어진다. 따라서 호텔경영자는 어느 영업장 일부분만을 위하여 경영전략을 수립할 것이 아니라 전체 영업장을 조화롭게 조정할 수 있도록 골고루 관심을 가져야 한다.

　특히 객실은 호텔건물의 외관이나 규모, 전체적인 디자인, 영업스타일 등을 결정하는데 매우 중요한 구실을 한다. 즉, 호텔상품은 객실을 중심으로 해서 식음료와 부대시설이 판매되어 영업이 활성화되는 경우가 일반적이다. 객실고객은 투숙을 목적으로 하고, 이러한 투숙객은 부대영업장을 이용한다든지 식음료시설을 이용하는 경우가 많기 때문이다. 다시 말해서 객실판매는 객실의 수익

만으로 한정되는 것이 아니라 호텔의 영업수익 전반에 영향을 미치게 된다. 이처럼 객실에 투숙객이 많으면 호텔의 영업회전율이 전반적으로 향상이 되기 때문에 호텔사업에서 객실영업은 매우 중요하다고 할 수 있다.

2) 객실수익의 5대 영향요인

기업의 궁극적인 목적이 이익창출에 있듯이 호텔기업도 예외는 아니다. 특히 호텔기업의 객실상품은 내외적인 환경으로 인하여 상품판매에 중요한 영향을 받고 있다. 즉, 객실상품이 아무리 우수하고 만족스럽다 하더라도 고객이 그 상품을 선택하지 않으면 아무런 효용가치가 없기 때문이다. 이와 같이 호텔기업에서는 소비자의 선택속성을 매우 중요하게 파악하고 있어야 한다.

따라서 호텔기업의 객실수익에 중대한 영향을 미치는 5대 요인은 호텔의 위치(location), 시설(facilities), 서비스(service), 이미지(image), 가격(price) 등으로 제시할 수 있다.

(1) 위치

호텔기업의 객실영업은 무엇보다도 접근성이 용이하고, 교통이 편리하면서도 주변의 자연경관이나 휴식공간이 충분히 마련되어 있는 위치에 입지해야 한다.

(2) 시설

호텔기업의 시설은 전체적으로 고객들이 편안하고 쾌적하면서도 다양한 욕구를 충족시킬 수 있는 공간적 기능을 수행해야 한다.

(3) 서비스

호텔기업의 특징은 고객에게 물적 서비스와 인적 서비스를 동반하여 상품을 동시에 판매하는 동시판매성을 가지고 있다. 따라서 고객에게 상품을 판매하는 데는 절대적인 무형의 자산으로서 종사원들의 인적서비스 기술이 매우 중요한 요인이 된다.

(4) 이미지

호텔기업에 대한 이미지는 곧 고객이 그 기업에 대한 충성도로 평가되어 궁극

적으로는 수익창출에 지속적인 영향을 미치게 된다. 즉, 고객이 어떤 특정호텔에 대해 자연스럽게 인식되는 분위기, 가치, 브랜드 등은 그 호텔에 대한 전체적인 이미지로 지각되기 때문에 수익창출에 매우 중요한 요인이 된다.

(5) 가격

호텔의 가격은 소비자들의 호텔에 대한 선택속성에 있어서 항상 구성요인중의 하나로 연구되고 있다. 따라서 호텔상품의 가격은 소비자를 만족시켜주는 측정범위가 된다는 것이다.

3) 객실요금의 종류

호텔의 객실요금은 등급에 따라 원칙적으로 차이가 난다. 물론 객실의 형태나 영업전략에 따라 객실의 요금도 신중하게 책정해야 한다.

통상적으로 객실요금의 종류는 공표요금, 특별요금, 추가요금, 기타 요금 등으로 분류되는데, 세부적인 특징은 다음과 같다.

(1) 공표요금

공표요금(tariff)이란 호텔기업이 적정한 요금을 책정하여 공식적으로 행정기관에 신고를 한 후 공시하는 기본적인 객실요금을 말한다. 즉, 공표요금은 풀 차아지(full charge) 또는 풀 레이트(full rate)라고 하는데, 이는 할인이 안 된 정찰가격을 의미한다.

객실요금은 호텔의 등급과 지역 그리고 호텔의 위치에 따라 다소 차이가 나지만, 요금을 책정할 때에는 지속적이고 장기적인 전략을 가지고 신중하게 수립해야 한다. 보통 객실요금의 높고 낮음에 따라 마케팅계획과 고객의 수준도 다르게 나타난다.

(2) 특별요금

호텔은 원칙적으로 공표요금을 적용하고 있으나, 호텔기업의 경영전략에 따라 객실요금을 할인해 주거나 무료로 제공하는 경우가 있는데 이를 특별요금(special rate)이라 한다. 호텔사업은 환경에 따라 성수기와 비수기로 구분할 수 있고, 특히 휴양지호텔은 단체고객과 단골고객이 많다고 할 수 있기 때문에 상황에 따라 객실을 할인된 가격으로 판매할 수 있다. 그리고 호텔영업에 상당한 영향을 미친다고 판단되는 VIP고객 또는 특별고객(예 행사진행자, 기업체 연수담당자, 대형행사의 진행자 등)은 총지배인이 판단하여 무료로 객실을 제공하기도 한다.

이와 같이 특별요금은 무료요금과 할인요금이 있으며, 할인요금은 세부적으로 싱글요금, 계절할인요금, 상용요금, 단체할인요금, 가이드요금 등이 있다. 구체적인 특징은 다음과 같다.

① 무료요금

무료요금(complimentary = comp)은 호텔의 초청고객 또는 판매촉진을 목적으로 초청된 고객에게 객실을 무료로 제공한다는 것이다. 또한 호텔과의 약정에 의해 여행알선업자가 단체여행객을 안내하여 호텔에 투숙할 경우에는 그 인솔자의 객실요금을 무료로 적용하고 있다. 이러한 경우로서 일반적으로 단체여행객의 사용객실이 통상 15실 이상을 사용하게 되면 인솔자에게 객실 1실을 무료로 제공할 수 있다.

② 할인요금

- 싱글요금 : 우리나라 호텔의 객실요금제도는 투숙객에 대한 요금계산 방법이 아니라 객실에 대한 요금계산 방법을 적용하고 있다. 따라서 2인용 객실에 1명의 투숙객이 객실을 사용하여도 객실투숙객 수에 관계없이 객실

요금은 공표요금이 청구된다. 그러나 객실유형에 따라 규정된 투숙객 인원수보다 투숙객이 초과하면 초과요금을 청구하는 것이 원칙이다.

싱글요금(single rate)은 고객이 호텔의 싱글 룸을 예약하였지만, 호텔에서 갑자기 부득이한 사정이 발생되어 싱글 룸이 없을 경우에 고객에게 이해를 구하고 싱글 룸보다 더 좋고 비싼 가격의 더블 룸이나 우수한 다른 객실을 제공하는 경우가 있는데, 이때 호텔 측에서는 비록 예약된 객실보다 더 좋은 객실을 제공하였지만, 고객은 처음에 싱글 룸을 예약했기 때문에 당연히 객실요금은 싱글요금을 받게 되는 경우를 의미한다.

또한 호텔의 마케팅 측면에서 비수기에 가끔씩 발생되는 경우가 있다. 이것은 고객(예 단골고객, VIP고객, 특별고객 등)이 싱글 룸을 예약하였지만 당일의 객실 판매상황을 고려할 때 판매가능한 객실이 충분한 여유가 있다면, 호텔 측에서는 서비스 및 브랜드가치의 향상, 호텔이미지 향상, 단골고객의 지속적인 유치, 고객의 편의성 제고 등을 목적으로 당초에 예약된 객실보다 더 훌륭한 객실을 제공하고 요금은 처음에 예약된 것과 동일하게 싱글요금을 받게되는 경우이다.

- 계절 할인요금 : 호텔사업은 특성상 계절에 따라 성수기와 비수기가 완만하게 나타난다고 할 수 있다. 따라서 호텔사업은 성수기의 경영전략도 중요하겠지만 무엇보다 비수기의 극복을 위하여 영업활성화 계획을 지속적으로 추진하고 있으며, 이러한 결과 오늘날에 와서는 신상품 개발과 고객가치의 부응, 새로운 지식경영의 도입, 호텔시설의 고급화와 종합화 등에 힘입어 호텔경영의 효율성이 크게 향상된 것도 사실이다.

이러한 경영전략의 일환으로서 계절할인요금(season off rate)은 비수기에 호텔객실의 공표요금을 적정하게 할인해주는 요금이다.

우리나라는 대체적으로 비수기에 객실요금을 20~40%정도 할인해 주고 있으며, 기타 부대시설과 식음료 영업장에서도 고객지향적인 마케팅전략을 실시하고 있다.

- 상용요금 : 상용요금(commercial rate)은 호텔기업과 특정한 기업체, 회사, 기관, 여행사, 항공사 등은 상호간의 이익과 공동편의를 위하여 호텔의 시설(객실중심)을 이용하는데 일종의 계약에 의하여 공표요금을 상호간의

약정에 따라 일정하게 할인해주는 요금이다. 이렇게 되면 호텔 측은 연간 또는 일정한 기간까지 고정고객 및 단골고객을 유치하여 상품판매가 손쉽고, 계약된 업체들은 저렴하고 손쉽게 예약이 가능할 뿐만 아니라 각종 편의시설과 이용요금 등을 편리하게 처리할 수 있는 장점이 있다. 따라서 근래에 와서는 이러한 상용요금제도가 더욱 활성화되고 있다.

- 단체 할인요금 : 단체규모가 일정한 규모의 이상이 되었을 때 호텔 측에서 적용해주는 할인요금이다. 국제회의, 각종 대형단체 세미나, 학회행사, 수학여행 등의 단체행사가 호텔에서 개최될 때, 호텔상품을 일정한 범위 이상 사용하게 되는데 이때 단체할인요금(group discount rate)을 적용해주는 경우이다.
- 가이드요금 : 가이드요금(guide discount rate)은 여행안내자(tour guide) 또는 여행인솔자(TC ; tour conductor)가 여행객을 동반하여 호텔객실을 사용할 때 적용되는 요금제도인데, 통상적으로 여행객 15명 이상을 안내할 때 인솔자는 호텔의 객실과 식사를 무료로 제공받는 경우가 일반적이다.

(3) 추가요금(additional charge)

① 초과요금

초과요금(over charge)이란 호텔에서 규정된 체크아웃 시간을 초과할 때 청구되는 요금이다. 호텔의 공식적인 체크인 시간과 체크아웃 시간은 당일 12시 정오부터 익일 12시까지이다. 우리나라의 호텔에서는 일반적으로 체크아웃 시간을 기준으로 오후 3시까지는 30%, 5시까지는 50%, 6시 이후에는 100%에 해당되는 초과요금을 부과하는 것이 원칙이지만, 호텔의 영업상황과 당일의 객실판매 상황 그리고 고객의 충성도에 따라 다소 상이하게 적용하는 경우가 많다.

② 미드나이트 차지

미드나이트 차지(midnight charge)는 고객이 호텔객실을 예약하였지만 항공기의 이상, 교통통제, 기상악화, 개인적인 사정 등에 의해 호텔의 도착이 익일 새벽이나 아침이 되었을 때도 고객은 전날에 객실을 사용하지 않았지만, 호텔에서는 그 고객의 숙박을 위하여 객실을 판매하지 못하고 계속 공실(空室)을 유지하였으므로 그 객실요금이 정상적으로 청구된다는 것이다.

③ 홀드 룸 차지

홀드 룸 차지(hold room charge)가 발생되는 경우는 다음과 같다.

첫째, 단기투숙객이 개인적인 사유로 인하여 호텔객실에 수하물과 소지품을 그대로 남겨둔 채 투숙하지 않고 외박을 했을 경우에 발생되는 요금으로서, 이러한 경우에도 객실요금은 당초에 예약된 요금이 정상적으로 청구된다.

둘째, 고객이 호텔객실을 예약해 놓고, 호텔 측으로부터 체크인 당일저녁 늦게까지 객실을 예정대로 사용하겠다고 확인약속을 하였으나, 갑자기 급한 사정이 발생되어 사전 동의 없이 호텔객실을 사용하지 못했을 때, 호텔 측은 그 고객을 위하여 객실판매를 하지 않고 공실(空室)을 유지하였으므로 당초에 예약된 객실요금을 청구한다는 것이다.

실제로 이러한 일이 가끔씩 발생되고 있기 때문에 호텔 측은 판매 전략을 효율적으로 운영하되, 프런트의 야간근무자는 체크인 당일저녁 늦게까지 고객이 체크인을 하지 않았다면 개인고객에게 세밀히 컨펌(confirm)을 해야되며, 만일 고객과 연락이 안 되면 당직지배인에게 즉각 보고하여 신속한 조치를 행하여야 한다. 그리고 그 개인고객과 연락이 된다면 반드시 지불보증(guaranteed)을 받을 수 있도록 조치를 취한다.

(4) 기타 요금

① 분할요금

분할요금(part day charge＝part day use＝day use)은 주간에 객실을 사용할 때 시간당 요금이 청구되는 형식으로서, 이러한 요금형식은 호텔객실의 판매회전율을 증가시켜 수익증대를 목적으로 실시되고 있다. 이는 휴양지의 온천지구나 교외지역, 공항이나 철도역 근처, 비즈니스의 중심가 등의 위치에 근접한 단기 체재형 호텔에서 많이 이루어지고 있다.

② 취소요금

취소요금(cancellation charge)은 호텔상품을 예약한 고객이 개인적인 사정에 의하여 당일 또는 사용되기 이전에 예약된 호텔상품을 취소할 때 발생되는 요금이다. 이는 호텔상황에 따라서 효율적인 운영전략이 필요할 것이나, 실제로

는 취소요금을 부과하기 위해서는 우선적으로 지불보증이 되어 있어야 되겠고, 이 경우에서는 규정된 약관에 따라 업무를 처리하면 된다.

③ 패밀리 플랜

패밀리 플랜(family plan)이란 호텔이 부모와 함께 동행한 14세 미만의 어린이에게 엑스트라 베드(extra bed)를 제공해 주면서도 엑스트라 베드 차아지(extra bed charge)를 청구하지 않는 것을 말한다.

④ 하우스유스 룸

하우스유스 룸(house use room)이란 호텔의 공적인 업무를 위하여 호텔종사원이 객실을 사용하게 될 경우가 있지만 객실요금이 청구되지 않는 경우를 말한다.

⑤ 호스피텔러티 룸

호스피텔러티 룸(hospitality room)이란 호텔을 이용하는 고객들의 편의성 제고를 위한 것으로서 단체행사에 사용 할 수화물을 객실에 임시적으로 잠시 보관을 한다던가, 고객(결혼식, 회갑연, 세미나, 이벤트행사 고객 등)의 의상 등을 잠시 갈아입을 수 있도록 객실을 제공할 경우를 말하는 것으로서 객실요금은 청구되지 않는다.

⑥ 업 그레이딩

업 그레이딩(up grading＝up grade)은 고객이 예약한 등급의 객실보다 더 우수한 객실을 제공받게 될 때 호텔에서는 당초에 예약된 객실요금을 청구한다는 것이다. 이것은 두 가지의 경우가 있다.

첫째, 호텔 측의 사정으로 인하여 고객이 원래 예약한 객실에 문제가 생겨 동급의 객실판매가 이미 완료되어 더 우수한 상급의 객실을 불가피하게 제공해야 할 때로서 객실요금은 원래 예약된 가격을 받아야 한다.

둘째, 판매가능한 객실의 여유가 충분할 때 고객의 호텔에 대한 이미지를 강화시키기 위하여 예약된 객실보다 더 우수한 시설과 전망이 좋은 객실을 제공함으로써 고객의 충성도를 높일 수 있는데 객실요금은 원래의 예약된 가격을 받게 되는 경우이다.

⑦ 다운 그레이딩

이것은 업 그레이딩과 상반되는 경우를 말하는 것으로서, 이러한 경우에 호텔 측이 고객에게 다운 그레이딩(down grading＝down grade)이 된 객실의 실제요금을 청구하게 되는 것을 말한다. 즉, 호텔 측이 특별한 사정에 의해 고객에게 당초에 예약을 신청한 객실보다 가격과 등급이 낮은 객실을 제공하고 실제로 제공된 객실요금을 청구하는 경우인데, 이럴 때 호텔 측은 고객의 기분이 불쾌하지 않도록 특별한 사정을 충분히 설명하고 이해를 반드시 구해야 한다.

4) 경영방식에 따른 숙박요금제도

호텔의 경영방식에 따른 숙박요금제도는 객실요금과 식대요금을 어떤 형식으로 분리하여 숙박형태를 구분하는 것인데, 이것은 미국식, 유럽식, 대륙식, 수정미국식, 혼합식 요금제도가 있다. 그 구체적인 특징은 다음과 같다.

(1) 미국식 요금제도

미국식 요금제도(AP; american plan)는 객실요금에 아침, 점심, 저녁의 식사요금이 모두 포함되어 있는 경우를 말하며, 이는 풀 빵숑(full pension)이라고도 한다. 특히 미국처럼 광범위한 국토에서는 호텔의 인근지역에 식당시설이 드물거나 멀리 떨어진 경우가 있는데, 이러한 한계를 극복하고자 미국에서 유래된 경영방식이다. 하지만 최근에 와서는 고객의 선호도가 매우 다양하고, 고객욕구가 매우 중요하게 반영되며 그리고 호텔주변에 다양한 편의시설이 골고루 갖추어지는 추세이기 때문에 이러한 제도를 적용하는 호텔은 찾아보기 어렵다.

(2) 유럽식 요금제도

미국식 요금제도는 고객의 다양한 선택권을 제한하였기 때문에 단점이 많았으며, 이를 보완하고자 유럽에서는 고객의 다양한 욕구를 충족시키고자 객실요금과 식대를 완전히 분리하는 유럽식 요금제도(EP; european plan)가 도입되었다. 이러한 유럽식 요금제도는 객실요금과 식대를 별도로 구분하는 것으로서 고객이 식사를 선택하고 이용요금만 지불하면 되는 것이다.

이는 오늘날 우리나라에서도 많은 호텔들이 이러한 경영방식에 적용하고 있

다. 그런데 우리나라에서는 호텔경영의 효율성 제고와 경영성과 달성을 위하여 리조트호텔 또는 상용호텔에서 고객지향적인 마케팅 컨셉의 일환으로 상용고객, VIP고객, 휴양고객 등에게 간단한 아침식사를 제공하는 대륙식 요금제도(CP; continental plan)를 적용하기도 한다. 또한 유럽에서는 유럽식 요금제도와 대륙식 요금제도를 경영방식에 혼용하여 적용하고 있다.

(3) 대륙식 요금제도

대륙식 요금제도(CP ; Continental Plan)는 리조트지역과 관광성수기에 흔히 적용하는 경영방식으로서, 객실요금에 아침식사(CBF ; Continental Breakfast)가 포함되는 제도를 의미한다. 즉, 객실요금에 간단한 아침식사를 제공함으로써 고객의 편의성을 제고하고 그리고 호텔 측에서는 고객이 호텔 내에서 식사를 하게 되어 수익창출이 가능하고 궁극적으로는 경영성과 달성을 위한 경영방식이다.

한편, 객실요금에 미국식 아침식사(ABF ; American Breakfast)가 포함될 경우를 흔히 버뮤다 요금방식(BP; bermuda plan)이라고 구분하기도 한다. 우리나라의 대표적인 휴양지역인 제주, 경주, 부산해운대, 강원, 기타 산간 휴양지역에서도 이러한 대륙식 요금제도를 적극적으로 도입하여 경영방식에 효율적으로 활용하고 있다. 특히 관광의 성수기에는 많은 호텔들이 이 제도를 활용하여 호텔경영의 이익창출에 도움이 되는 패키지상품을 적극 개발하여 판매하고 있다.

(4) 수정미국식 요금제도

미국식 요금제도의 단점을 수정하여 객실요금에 3식대 중 2식대만 포함시킨 경영방식이다. 식대는 통상적으로 미국에서는 아침과 저녁식대를 유럽에서는 아침과 점심 또는 저녁식대를 고객이 선택한다. 수정미국식 요금제도(MAP ; Modified American Plan)는 데미 빵숑(demi-pension), 세미 빵숑(semi-pension), 혹은 하프 빵숑(half-pension)으로 불리기도 한다.

(5) 혼합식 요금제도

혼합식 요금제도(DP ; Dual Plan)는 미국식(AP) 혹은 유럽식(EP)의 요금방식 중에서 고객이 한 방식을 택일하는 경우를 의미한다. 이 경우는 대체적으로 단

체행사나 기업세미나, 특정행사 등 고객의 편의성을 위하여 도입된 혼합식 경영방식이다.

2. 객실요금의 결정방법

호텔의 경영성과 달성을 위한 중요한 요인 중의 하나는 객실요금을 어떻게 결정하는가 이다. 특히 호텔사업은 객실회전율에 따라 손익분기점이 결정될 만큼 요금결정이 매우 중요하다.

본 교과에서는 문헌연구에 따라 객실요금 결정방법을 비공식적 접근법(informal approach)과 회계학적 접근법(accounting approach)으로 구분하여 학습하도록 한다.

1) 비공식적 접근법(informal approach)

(1) 직관적 가격결정법

직관적(直觀的) 가격결정법은 적정한 판단력과 객관적인 수요예측에 근거하여 객실가격을 결정하는 방법이다. 즉, 가격이 가장 합리적이고 적합할 것이라는 심리와 기대감에 의해 책정되는 것이지만, 책정된 객실가격이 영업비용과 투자비용을 충분히 고려해서 장기적으로 수익창출을 효율적으로 기대하지 못하는 위험요소가 발생할 수도 있다.

(2) 경쟁적 가격결정법

경쟁적(競爭的) 가격결정방법은 유사하거나 동일한 등급의 경쟁호텔을 기준으로 하여 객실가격을 결정하는 가격결정법이다. 그런데 이 방법은 경쟁기업과의 비교분석에서 구조적 자본이 동일하다고 할지라도 인적자본의 수준은 다르게 나타날 수도 있기 때문에 장기적으로 만족할 만한 기대이익을 창출하지 못할 수도 있다. 즉, 각 호텔에서 제공하는 서비스, 위치, 이미지, 시설 등이 비슷한 수준이라면 이러한 가격결정법은 기업환경에 알맞도록 조정하면서 적용이 가능할 것이다.

오늘날 국내·외적으로 새롭게 개관되는 후발업체의 호텔에서는 브랜드의 가치나 이미지에 따라 다소 가격이 다르게 채택되는 경우도 있지만, 대체적으로 경쟁적 가격결정법을 선호하고 있는 실정이다.

(3) 시험적 가격결정법

시험적(試驗的) 가격결정법은 적정한 시험기간을 정한 다음에 이 기간에 시험적으로 객실가격을 정해놓고 판매활동을 시도해 본 후 적정하다고 판단되는 가격을 정하는 방법이다. 이러한 방법은 최대의 부분별 이익산출과 최적합 가격을 예측하기 위해서는 지속적으로 판매활동을 하면서 가격을 올리거나 내리게 되는 조정작업이 필요하기 때문에 고객반응이 어떠한 시점의 가격을 무의식중에 인식하게 되면 그 이미지나 평가가 오래 동안 지속된다는 장·단점이 동시에 공존한다. 즉, 가격이 저렴할 때 지각되는 호텔의 이미지와 가격이 높을 때 지각되는 호텔의 이미지가 서로 다르게 나타날 수 있기 때문이다.

(4) 선두기업 가격결정법

선두기업(先頭企業) 가격결정법은 가격시스템이나 가격정책 방향이 호텔업체의 선두적인 기업에 의하여 여타 호텔들이 선두기업이 책정한 가격에 영향을 받아 가격을 결정하는 방법으로서 경쟁적 가격결정법과 유사한 면이 있다.

(5) 심리적 가격결정법

이 방법은 호텔관리자가 고객이 어떠한 가격정도에서 만족하게 될 것이라는 심리상태를 파악하여 객실가격을 결정하는 방법으로서, 호텔의 입지, 시설, 서비스, 분위기 등이 소비자의 욕구충족에 어느 정도 기여하게 되는가에 따라 느끼는 심리적 감정이 다르게 나타날 수도 있기 때문에 가격결정을 하는 데는 위험요소가 있다.

2) 회계학적 접근법(accounting approach)

(1) 호워드 방법

호워드 방법(Horwath method)은 1930년대 초반 호워드 앤 호워드(Horwath &

Horwath)호텔회계 법인이 그 당시에 Palmer House라는 호텔사업에 처음 적용하면서 사용된 가격결정법이다.

이것은 객실당 총 공사비의 1/1,000이 일평균객실료가 된다는 것이다. 예를 들면, 이 방법은 호텔을 신축할 당시에 소요되는 객실당 평균비용이 $100,000라고 가정을 하면, 객실당 평균요금은 $100가 된다는 계산으로서, 1960년대 말까지 적용을 하였으나, 최근에 와서는 호텔의 변화흐름이 고급화, 종합화, 대형화로 환경이 급격히 변화되면서 호텔의 경영정책도 바뀌어 이 방법은 대부분의 호텔에서 사용하지 않고 있다.

(2) 로이 휴버트 방법

로이 휴버트 방법(Roy Hubbart method)은 1940년대 후반 Roy Hubbart가 주도하였던 미국의 호텔·모텔업협회(AHMA; american hotel & motel association)에서 처음으로 개발한 이래, 1960년대 후반부터 각 호텔에서 본격적으로 채택하기 시작하였다. 또한 1970년대 후반부터 우리나라의 호텔기업에서도 이 방법을 도입하였으며, 특히 오늘날 대부분의 호텔기업에서는 과학적이고 타당성이 인정된 Hubbart방법과 경쟁적 또는 선두기업 가격결정법을 복합적으로 혼용하여 적용하고 있는 실정이다.

이것은 호텔기업에서 목표이익을 달성하고자 객실매출원가, 기타 부문이익, 영업비 및 자본을 추정하여 평균 객실요금을 산출하는 방식이다. 즉, 예상되는 객실점유율과 희망하는 투자회수율을 사전에 미리 추정·책정하여 호텔기업의 사업계획을 역산해서 평균 객실요금을 산출한다는 것이다. 물론 간계 행정당국에서 가격의 상한선과 하한선을 물가정책과 국제경쟁력 강화를 위해 적정요금을 권장·통제하여 왔던 것이 사실이나, 이제부터는 완전히 자율적인 시장 경쟁원리에 맡기고 있다.

이와 같은 로이 휴버트 방법을 〈표 5-1〉에서 예시와 같이 설명하고 있다.

표 5-1 휴버트 방법의 객실요금 산출방법

구　분	비　율	금　액
㉠ 객실부문 총원가		30,000,000,000원
㉡ 총 객실 수		500실
㉢ 연간 판매가능 객실 수	365일×500실	182,500실
㉣ 연간 평균 공실(空室)수 (연평균객실점유율 70%책정)	30%	54,750실
㉤ 연평균 총 판매객실 수	70%	127,750실
㉥ 일평균 점유 객실당 객실요금		234,834원(㉠÷㉤)
㉦ 연평균 객실점유율 75%일 때 일평균 점유 　객실당 객실요금	182,500×0.75＝ 136,875실	219,178원
*휴버트 방법은 연평균 객실점유율을 미리 책정함 *일반적으로 연평균 객실점유율이 70%이상이 되면 영업이익이 발생하는 것으로 평가함		

(3) 수용률에 의한 객실가격 결정법

이 방법은 연간 총 객실 비용과 수용률로서 평균 객실요금을 계산하는 방식이다. 단, 연간 총 객실 판매비용에 따른 예산책정은 사전에 미리 책정한 값이다.

다음과 같이 구체적인 방법은 예를 들어 설명한다.

- 총 객실 수 : 200실

- 예상 평균 객실 요금 : 100,000원

- 연간 총비용 : 5,120,000,000원

- 1일 총 비용 $= \dfrac{연간총비용}{365일} = \dfrac{5,120,000}{365일} ≒ 14,000,000원$

- 수용률 $= \dfrac{1일 총비용}{예상평균객실요금×총객실수} = \dfrac{14,000,000}{100,000×200} ≒ 70\%$

위에서 살펴보는 것처럼 연간 총비용은 예산에 의해 미리 책정된 금액이며, 만약 목표달성을 위하여 객실요금을 100,000으로 책정을 하였다면 객실판매 수용률은 최소한 70%이상을 유지해야 한다는 것이다.

3. 호텔객실의 유형별 종류와 특징

호텔의 객실은 침대의 종류, 개수, 형태에 따라서 그리고 객실면적의 크기와 가구의 질에 따라 객실의 유형과 가격이 서로 다르다. 또한 객실의 위치에 따라서도 그 명칭이나 가격이 다를 수가 있다.

특히 근래에 와서는 호텔의 고급화가 빠르게 추진되고 있으며, 이에 따라 고객들은 호텔에 대한 선택속성이 매우 다양하게 나타나고 있기 때문에, 호텔의 객실유형도 변화되고 있는 추세이다. 이처럼 고객의 다양한 욕구와 비즈니스의 증가로 인하여 비즈니스 전용객실(business room), 인터넷 룸(e-room), executive floor 객실과 no smoking floor 객실까지 등장하고 있는 추세이다.

호텔객실을 유형별로 살펴보면 다음과 같은 종류가 있다.

1) 객실의 기본적인 종류와 특징

(1) single bed room

객실에 1인용 침대 1개가 투입되어 한 사람이 투숙할 수 있는 객실을 말한다. 이는 보통 1인용 객실에 욕조와 샤워시설을 갖춘 객실을 의미하며, 싱글베드 룸 또는 싱글 룸이라고 부른다.

싱글 룸의 면적에 대한 최소의 규정은 13㎡ 이상이어야 한다.

(2) double bed room

싱글베드(single bed)보다 약 1.5~2배정도 더 큰 한 개의 침대에 두 사람이 동시에 사용할 수 있는 하나의 객실을 말한다. 이는 부부용으로 가장 적합한 유형의 객실로서, 더블베드 룸 또는 더블 룸으로 불린다.

더블 룸의 면적에 대한 최소의 규정은 19㎡ 이상이어야 한다.

(3) twin bed room

1인용 침대(single bed)가 한 객실에 2개 투입되어 두 사람이 별개의 침대에서 한 객실에 투숙할 수 있는 객실을 말한다. 이는 친구사이나 동료끼리 사용하기에 적합한 객실로서, 트윈베드 룸 또는 트윈 룸으로 불린다.

트윈 룸의 면적에 대한 최소의 규정은 19㎡ 이상이어야 한다.

(4) triple bed room

이것은 한 객실에 세 사람이 투숙을 해야될 때, 트윈 룸에 보조침대(extra bed) 한 개를 더 투입하여 동시에 세 사람이 각각의 침대에서 투숙할 수 있는 객실을 말하며, 이는 트리플베드 룸 또는 트리플 룸이라 불린다. 그런데 최근에 와서는 2~3명이 동시에 투숙하는 경우가 많아져서 — 호텔마다 다소 차이가 있겠지만 — 보조침대 대신에 처음부터 싱글베드 3개를 투입하여 객실경영을 하는 호텔들이 많아지는 추세이다. 이러한 이유는 무엇보다도 보조침대를 사용하게 되면 고객의 잠자리가 불편하기 때문에 객실의 유형을 처음부터 3인용으로 설비한다는 것이다.

트리플 룸의 면적에 대한 최소의 규정은 19㎡ 이상이어야 한다.

(5) studio bed room

이 객실은 변형이 가능한 객실로서 주간에는 침대를 변형, 조작하여 쇼파(sofa)로 사용하고 야간에는 침대로 변형하여 사용이 가능한 객실을 말하며, 이는 스튜디오베드 룸 또는 스튜디오 룸으로 불린다. 이러한 유형은 비즈니스 고객들의 편의를 위해 설비된 객실이지만, 최근에 오면서 그 기능이 점차적으로 약화되고 고객의 선호도가 줄어드는 추세이다.

(6) suite room

스위트 룸은 일반적으로 고급스러운 객실로서 그 면적이 넓고 응접실과 소회의실 등의 기타 설비가 차별화 된 객실을 말하며, 흔히 특실(special room)이라고 부른다. 물론 이 객실은 호텔의 등급과 위치, 규모, 시장상황, 경영환경, 호텔의 브랜드 등에 따라서 매우 큰 차이점을 나타내고 있으며, 또한 그 가격의 차이도 매우 크게 나타난다. 그리고 호텔마다 특실 고유의 객실명칭을 사용하고 있는데, 이것은 그 호텔의 자존심이나 이미지를 대신하는 것으로도 전해지고 있다. 예를 들면 프레지던트 룸(president room), 왕자(prince), 국왕(royal), 장미(rose), 임페리얼 룸(imperial room) 등의 명칭을 사용하여 그 호텔의 명예를 지키는 경우도 있다.

스위트 룸의 면적에 대한 최소의 규정은 26㎡ 이상이어야 한다.

(7) ondol room

온돌 룸(ondol room)은 순수한 한국식 온돌 방을 말한다. 우리나라의 호텔에서는 일정한 분량의 구성 비율로 온돌 객실을 설비하여야 한다. 이러한 온돌 객실은 룸 메이드(room maid)가 객실을 정비히는데 양실보다 많은 시간과 노력이 필요하다. 통상적으로 룸 메이드가 양실을 정비하는 데는 1일 14~16실이 가장 적합하나, 온돌 객실정비는 1일 12~14실 정도가 적합하다고 할 수 있다. 따라서 호텔의 경영전략에 따라 다소의 차이는 있겠으나, 전체객실 수에서 온돌이 차지하는 비율은 약 10%정도가 되는 것을 알 수 있으며, 그 면적은 최소 19㎡ 이상이어야 한다.

2) 객실배치에 따른 종류와 특징

(1) 아웃사이드 룸

호텔건물을 중심으로 주변경관이 아름답고 외부전망이 잘 보이는 방향에 배치된 객실을 아웃사이드 룸(out side room)이라고 말한다. 호텔이용객들은 대부분 전망이 좋고 아름다운 주변경관을 선호한다. 따라서 대부분의 호텔에서는 똑같은 객실일지라도 객실의 배치에 따라 다소 가격을 차등적으로 적용하고 있다.

(2) 인사이드 룸

인사이드 룸(in side room)은 아웃사이드 룸과 반대적인 위치에 배치된 객실을 의미한다. 즉, 호텔의 주변경관과 외부전망이 좋은 방향이 아니라 그 반대편의 방향에 배치된 객실로서, 아웃사이드 룸보다 객실가격이 다소 저렴한 편이다.

(3) 커넥팅 룸

커넥팅 룸(connecting room)은 하나의 대형객실 내에서 방(room)과 방(room) 사이에 서로 왕래할 수 있도록 통용문이 있는 객실을 의미한다. 이 객실은 많은 인원이 하나의 객실에 투숙을 해야 될 때 적합한 형태의 객실로서, 대가족여행이나 친목단체와 같은 단체여행에 적합하도록 설비되어 있다.

예를 들어 A호텔의 9층에 객실복도를 기준으로 전면방향 25개(901호~925호)와 후면방향 25개(926~950)의 전체 50개의 객실이 있다고 가정하자. 그 중에서 949호와 950호는 객실로 출입하는 현관문을 하나로 변형하여 주출입구 한 개의 객실로 설비하면서, 객실과 객실사이에 서로 왕래할 수 있도록 개폐식(미닫이) 문을 만들게 되면 커넥팅 룸이 된다.

(4) 어조이닝 룸

어조이닝 룸(adjoining room)이란 호텔객실의 한 방향으로 서로 인접하여 분포된 객실을 의미한다. 이것은 커넥팅 룸과는 완전히 다르며, 객실과 객실 사이에는 통용문이 없지만 같은 방향으로 나란히 연결된 객실을 말한다. 이러한 객실의 형태는 단체행사, 기업체연수, 수학여행 등의 고객들이 이용하기에 적합하도록 배치된 객실로서, 호텔 측은 이들이 소란스럽거나 빈번하게 객실복도를 왕래하는 경우가 많기 때문에 어죠이닝 룸 형태의 객실 층에 한꺼번에 객실배정을 하는 것이 유리하다.

 ## 제2절 객실부문의 조직과 업무특성

호텔기업은 등급별, 특성별, 영업장 배치별, 경영전략의 구축에 따라 경영조직은 다소 차이가 있을 수 있으나, 일반적으로 객실부문의 조직을 분류하면 다음과 같다.

객실부문을 크게 분류하면 객실영업부(현관·객실부)와 객실정비부(하우스키핑)로 구분하고, 객실부문 편제(編制)에 당직지배인을 소속시키는 경우가 있다.

객실영업부를 세부적으로 분류하면 프런트오피스(front office)와 현관서비스(유니폼서비스 ; uniformed service) 그리고 교환 서비스(operator service)로 구분하고, 객실정비부는 하우스키핑(housekeeping)과 하우스맨(houseman) 그리고 세탁 서비스(laundry service)로 구분한다.

한편, 〈그림 5-1〉과 같은 객실부문의 조직은 가장 일반적인 부문을 대표하는 것이고, 각 부문에 대한 명칭은 호텔의 특성과 관리자의 경영전략에 따라서 조금씩 다르게 불리는 부분도 있다. 그리고 일반적으로 당직지배인은 객실부문에 편제(編制)되는 경우도 있으나, 호텔의 규모가 클수록 당직지배인은 그 권한과 임무가 막중하여 총지배인의 직속부문에 편제되는 경우가 많다.

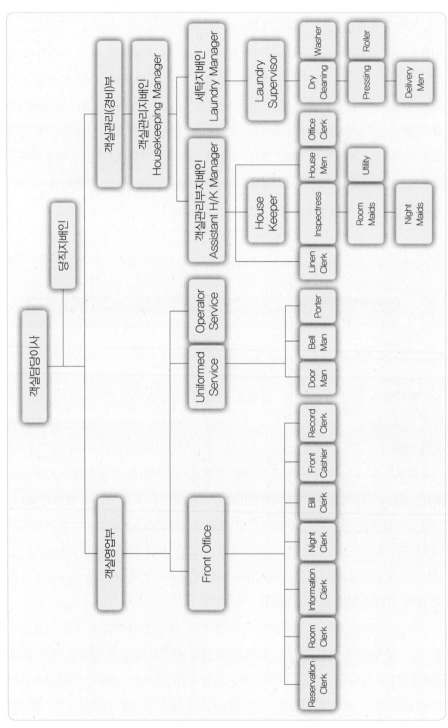

🔅 그림 5-1 객실부문 조직도(대규모 특급호텔 기준)

1. 당직지배인의 기본업무

1) 당직지배인의 기본

당직지배인(DM ; Duty Manager)은 야간에 호텔운영에 관한 제반사항을 총괄적으로 관리·감독하는 책임자이다(주간의 총지배인과 같은 업무). 이와 함께 고객에 관한 제반업무의 처리, 불평불만의 접수 및 해결, 호텔의 안전관리, 재산관리 등의 중요한 업무를 수행하는 자로서, 대규모 호텔에서는 4~6명의 당직지배인을 배치하여 3교대로 운영하기도 하고, 야간에만 격일제로 운영되기도 한다. 또한 중·소규모의 호텔에서는 2~3명의 당직지배인이 배치되어 야간근무만 담당하게 된다.

호텔의 조직도에서 당직지배인의 소속을 보면 호텔의 경영방침에 따라 다소 차이가 나타나지만, 대부분은 당직지배인의 권한을 강화시키기 위하여 총지배인의 직속부문에 배치하고 그 직급을 상위직급으로 승격시킨다. 그러나 객실부문에 소속되는 경우도 있는데, 이 경우에서는 객실부문 총책임자(부장)의 하위직급으로서 그 권한이 다소 미약하다고 할 수 있다. 이렇게 되면 당직지배인은 각 영업장의 총책임자보다 하위직급일 경우가 많으며, 객실부문 총책임자의 지시와 통제를 받게 된다.

이상과 같이 당직지배인은 호텔의 모든 간부 직원들이 퇴근하여 익일 출근할 때까지 야간의 총책임자로서 총지배인의 직무와 권한을 대행한다. 이처럼 당직지배인은 각종 업무에 대하여 책임감을 가져야 하고, 고객의 안전관리와 호텔의 재산보호를 최우선으로 한다.

2) 당직지배인의 업무특성

- 당일의 VIP고객영접과 단체고객의 특징을 철저히 파악
- 고객 불평불만의 신속한 조치
- 호텔의 청소상태 관리감독
- 효율적인 에너지 관리감독
- 반복적으로 각 영업장을 순회하여 이상유무의 확인 및 감독

- 엘리베이터 운행의 조정과 통제
- 현관의 주차질서 조정과 통제
- 경비요원의 철저한 감독과 업무지시
- 야간근무자의 지휘 및 감독
- 긴급사태의 신속한 처리
- 마스터 키 및 비상키의 철저한 열쇠관리
- 당직일지 작성과 근무 중 이상유·무를 철저히 보고하고 퇴근
- 야간차량 운행의 관리감독
- 불량고객의 신속한 조치
- 긴급사태를 대비하여 철저한 비상연락망 유지
- 호텔의 재산보호
- 각 영업장의 안전장치 확인감독
- 영업장 마감과 익일 영업장 오픈(open)의 감독
- 영선, 방재, 기계실 등 안전관리부서의 관리감독
- 고객의 안전보호

2. 객실 영업부문(현관·객실부)의 기본과 업무특성

객실 영업부를 세부적으로 분류하면 현관서비스(유니폼 서비스 ; uniformed service)와 프런트오피스(front office)로 구분한다. 이는 호텔의 특성과 규모에 따라 각 부문별 명칭도 다소 차이가 나타날 수 있으나, 이 장에서는 최근에 와서 가장 보편적이면서 실무적으로 널리 사용되고 있는 명칭을 사용하여 설명한다.

1) 현관서비스의 기본과 업무특성

(1) 현관서비스의 기본

호텔에 있어서 현관부문은 고객을 최초로 만나는 동시에 최후로 고객을 영송(迎送)하는 공간이다. 따라서 현관부문은 고객에게 최상의 서비스와 편의를 제공하기 위하여 호텔입구와 현관주변의 로비(lobby)에서 고객에게 영접과 환송

을 담당하는 것을 말한다. 그리하여 이러한 서비스를 담당하는 종사원이 호텔의 얼굴로 상징되는 최고의 제복을 착용한 상태에서 서비스에 임한다고 하여 일명 유니폼서비스(uniformed service)라고도 불린다.

이들은 현관로비에서 고객의 입숙(check in)과 퇴숙(check out)을 도와주고, 고객의 불평불만을 접수 및 해결한다. 또한 현관부문은 호텔의 경영진과 고객과의 커뮤니케이션 연결, 관계되는 부서와의 유기적인 연락 등을 통해 고객서비스를 조정한다. 뿐만 아니라 호텔의 현관로비에서 고객의 원활한 소통과 혼란스러운 공간의 조정과 통제를 담당하는 교차로의 교통경찰과도 같은 역할을 한다. 따라서 현관부문은 고객을 위한 각종 정보자료의 완벽한 준비와 고객의 요구에 항상 대응할 수 있는 업무능력이 요구된다.

이상과 같은 여러 업무를 종사하는 현관부문에서는 도어맨(doorman), 벨맨(bellman), 엘리베이터 서비스(elevator service), 체크룸 서비스(checkroom service: 클록룸 서비스 ; cloakroom service) 등으로 구분되어 업무가 이루어진다.

(2) 현관서비스의 업무특성

호텔 현관부문의 종사원은 호텔현관의 주변환경과 분위기를 우호적으로 조성해야 하고, 유니폼서비스를 수행하는 종사원으로서 예의와 친절, 표준말의 사용, 정확한 업무능력과 올바른 상황판단 등의 지식이 요구된다. 이들의 직무수행은 고객과 호텔간의 상호관계를 밀접하게 지속시켜 주고, 궁극적으로는 호텔의 각 영업장 매출과 이익달성을 촉진하는데 중추적인 기능을 담당하고 있다. 따라서 현관부문을 중추적으로 담당하는 주요직무의 업무내용을 소개하면 다음과 같다.

① 현관지배인

현관지배인은 현관부문의 모든 업무를 지휘·감독하는 총책임자로서, 일반적으로 호텔기업은 프런트오피스 지배인이 이 업무를 병행하여 수행한다.

물론 각 호텔마다 그 명칭과 직책이 다소 차이가 있으나, 통상 현관지배인은 프런트오피스의 지배인으로서 객실부문의 총괄지배인이라 생각하면 된다. 또한 호텔의 등급과 규모에 따라 직급이 객실과장, 객실대리, 객실주임 등의 형태로 불리어진다.

그러므로 현관지배인의 주요업무는 다음 장의 프런트오피스 지배인의 업무에서 소개하기로 한다.

② 도어맨(doorman)

호텔기업에서 도어맨은 호텔의 출입문에서 고객을 최초로 맞이하고, 고객을 최후로 환송(歡送)하는 접객직종사원이다. 따라서 고객의 첫인상을 좌우하는 최초의 접객이기 때문에 무엇보다 상냥하고 밝은 표정의 미소로서 정성을 다하여 고객을 맞이해야 한다. 즉, 도어맨은 현관입구에 위치하고 있으면서 모든 고객을 영접하며 수화물 운반을 도와주고, 벨맨의 업무를 협조하며 직무를 수행한다. 또한 고객이 타고 온 자동차의 주차를 감독하거나 대행하며, 고객의 요청에 의하여 택시를 불러주기도 한다.

그리하여 과거에는 도어맨의 직무가 대부분 남성을 중심으로 이루어졌으나, 최근에 와서는 여성들이 고객의 세심한 배려와 세련된 접객태도의 감각적 특성의 장점으로 도어맨의 직무에 진출하는 경우도 많다.

이와 같은 도어맨의 주요업무를 요약하면 다음과 같다.

⚙️ **고객의 영접(迎接)**

- 고객차량이 들어오면 주차장소 방향을 유도한다.
- 고객차량의 문을 열어드리고 반갑게 거수경례를 하면서 영접한다.
- 고객의 수화물을 간단히 확인한 후 고객을 안내하면서 수화물을 벨맨에게 인도한다.
- VIP고객인 경우에는 즉시 프런트오피스 지배인이나 상급자에게 보고하여 고객을 영접하도록 한다.
- 당일의 특별한 행사(행사내용, 장소, 메뉴, 시간, 행사진행자 및 주최자)를 완벽하게 숙지하여 행사참석을 위한 고객에게 정확한 안내와 질문에 대응할 수 있도록 준비한다.

⚙️ **고객의 환송(歡送)**

- 벨맨으로부터 고객의 수화물을 인계 받는다.
- 대기차량이 있을 경우에는 즉시 차량을 호출한다.

- 고객의 차량이 없을 때는 수화물을 고객이 희망하는 영업용 차량에 싣도록 한다.
- 고객의 차량이 있을 경우에는 고객으로 하여금 자동차를 현관 앞까지 유도한 다음 수화물의 숫자와 종류 등의 철저한 확인 점검을 마치고 트렁크에 수화물을 싣도록 한다.
- 고객이 영업용 차량을 이용했을 때, 단거리의 경우에는 출발하기 전에 정상적인 요금을 확인할 수 있도록 택시미터기를 사용하도록 하고, 장거리의 경우에는 출발하기 전에 목적지까지 적정한 요금을 부과할 수 있도록 운전기사와 요금을 협의하여 고객에게 통보하도록 한다. 그리고 만일의 사태에 대비하여 차량번호를 업무일지에 반드시 기록하여 둔다.
- VIP고객의 전송시에는 다른 차량보다 우선시하여 출발할 수 있도록 적절한 이해를 구하도록 한다.
- 단체객이 대형버스를 이용할 경우에는 대형버스 대기장소에 정차시킨 후 고객이 안전하게 출발할 수 있도록 안내한다.
- 주차장 관리서비스(valet service) 요원이 있을 경우에는 수시로 교육하여 원활한 업무가 이루어질 수 있도록 관리 감독한다.
- 호텔투숙객이 차에 수화물을 모두 운반한 후 출발할 경우에는 상냥한 미소와 반가운 표정을 지으면서 거수경례를 하며 환송하도록 한다.

🌺 주차(장)관리 서비스(valet service)
🌺 호텔과 인근지역 및 관광지의 각종 정보제공
🌺 영업용 차량의 통제와 고객편의 제공
🌺 교통상황의 전반적 숙지
🌺 각 부문별과 긴밀한 업무협조
🌺 우천시 우산보관대와 우산케이스 관리
🌺 국기게양대 관리

③ 벨맨

벨맨(bellman)의 주요업무는 고객의 수화물을 안전하게 운반하며, 고객의 체크인과 체크아웃을 도와주는 업무, 메시지의 전달과 정보제공, 객실변경에 따

른 정비업무, 로비의 질서유지 등의 많은 업무를 수행한다. 예를 들면 고객이 프런트오피스에서 등록을 마치면 룸 클럭으로부터 룸 키를 받게 되는데, 이때 벨맨은 고객의 짐을 운반하면서 고객을 엘리베이터 방향으로 인도하며 안내하면서 지정된 객실로 이동한다. 그리고 객실의 정돈상태, 전등, 텔레비전, 온도센서 점검 등 각종 고객편의 시설과 비품이 제대로 정비되어 있으며, 그 기능이 정상적으로 작동되는지 고객에게 사용설명을 하면서 점검 및 확인한 후에 객실 내에 룸 키를 놓고 밖으로 나온다. 또한 호텔의 체크아웃 고객의 수화물을 운반하고, 각종 고객의 심부름과 메시지를 신속 정확하게 전달한다. 뿐만 아니라 고객의 요청에 의하여 객실변경이 발생하였을 경우에는 처음에 잠시 머물렀던 객실에 흔적이 남지 않도록 깨끗하고 완벽하게 정비(make up)를 하여야 한다.

이와 같이 벨맨의 주요업무를 요약하면 다음과 같다.

- 고객의 체크인과 체크아웃 보조
- 객실변경과 객실정비(make up)
- 우편물 및 각종 메시지 취급
- 현관로비의 질서유지
- 도어맨과 프런트데스크와 긴밀한 업무보조
- 각 영업장과의 유기적인 커뮤니케이션 확립
- 각종 수화물의 취급
- 고객의 편의제공을 위한 각종 업무의 수행
- 영업용 자동차의 수배(手配)와 알선
- 페이징 서비스(paging service)
- 고객의 비밀보호와 객실 출입문의 개폐(開閉) 업무
- 객실내부와 로비주변의 이상유·무 철저 점검
- 셔틀버스의 안내와 고객의 픽업서비스(pick up service) 실시

④ 기타 서비스

- 엘리베이터 서비스 : 엘리베이터 서비스(elevator service)는 대규모 특급호텔에서 단체고객 또는 VIP고객을 위하여 고객의 편의를 제공하고자 엘리베이터를 조작하고 운행하여 주는 서비스를 말한다.

특히 오늘날 호텔기업은 대형화되고 종합화되는 것이 두드러지게 나타나고 있다. 따라서 특별한 경우가 발생되거나 중요한 행사가 개최되면 고객의 안전보호와 질서유지를 위하여 이러한 서비스의 수행이 필요하다. 이러한 업무는 호텔경영의 효율성을 고려하여 통상 벨맨이 담당한다.

● 체크룸 서비스 : 체크룸 서비스(checkroom service: 클록룸 서비스; cloakroom service)는 호텔을 이용하는 고객들의 수화물을 보관해주는 서비스를 말한다. 즉, 체크룸 서비스는 고객의 수화물이나 소지품, 모자, 코트, 의류, 가방 등을 일시적으로 보관해주는 업무이다.

고객이 호텔에 체크인을 하였으나 객실이 완전하게 준비가 안되어 잠시 투숙객이 기다려야할 때 또는 투숙객이 체크아웃을 했으나 고객이 열차 혹은 항공기 시간 등의 사정으로 인하여 호텔에 잠시 머물러야 할 때 고객의 수화물을 일시적으로 보관하는 경우가 있다.

특히 연회장이 많은 호텔에서는 단체행사가 많은데, 이 경우 행사에 필요한 여러 가지 집기비품이나 소지품, 가방, 문방구류 등을 보관할 경우가 많으며 또한 행사가 끝나게 되어도 사용하고 남은 수화물을 곧바로 목적지로 이동시킬 수 없는 경우가 발생되는데, 이럴 때 많은 수화물을 체크룸에 보관하게 된다. 그리고 객실이용객들이 일시적으로 소지품이나 간단한 물품 등을 보관할 경우에도 체크룸을 이용하게 되며, 통상 이러한 모든 업무는 벨맨이 담당하게 된다. 이와 같은 체크룸 서비스를 제공할 때는 다음과 같은 몇 가지 주의할 점이 있다.

첫째, 수화물 보관표(baggage tag)에 고객의 성명, 보관일자, 시간 등을 반드시 2부 작성하여, 1부는 수화물에 부착하며 1부는 고객에게 영수증의 기능으로 사용하도록 하고 기록장부에 철저히 기입해 놓는다.

둘째, 고객이 보관된 수화물을 찾고자 할 때는 반드시 수화물 보관표를 확인하여 회수하고, 기록장부에는 고객과 벨맨이 함께 서명을 해야 한다.

셋째, 깨어지기 쉽거나 파손되기 쉬운 수화물은 조심스럽게 다루도록 하고, 보관하기 어려운 물품들은 프런트오피스 지배인이나 벨 캡틴에게 보고하여 조치를 취하도록 한다.

2) 프런트오피스의 기본과 업무특성

프런트오피스(front office)는 호텔에서 프런트(front)라고 간략히 부르기도 한다. 그리고 프런트오피스는 프런트데스크(front desk)와 예약서비스(reservation)업무 그리고 교환서비스(operator service)업무로 구분할 수 있다.

그런데 대규모 특급호텔에서는 프런트오피스의 기본업무 중에서 프런트데스크의 업무를 분장하여 메일 클럭(mail clerk), 객실 코디네이터(room coordinator), 인포메이션 클럭(information clerk), 키이 클럭(key clerk), 리셉션 클럭(reception clerk), 레저베이션 클럭(reservation clerk) 등을 별도로 구분배치하기도 하지만, 대부분의 호텔에서는 프런트데스크의 룸 클럭이 이러한 업무를 병행하여 수행한다. 그런데 호텔에서 코디네이터(coordinator)의 직무는 객실부문과 마케팅 부문으로 구별되고 있다. 최근에 들어오면서 호텔기업은 대형화, 종합화되고 있으므로 이 코디네이터의 직무는 더욱 중요해지고 있는 추세이다.

(1) 프런트데스크의 기본

호텔에 있어 프런트데스크(front desk)는 고객의 접촉이 가장 빈번하게 이루어지는 곳이며, 고객의 체크인과 체크아웃, 대내외 각종 컴플레인(complaint)처리, 각종 계산서의 취급과 환전업무 등 고객과의 중계적인 역할을 담당하는 호텔의 심장부에 위치하고 있다고 할 수 있다.

프런트데스크는 호텔숙박을 하고자 찾아오는 고객을 제일 먼저 업무적으로 접객하는 곳이며, 고객의 숙박기간중의 안내담당과 고객이 체크아웃 할 때 마지막으로 호텔상품의 이용대금을 수납하는 은행창구의 역할을 담당한다. 따라서 프런트데스크의 접객직 종사원은 항상 올바른 예의와 전반적인 서비스를 충분히 발휘할 수 있는 업무능력이 요구된다. 그 이유는 프런트데스크에서 업무처리 능력이 지연되거나 판단의 오류가 발생되면 호텔을 이용하는 첫 단계부터 시작이 잘못되어, 그 고객이 다른 영업장을 이용할 때 각 영업장에서 아무리 훌륭한 종사원이 서비스를 충실히 담당하였다 할지라도 그 고객은 호텔을 대상으로 하여 만족한 서비스를 받았다고 지각하기가 매우 힘들 것이기 때문이다. 또한 프런트데스크에서 종사원이 업무에 무관심 한다거나 부정적으로 생각을 한

다면 호텔이용객들은 그 호텔을 재방문하지 않을 것이며, 이는 궁극적으로 호텔의 경영성과 달성에도 직접적인 영향을 미치게 된다. 그러므로 프런트데스크는 실질적으로 고객을 연결하는 접촉지점인 동시에 판매부서이다.

프런트데스크의 가장 중추적인 업무는 객실예약과 판매(room reservation & sale), 객실배정(room assignment)의 업무로서 동시에 고객의 편의와 서비스를 제공하는 업무기능을 수행한다. 이 외에도 고객의 도착과 출발에 관한 사항기록, 식당 및 하우스키핑 부서와 긴밀한 업무협조, 객실판매보고서 및 일일회계보고서 작성 등의 중대업무를 수행하는 것이 기본업무이다.

프런트데스크의 기본적 업무를 세부적으로 설명하면 다음과 같다.

- 고객영접
- 객실판매 : 예약취급, 숙박등록 및 기록, 객실배정
- 환전 및 현금출납과 이용대금의 청구
- 귀중품 보관
- 각종 정보 및 안내제공
- 고객 불평의 적극적인 해결과 조치

- 우편물, 전보 및 고객을 위한 메시지 취급과 전달
- 고객대장 기록 및 관리
- 각종 보고서작성 및 보고
- 부대시설 및 관련 부서와의 판매서비스 협조

이와 같은 중요한 업무를 신속, 정확, 친절하게 처리하려면 프런트데스크의 근무자는 국제적인 호텔전문용어와 관광외국어에 능통하여야 한다. 또한 호텔 내부의 각종 영업장 특징과 시설 및 상품 그리고 호텔 인근지역의 특징과 관광안내정보, 교통상황, 각종 연락번호 등 전반적인 기본업무뿐만 아니라 지역사회에 대한 일반적인 지식도 골고루 갖추고 있어서 한다.

(2) 프런트데스크(front desk)의 업무특성

- 항상 고객에게 친절, 신속, 정확해야 한다.
- 항상 밝고 상냥한 미소를 유지하고 표준말을 사용해야 한다.
- 고객의 성명과 객실상황을 숙지해야 한다.
- 적극적인 자세로 업무에 임해야 하고, 바른 몸가짐과 청결한 복장을 반드시 유지해야 한다.
- 관계 부서와의 업무협조 및 질서체계를 유지하고, 고객과의 업무사항은 책임완수를 다한다.
- VIP고객의 신속한 판단과 대응 및 보고
- 고객 컴플레인의 적극적인 해결과 신속한 조치
- 근무에 임하기 이전에 근무교대자와의 정확한 업무 인수인계 그리고 특이사항을 기록 및 처리하여 다음 근무자에게 정확한 업무전달
- 업무처리 및 주의사항은 정확히 우선순위를 정하여 실행하도록 할 것
- 프런트사무실과의 상호 긴밀한 업무협조 및 객실판매 상황숙지

3) 프런트오피스 직무별 업무특성

프런트오피스(front office)의 인적구성 및 직무별 업무는 그 호텔의 규모와 객실 수, 위치, 서비스, 특성에 따라 다소의 차이는 있으나, 일반적으로 다음과 같은 업무분장과 직무를 수행하게 된다.

(1) 프런트오피스 지배인

프런트오피스 지배인(front office manager)은 프런트오피스의 업무를 지휘, 감독하는 통솔자이다. 우리나라의 호텔에서는 프런트오피스 지배인의 직함 대신에 현관지배인 또는 객실지배인이라는 명칭을 사용하기도 한다. 또한 소규모의 호텔에서는 객실과장, 객실대리, 객실주임으로 부르기도 한다.

프런트오피스 지배인의 주요 업무는 다음과 같다.

- 객실예약의 처리와 감독 : 예약시트(reservation sheet)와 객실배정(room assignment)의 점검
- 객실판매 기록표(room count sheet)의 작성과 관리
- 하우스키퍼 일일보고서(house keeper daily report)의 확인
- 예약확인(reservation confirmed) 및 초과예약(over booking)처리
- 고객의 불평(complaint)처리 및 감독
- 요금계산서 및 영수증 발급에 대한 감독과 확인
- VIP고객의 접대 및 호텔안내
- 현관부문(uniformed service)의 업무감독과 통제 및 지시
- 고객의 분실물 및 습득물(L&F; lost & found)관리
- 프런트오피스의 근무계획표(WS; working schedule) 관리 및 통제
- 고객의 안전관리 감독 및 객실열쇠의 관리감독
- 객실 코디네이터의 원활한 업무수행 교육 및 감독
- 현관부문 및 프런트오피스의 종사원 채용과 교육

(2) 룸 클럭

룸 클럭(room clerk)을 일명 프런트 클럭(front clerk)이라고도 하는데, 기본 업무는 객실판매와 객실배정이다. 일반적으로 룸 클럭은 1일 24시간 연중무휴의 호텔영업 특성상 3교대 일일 8시간 근무를 하는 것이 대부분이다. 즉, 룸 클럭이 아침 근무조에 출근하면 전 근무자인 나이트 클럭(night clerk)으로부터 객실현황에 관한 보고를 받고 룸랙(room rack)을 정리한다.

룸랙의 역할은 업무의 효율성을 위하여 당일에 체크아웃을 하는 고객의 기록 리스트를 빼놓았거나 표시하여 놓는 것을 말한다.

따라서 룸 클럭은 당일에 비어 있는 객실의 수(공실 ; 空室)를 파악하여, 판매 가능한 객실을 분류하고 이를 적극적으로 판매하여야 한다. 그러므로 룸 클럭은 고객의 출발 및 도착을 기록하는 사무원이라기보다 유능한 판매원이어야 한다. 즉, 고객이 그 호텔의 객실을 선택하도록 하고, 또 그 호텔을 재방문할 수 있도록 만들어야 한다. 이처럼 고객에게 객실을 판매한다는 것은 곧 호텔의 수입 증대에 기여하는 것으로서 영업의 최전방에서 업무를 수행한다고 볼 수 있다. 다시 말해서 많은 사람들이 끊임없이 프런트오피스의 룸 클럭과 대면하게 되고, 항시 고객은 무엇인가를 요구하고 있기 때문에 프런트오피스의 업무 중에서도 룸 클럭의 업무는 전반적으로 호텔경영에 매우 중요한 구실을 한다고 할 수 있다.

이상과 같이 룸 클럭의 기본적인 근무수칙을 살펴보면 다음과 같다.

- 전 근무자와의 인수인계에 차질이 없도록 교대 15분전까지 프런트데스크에 출근한다.
- 교환원에게 자신의 업무시작과 업무에 투입되었음을 통보한다.
- 전 근무자의 영업점검 사항이 정확한지 재점검하며, 틀릴 경우 그 이유를 즉각 수정하고 규명한다.
- 호텔의 객실 판매상황과 인근 호텔의 객실판매 현황을 수시로 점검
- 전 근무자로부터 인수인계된 각종 보고서 파악 및 확인
- 당일행사 및 단체행사 그리고 VIP고객 등을 파악하고 상사에게 보고
- 일일보고서에 기록된 판매가능 객실 수 와 예약고객 리스트를 점검한다.
- 프런트 캐셔의 체크아웃 처리상황을 도와주면서 점검한다.
- 특이상황에 대해서는 경영진과 부서장 또는 당직지배인에게 필히 보고하며, 사고발생·도난발생·불평불만 등을 사전에 예방하고자 세심한 주의를 기울여야 한다.
- 긴급상황 발생 시 고객과 종사원의 안전을 최대한 보장할 것이며, 호텔의 재산보호를 우선적으로 고려해야 한다.
- 고객의 불평·불만사항이 접수되면 발생한 부서에 적절한 통보를 취하고, 이를 신속히 처리해야 한다.

● 다음의 근무자에게 업무 인계사항을 정확히 분류하여 명확하게 교대근무
자에게 업무를 이양시킨다.

다음은 룸 클럭의 기본적인 업무내용은 다음과 같다.

● 고객의 영접과 객실판매

● 숙박등록 카드의 취급 및 객실배정(room assignment)

● 예약업무(reservation)

● VIP고객 안내 및 보고

● 객실열쇠의 관리

● 하우스키핑 부서와 긴밀한 업무협조

● 고객불평 해결

● 객실변경의 처리

● 체크아웃과 각종 계산서(bill) 관리

● 기타 업무를 병행하여 수행(메일(mail), 인포메이션(information), 키이
(key), 빌(bill), 레저베이션(reservation), 리셉션(reception) 클럭(clerk)의
업무를 병행)

● 고객의 체크인과 체크아웃 처리업무

● 예약사무원 및 프런트 캐셔의 업무보조

● 고객의 메시지관리 및 우편물 수발(受發)업무

● 각종 보고서 작성

● 호텔내·외부의 각종 정보제공

● 전화교환실의 업무보조

● 모닝 콜(morning call)접수 및 처리

● 식음료의 기본적 상품지식 습득

⚙ 룸랙 슬립

ROOM	CODE NAME (LAST) (FIRST) TINI TIAL)				RATE	DEPART
			RES	N.R		
					NO. IN PTY	ARRIVAL
	CITY	PROVINCE		COUNTRY	CLERK	

(3) 나이트 클럭

나이트 클럭(night clerk)은 프런트 근무의 특성상 3교대 근무자 중에서 야간 근무조에 편성되는 근무자를 말하며, 누구나 나이트 클럭의 업무를 수행할 수 있어야 한다. 특히 나이트 클럭은 호텔영업의 특성상 당일 판매부분의 마감처리와 일일 판매준비를 위한 각종 업무처리 등 그 업무범위가 매우 중요하면서도 많은 것이 특징이다.

중·소규모 호텔에서는 나이트 클럭이 프런트 야간근무를 수행하면서 나이트 오디터(night audit)업무인 호텔의 야간회계 업무까지 병행하기도 한다. 한편, 나이트 클럭의 근무시간은 우리나라호텔의 대부분이 오후 10시~12부터 익일 아침 6~8시까지 근무를 한다. 따라서 나이트 클럭의 임무는 객실의 점유상황과 각종 나이트 클럭 보고서(night clerk report)를 작성하여 다음의 근무교대자인 룸 클럭에게 인계하는 것이다. 또한 나이트 클럭은 근무시간 중에 발생한 중요한 일들을 보고일지에 기입하고, 어떤 중대한 일이 발생할 시에는 당직지배인에게 즉시 연락을 하여야 한다.

이와 같이 나이트 클럭(night clerk)의 주요 업무내용을 구체적으로 언급하면 다음과 같다.

- 근무 중에 판매된 객실과 빈 객실을 정확히 파악한다.
- 예약된 고객의 체크인 현황을 명확히 파악하여 노쇼(no show)고객을 미연에 방지한다.
- 나이트 클럭 일일보고서(daily night clerk report)를 작성한다.
  〈나이트 클럭 보고서는 당일의 영업회계를 마감하고, 새로운 영업개시를 위하여 영업시점을 변경시키면서, 호텔의 전반적인 영업현황에 대한 각종 데이터(data)를 입·출력하여 호텔관리자와 각 부서의 책임자에게 출력된 자료를 송부한다.〉
- 룸랙(room rack)이나 객실 현황판을 통하여 고객의 투숙현황을 정확히 파악하고 점검한다.
- 체크아웃이 예정된 출발예정자의 전체 계산서를 재점검하여 다음 근무 교대자인 룸 클럭에게 정확하고 빈틈없이 인계한다.

- 심야의 객실 판매상황을 룸 클럭이나 프런트 캐셔에게 통지하고, 요금 상황을 정확하게 인계한다.
- 야간근무에 특별한 주의를 기울여 도난을 방지하고, 고객의 생명과 안전을 보호 한다.

나이트 클럭이 작성하게 되는 각종 일일보고서는 컴퓨터시스템을 통하여 편리하게 기록하고 인쇄할 수 있지만, 가장 기본적인 객실판매의 현황과 점유율을 계산하는 방식은 이해하고 있어야 된다.

이와 관련한 객실이용률과 평균 실료의 계산방법은 다음과 같다.

① 객실판매점유율 $= \dfrac{\text{판매된객실수}}{\text{판매가능객실수}} \times 100$

② 평균실료 $= \dfrac{\text{객실매출액}}{\text{판매객실수}}$

③ 침대이용률 $= \dfrac{\text{판매침대수}}{\text{총침대수}} \times 100$

④ 정원가동률 $= \dfrac{\text{객실투숙객수}}{\text{총객실정원수}} \times 100$

⑤ 고객1인당평균실료 $= \dfrac{\text{객실매출액}}{\text{객실투숙객수}}$

⑥ 객실당평균매출액 $= \dfrac{\text{당일객실매출액}}{\text{당일고객이용객실수}} \times 100$

⑦ 예약취소율 $= \dfrac{\text{노쇼우(noshow)객실수 + 취소객실수}}{\text{예약객실수}} \times 100$

⑧ 예약취소율 $= \dfrac{(\text{총입숙실수 + 총퇴숙실수}) \div 2}{\text{총판매된객실수}} \times 100$

(4) 플로어 클럭

대규모 특급호텔에서는 고객의 편의성과 업무의 효율성을 높이고자 플로어 클럭(floor clerk)을 배치하기도 한다. 하지만 우리나라대부분의 호텔에서는 실질적으로 플로어 클럭을 별도의 업무장소에 배치하지 않고 특별한 행사발생 또

는 VIP고객의 등장, 호텔의 특수한 사정 등이 있을 경우에만 임시적으로 배치를 한다던가 하우스키핑의 업무협조를 받아서 업무를 수행하는 경우가 많다.

이처럼 플로어 클럭의 의미는 프런트 클럭의 업무를 도와주는 일환으로서 호텔객실의 각 층에 플로어 클럭 데스크(floor clerk desk)를 설치하여, 각 층에서 위치하며 객실의 접객 업무를 전담하는 종사원이라는 것이다.

이러한 업무는 고객의 영접 및 안내, 주간의 객실열쇠 보관, 객실용 소모품배치, 고객의 메시지 전달, 고객의 안전보호 등을 프런트 클럭으로부터 업무를 분장 받아서 수행하는 것이다. 또한 플로어 클럭은 룸 메이드(room maid)와 긴밀히 협조하여 객실비품을 보급 한다던가 객실정비를 도와주는 보완업무를 수행하기도 한다.

이와 같이 플로어 클럭의 업무는 소규모 호텔에서는 룸 클럭이 원만하게 모든 업무를 수행할 수 있으나, 초대형 특급호텔에서는 업무의 능률적인 수행을 위하여 특별한 시간을 설정하여 상황대처를 잘할 수 있도록 플로어 클럭을 별도로 배치하기도 한다.

플로어 클럭의 주요업무는 다음과 같다.

- 고객의 객실안내
- VIP고객의 영접과 대기(stand by)
- 고객 객실열쇠 보관 및 인도
- 인포메이션(information) 업무제공
- 고객의 안전보호와 비밀의 보장
- 프런트데스크와 업무협조
- 우편물 및 메시지의 전달
- 체크아웃의 통보와 객실점검
- 룸 메이드와 업무협조
- 객실비품의 보급 및 객실정비 보조

(5) 프런트 캐셔

프런트 캐셔(front cashier)의 주요 임무는 객실 판매현황에 대한 회계업무 및 환전업무 그리고 고객의 요청에 의한 귀중품보관 업무 등을 중심으로 한다.

중·소규모의 호텔에서는 룸 클럭이 인포메이션 클럭과 빌 클럭의 업무를 병행하면서 프런트 캐셔의 업무를 도와주며, 직접 업무를 수행하여 수납업무를 맡기도 한다.

한편, 프런트 캐셔는 호텔의 조직도에서 경리회계 부서에 소속되는 경우가 일반적이었으나, 최근에 와서는 업무의 특성상 고객서비스를 전담하는 것이기 때문에 객실부문에 직접 소속되는 경우가 많다.

이처럼 프런트 캐셔는 고객이 호텔을 출발하기 전까지 모든 영업회계를 마무리하여야 하며, 이때 계산의 오차가 발생하면 안 된다.

그런데 대규모의 특급호텔에서는 일시적으로 체크아웃 시간에는 매우 업무가 복잡하고 많기 때문에 특별히 바쁜 시간대에 프런트 캐셔의 업무를 보조할 수 있는 근무자를 더 투입시켜야 한다.

프런트 캐셔의 주요업무는 다음과 같다.

- 고객의 체크인 업무보조와 체크아웃 발생 시 숙박요금 수납
- 호텔의 계산서와 빌(bill) 취급
- 환전업무
- 고객귀중품 보관 및 관리
- 전 영업장 수익금 접수와 보고
- 시내후불(city ledger)처리업무
- 프런트데스크 업무보조

〈safety deposit box〉

(6) 인포메이션 서비스

호텔의 이용객을 위한 고객안내는 호텔마케팅의 기본이 된다.

일반적으로 인포메이션 서비스(information service)는 호텔의 내부, 인근지역, 관광정보 등의 안내와 도로 및 교통시간의 안내 등을 위하여 필요한 것이며, 이러한 업무에 임하는 종사원을 인포메이션 클럭(information clerk)이라고 한다.

특히 대규모의 초특급호텔에서는 프런트오피스에 인포메이션 클럭(information clerk)을 별도로 배치하여 운영하고 있으나, 중·소규모의 호텔에서는 룸 클럭이 이 업무를 병행하고 있다. 그리하여 호텔에서는 고객의 편의제공을 위하여 인포메이션 데스크(information desk)를 설치하여 운영하고 있는데, 이것은 고객이 현관로비에서 잘 보일 수 있도록 찾기 쉬운 곳에 위치하여야 한다. 그리고 최근에는 인포메이션의 원활한 서비스를 위하여 전자회로장치와 같은 종류의 메시지 전달램프를 프런트오피스와 각 객실별로 서로 연결하여 고객이 인식 가능하도록 설치되어 있다. 즉, 프런트에서 고객에게 전달할 메시지를 객실내부의 나이트 테이블(night table)에 적색의 신호등을 깜빡이면서 알림표시를 한다. 이렇게 되면 고객은 프런트에 메시지가 있는가를 물어 볼 필요 없이 객실내부의 나이트 테이블에 켜진 적색신호등을 보고 우편물이나 전달메시지가 있는 것으로 인식하면 된다.

① 인포메이션 클럭의 기본

호텔이용객들은 여행과 관광, 비즈니스, 휴식 등의 목적을 가지고 대부분 객실에 투숙하기 때문에 호텔의 내·외부사정에 대한 고객의 요구가 점차 다양해지고 있다. 따라서 이러한 고객의 요구에 적극적으로 대처하기 위하여 별도의 전문적인 정보제공자로서 인포메이션 클럭(information clerk)이 필요하게 되었다.

특히 최근에 와서는 프런트오피스의 업무 중에서도 그 중요성이 더욱 중요해지고 있으며, 전문적인 지식과 다양한 업무능력이 강조되고 있다. 그런데 우리나라대부분의 호텔에서는 이러한 업무를 수행하기 위하여 별도의 인포메이션 클럭을 배치하지 않고 룸 클럭이 이 업무를 병행하여 수행하는 경우가 많으며, 나아가 호텔의 전체 종업원이 고객의 정보제공자라 생각하고 이 업무를 수행해야 한다.

그 이유는 고객은 어떠한 질문상황이 발생되면 장소와 시간에 구애받지 않고 곧바로 종사원에게 질문을 하게 되는데, 이때 종사원이 잘 모르거나 대처능력이 부족하면 다른 종사원에게 고객을 인도하게 되어 고객에게 불편사항을 유발할 수 있기 때문이다. 그리하여 호텔종사원은 보다 광범위한 다양한 정보를 습득하여 고객에게 편의를 제공할 수 있는 다양성을 가지고 있어야 하기에, 호텔의 경영전략에 따라 인포메이션 클럭을 프런트오피스에 별도로 배치하거나 룸 클럭이 업무를 수행한다는 것이다.

이상과 같이 인포메이션 클럭의 업무내용은 다음과 같다.

- 호텔에 관한 전반적인 정보제공
- 인근지역 및 지역사회에 관한 정보제공
- 교통수단, 대중교통 운행시간 등의 정보제공
- 일간지, 주간지, 시사관련 정보제공
- 특별이벤트 방송프로그램에 관한 정보제공

(7) 레저베이션 클럭

레저베이션 클럭(reservation clerk)은 예약사무원이라고도 한다. 호텔기업은 여러 가지 유형의 객실을 보유하고 있으며, 이러한 유형의 객실을 지속적으로 판매해야 한다. 호텔을 이용하고자 하는 고객이 어떠한 객실을 언제, 어떻게 이용할 것인가를 정확히 파악하여야 한다. 또한 고객이 원하고 있는 객실의 판매 여부를 결정하기 위해서는 각 유형별의 판매 가능한 객실이 어느 정도 확보되어 있는지, 초과예약 상태는 아닌지 등을 세밀히 관찰 및 숙지하고 있어야 되는데, 실질적으로 객실의 규모가 대단히 큰 호텔에서는 예약업무가 매우 복잡하기 때문에 업무능력이 탁월해야 한다. 그리하여 오늘날 호텔기업에서는 예약업무의 중요성이 점차적으로 증가되면서 예약부문만을 전문적으로 전담하는 예약 서비스(reservation service)의 조직을 프런트오피스와 분리하여 독립적으로 설치하여 배치하기도 한다.

또한 최근에 신축한 대규모 호텔에서는 호텔정보시스템(HIS; hotel information system)을 이용하여 객실의 예약업무는 물론 객실의 고객점유상황 그리고 고객의 요금계산까지 신속한 처리가 가능하다.

예약사무원의 주요 임무는 호텔객실의 전반적인 예약업무와 컨펌(confirmed)을 통한 노 쇼우(no show)의 철저한 예방이다. 즉, 객실판매는 호텔수익에서 가장 중요한 비중을 차지하고 있으며, 호텔사업의 특성상 객실은 오늘 판매를 모두 다 수행하지 못했을 경우에, 그 객실을 보관하였다가 다음 날 판매할 수 없는 상품(비저장성)의 특성을 가지고 있다.

이상과 같이 예약사무원(reservation clerk)은 객실의 효율적인 예약업무를 수행하기 위하여 다음과 같은 업무처리를 담당한다.

- 예약사무원은 고객으로부터 예약신청을 받게 되면 신속하게 예약가능 여부를 판단하여 조치를 취한 후, 예약담당 책임자에게 예약사항을 보고한다.
- 객실예약이 결정되면 즉시 예약신청자에게 이를 통보한다.
- 예약된 객실은 객실을 직접 배정하는 룸 클럭에게 통보해야 된다.
- 예약사무원은 고객의 예약상황을 예약시트(reservation sheet) 또는 예약카드(reservation card)에 기입해야 한다.
- 예약 장부의 기재내용은 고객의 국적, 주소, 성명, 연락처와 고객이 원하는 객실의 종류와 요금, 객실 수, 객실의 방향 등을 자세하게 기입한다.
- 예약이 취소되면 예약카드에 반드시 취소도장을 찍고 취소를 받은 날짜와 시간, 취소자의 성명과 원인, 취소 접수자를 대장에 기록하고 서명을 해야 된다.
- 고객이력카드(GHC ; Guest History Card)작성 및 관리
- VIP고객의 예약관리와 신속하고 철저한 보고
- 프런트데스크의 업무 보조
- 객실관리와 판매현황 등의 분석보고서 작성

(8) 교환서비스

교환서비스(operator service)는 호텔과 고객간의 커뮤니케이션을 연결해주는 촉매역할을 한다. 이러한 업무는 전화교환원(telephone operator)이 담당하게 되는데, 전화교환실을 스위치 보드(switch board) 또는 피비엑스(PBX; private branch exchange)라고도 한다.

호텔의 전화교환실은 원칙적으로 프런트오피스에 소속된 부서이다. 호텔기업은 객실의 규모가 전반적으로 거대하기 때문에 전화교환원은 고객과 직접 대면하지는 않지만, 고객과의 커뮤니케이션이 매우 빈번하게 이루어지고 있어 매우 중요한 역할을 담당한다. 따라서 전화교환원은 목소리로 서비스를 수행하는 종사원이므로 밝고 명랑하고 긍정적인 사고방식을 항상 가지고 있어야 되며, 항상 신속, 정확, 친절한 서비스로서 고객이 긍정적인 이미지를 가질 수 있도록 사명을 다해야 한다.

교환실 책임자에 의해서 통솔되는 교환실은 구내 및 시내전화, 시외전화와 국제전화 업무를 취급한다. 전화사용에는 항상 요금이 부과되므로 모든 발신전화는 요금계산이 정확히 되도록 계산서(slip)를 만들어 기입해야 한다. 이러한 계산서는 프런트데스크에 전달되어 고객계정에 합산되어야 하고 그리고 관리감독자로부터 내부감사를 받아야 한다. 또한 교환원이 비록 고객이 보이지 않는 장소에서 근무하고 있지만, 교환원의 근무태도와 대화요령 등의 교환서비스는 고객의 마음을 좋게도 하고 또는 나쁘게도 만들 수 있기 때문에 프런트오피스의 책임자는 관리감독을 철저히 해야할 것이다.

물론, 최근에 와서는 장거리 직통전화(DDD ; Direct Distance Dialing), 국제자동전화(ISD ; International Subscriber Dialing)의 등장과 휴대용 전화기의 급속한 확산에 힘입어 과거와 같은 업무의 복잡성이 사라지고, 아울러 최첨단 전자장치의 기술개발을 통하여 교환원의 업무가 매우 간소화된 것은 주지의 사실이다. 그리하여 소규모의 호텔에서는 경영의 효율성을 제고하고자 교환실 그 자체를 없애고 프런트데스크에서 교환업무를 병행하는 곳도 많이 발생하고 있다.

이와 같이 전화교환원의 주요임무는 다음과 같다.

- 교환업무 수행

- 메시지의 취급
- VIP고객의 신속한 보고
- 모닝 콜(morning call)접수 및 처리
- 호텔내의 정보제공(이벤트 행사, 특별행사, 단체행사 등)
- 고객의 불평발생 시 응급대처와 해당부문 연결
- 각 영업장 상호간의 원만한 업무협조

(9) 프런트오피스의 기타부문 업무특성

① 메일 클럭

우리나라대부분의 호텔에서는 우편물의 효율적인 관리를 위하여 메일 클럭(mail clerk)을 별도로 배치하지 않고 룸 클럭이 이 업무를 병행한다. 따라서 이는 룸 클럭의 업무의 연장이라 말할 수 있으며, 이러한 업무의 주요내용은 다음과 같다.

- 우편물의 적합성 여부 검증
- 폭발성, 발화성, 마약, 독약, 부도덕한 물건 등은 절대로 취급하지 말 것
- 기타 위반되는 물품은 상사에게 보고하여 처리할 것
- 외부로부터 전해오는 각종 메시지를 면밀히 기록하고, 주의 깊게 관찰하여 고객에게 전달할 것

② 리셉션 클럭

리셉션 클럭(reception clerk)은 호텔을 이용하는 고객들의 환송업무와 제반 안내업무를 전문적으로 접객하는 종사원을 말하지만, 일반적으로 프런트오피스에서는 룸 클럭이 이 업무를 병행한다.

③ 레코드 클럭

레코드 클럭(record clerk)의 고유한 업무도 프런트오피스에서는 일반적으로 룸 클럭이 업무를 병행하여 수행한다. 특히 이 업무는 고객에 관한 자세한 자료의 관리와 처리, 타 부서에 관련 자료의 송부(送付) 등의 각종 서류를 정리하고, 고객의 이력사항을 입력하고 기록하며 각종 호텔의 이벤트 행사나 특별행사 그리고 고객에게 마케팅 홍보물의 발송 등의 업무가 주요 임무이다.

하지만 각 영업장마다 특성이 다르고 관리방법이 각 영업장 책임자의 경영전략에 따라 방법을 달리하고 있기 때문에 오늘날 우리나라의 호텔에서는 레코드 클럭을 별도로 배치하지 않고 있다.

④ 키 클럭

호텔은 규모에 따라 객실의 보유 수가 많을수록 키 클럭(key clerk)의 업무가 매우 중요하다. 호텔은 투숙객들의 안전보호와 비밀의 보장이 우선되어야하기 때문에 객실의 열쇠관리가 키 클럭의 기본적 임무이다. 즉, 고객이 안전하게 숙박할 수 있도록 모든 객실의 출입문에는 잠금장치가 마련되어 있다. 따라서 호텔의 객실열쇠(room key)는 관리가 매우 중요하며, 만약 분실을 하게될 경우에는 고객의 안전한 투숙을 위하여 그 객실 문을 전면 교체하거나 잠금장치를 교체하여야 한다.

우리나라 호텔의 대부분은 이러한 업무의 원활한 수행을 위하여 호텔업무의 특성상 업무연관성이 가장 높은 룸 클럭이 키 클럭의 업무를 병행하여 수행한다.

키 클럭의 업무내용을 구체적으로 제시하면 다음과 같다.

- 열쇠 및 우편물의 인도
- 패스 키(pass key), 마스터 키(master key)의 보관과 관리
- 고객의 메시지 전달
- 예비용 키(extra key)의 관리
- 고장이 난 열쇠의 수리요청과 관리
- 열쇠의 점검 및 키 확인(key inventory)
- 잠금장치 교체 및 열쇠제작 의뢰
- 프런트데스크와의 업무협조

한편, 키(key)의 종류는 4가지로 구분된다.

- 게스트 키(guest key) : 각 층의 객실마다 개별적으로 한 객실만을 열 수 있는 키를 말한다.
- 패스 키(pass key) : 호텔객실을 층별로 분류하여 한 층의 객실 전체를 열 수 있는 키를 말한다. 이 패스 키는 하우스키핑의 룸 메이드가 객실정비를

효율적으로 하기 위해서 사용하게 되는데, 룸 메이드가 담당하는 객실 층의 전체를 청소하는데 매우 편리하다. 예를 들면 9층의 패스 키는 9층의 전체객실은 열 수 있지만, 9층의 패스 키를 가지고 8층의 객실을 열 수는 없다. 또한 8층의 패스 키를 가지고 9층의 객실을 열 수는 없다.

- 마스터 키(master key) : 호텔의 객실전체를 모두 열 수 있는 키를 말한다. 따라서 마스터 키는 사용목적과 사용시간 그리고 사용자의 기록을 남겨야 되고 이용승낙을 받아서 사용해야 한다. 또한 마스터 키의 관리는 일반적으로 프런트데스크의 귀중품 보관소(safety deposit box)에 보관하면서, 주간에는 총지배인이 감독하지만 야간에는 당직지배인이 감독하는 것이 원칙이다.

- 그랜드 마스터 키(grand master key) : 그랜드 마스터 키를 셧 아웃 키(shut out key) 또는 더블 록 키(double lock key)로도 불리는데, 이 키는 특별한 경우에 사용된다.

호텔의 객실은 이중 잠금장치(double lock set)시스템으로 되어 있는데, 보통 객실내부에서 자물쇠장치에 부착되어 있는 안전키를 누르면 자동으로 이중으로 잠금이 되어 패스 키나 마스터 키로 열 수 없다. 그러므로 특별한 귀중품이나 비밀물건을 소지한 고객이 투숙하게 되면 이 안전키를 사용하여 객실을 이중으로 잠금을 하는 것이 절대적으로 안전한 경우이다. 또한 고객의 실수로 이중 잠금장치를 설정하였거나 비상시에 이중 잠금장치가 설정된 객실을 들어가야 할 때 그랜드 마스터 키가 사용된다. 그리고 이러한 키의 관리와 보관은 마스터 키와 동일하다.

⑤ 객실 코디네이터

객실 코디테이터(room coordinator)의 업무는 주로 단체고객을 대상으로 객실배정의 효율적인 업무수행을 위하여 프런트오피스에서 그 업무를 수행한다.

그 업무는 호텔객실을 대량으로 예약한 단체고객이 체크인을 하게되면, 이들의 객실배정은 물론이거니와 단체고객에 대한 숙박등록, 단체투숙자 명단작성 및 숙박과정의 원활한 업무수행, 부대업장의 이용 상황체크, 식사시간, 메뉴, 요금, 장소, 식사의 종류, 호텔내의 행사장소 확인 등의 일련의 과정들을 조정하고

통제하는 종사원을 말한다. 즉, 호텔에 투숙하는 단체고객은 수십 명에서 수백
명까지 그 특색과 행사내용이 각각 다르므로 체크인 시간이 많이 소요될 수 있
다. 따라서 고객의 편의를 제공하고자 프런트오피스 지배인과 룸 클럭을 중심
으로 객실 코디네이터를 배치하여 운영한다.

객실 코디네이터의 주요업무는 다음과 같다.

- 단체명의 이상유무 확인
- 객실사용 수와 투숙객 수 대조 및 조치
- 행사장소, 식사장소, 시간, 메뉴, 가격 등의 재확인
- 모닝 콜 신청접수
- 객실내의 시외전화 사용여부 확인 및 차단조치
- 체크인과 체크아웃 시간 확인
- 객실열쇠 전달 및 회수
- 행사진행자(단체고객인솔자)와 긴밀한 업무협조

3. 하우스키핑의 기능과 업무특성

1) 하우스키핑의 중요성

호텔사업은 생산된 상품을 고객들에게 판매하여 수익을 창출하는 것으로서,
생산되는 상품 중에서도 객실상품은 호텔수익에 매우 중요한 비중을 차지하고
있다. 이와 같은 호텔객실을 직접적으로 생산하고 관리하는 부서가 하우스키핑
(housekeeping)인데, 이를 객실생산관리부문, 객실관리부문, 객실정비부문 등
으로 명칭하기도 한다. 따라서 하우스키핑은 효과적인 린넨(linen)관리와 유니
폼, 객실소모품 및 비품, 가구, 카펫, 침구와 침대, 분실물 취급(lost & found), 공
공장소의 관리, 실내분위기 꾸미기, 객실청소와 정비, 미니 빠(mini bar) 관리 등
을 종합적으로 관리감독하며 서비스를 제공하는 업무를 담당한다. 하우스키핑
의 직무별 분장은 지배인(housekeeping manager), 하우스키퍼(housekeeper),
린넨 클럭(linen clerk), 룸 메이드(room maid), 하우스맨(houseman), 룸 인스펙
트(room inspector), 세탁서비스(laundry service) 등이 있다.

2) 하우스키핑의 기능

(1) 수익증대의 기능

하우스키핑의 업무 중에서 호텔객실의 청결유지와 정확한 정리정돈은 이용객들의 구매욕구를 창출하여 궁극적으로는 호텔의 수익증대에 기여하게 된다. 실질적으로 객실판매가는 객실상품을 생산하는데 소요되는 원가를 고려할 때 각종 인건비와 비품 및 소모품이 주요 투입비용이므로 하우스키핑은 수익증대에 크게 기여한다.

(2) 운영경비 절감의 기능

하우스키핑은 호텔의 운영경비절감에 결정적인 기능을 담당하고 있다. 객실의 모든 설비와 비품은 호텔의 막중한 자산에 해당되기 때문에 하우스키핑에서는 세심한 관리감독과 비용절감의 자세가 필요하다.

(3) 고정자산 관리의 기능

호텔기업을 고정자산과 유동자산으로 구분할 때, 고정자산이 차지하는 비중이 약 70~80% 정도 된다. 또한 호텔의 건물 중에서 그 건물을 구성하고 있는 객실의 면적이 가장 광범위하여 이를 관리 및 유지하기가 매우 어렵다. 그러므로 이것을 효과적으로 관리하고 감독하는 것이 하우스키핑의 기능이라 할 수 있다.

(4) 상품의 생산과 창조적 기능

하우스키핑은 호텔의 객실상품을 창조적으로 생산하는 기능을 담당하고 있다. 즉, 고객이 가장 편안하고 안락하게 지낼 수 있도록 객실상품을 아름답게 디자인하고 청결을 유지하여 고객이 불쾌감을 갖지 않도록 세심하게 관리, 감독, 점검을 해야 된다.

3) 하우스키핑 직무별 업무특성

(1) 하우스키핑 지배인

하우스키핑 지배인(housekeeping manager)은 호텔의 경비절감 및 효율적으

로 객실상품을 생산하는 종사원들을 교육시키고, 관리, 통제, 감독, 점검하는 객실정비부문의 총괄책임을 맡고 있다. 따라서 하우스키핑 지배인은 세부적인 업무능력과 종사원들의 관리능력 그리고 실질적인 객실생산을 담당하는 룸 메이드(room maid)의 관리와 업무통제 등 매우 중요한 역할을 담당한다.

특히 하우스키핑의 고유한 작업을 종사원들에게 공평하게 업무를 배정하고 (예 룸 메이드의 객실정비는 객실의 유형별 종류에 따라 배정되는 정비수량이 다르다), 이를 철저히 점검하고 감독하는 것이 하우스키핑 지배인의 책임이다. 또한 호텔 린넨류의 불출과 세탁의뢰 품목별 적정관리, 각종 비품의 불출과 적정재고의 유지, 객실의 안전사고 예방 등 업무범위가 매우 광범위하다.

하우스키핑 지배인의 주요업무를 요약하면 다음과 같다.

- 객실정비의 철저한 점검과 업무지시
- 하우스키핑 종사원의 관리감독과 교육
- 각종 보고서 작성 및 업무보고
- 영업 분석 및 프런트오피스와의 긴밀한 협조유지
- 분실물 및 습득물(lost and found)관리감독
- 각종 소모품 및 비품의 적정관리와 재고유지
- 객실안전 및 철저한 화재예방 관리감독
- 업무계획 수립과 종사원 근태(勤怠) 관리감독
- VIP객실의 철저한 사전점검
- 패스 키(pass key)의 관리감독
- 객실수리 의뢰와 세탁서비스 관리감독
- 린넨류의 불출감독과 유니폼 세탁관리
- 룸 메이드(room maid)의 교육과 업무지시
- 프런트데스크의 객실판매에 대한 견제와 감독
- 미니 빠(mini bar)관리와 철저한 인벤트리(inventory)

(2) 하우스키퍼

하우스키퍼(housekeeper)는 하우스키핑 지배인을 보좌하며, 룸 메이드의 객실생산을 보조하고 객실의 청결유지와 객실정비를 배정한다. 또한 하우스 맨

(houseman), 룸 메이드, 환경미화원, 보수 수선원, 재봉사 등을 통솔하며, 린넨류의 점검과 불출, 세탁서비스, 소모품 및 비품의 불출과 재고유지, 객실의 유지보수와 수리의뢰, 프런트데스크와 업무협조, 미니 바(mini bar)관리, 분실물과 습득물 처리 등의 업무를 수행한다.

하우스키퍼의 주요업무를 요약하면 다음과 같다.

- 객실정비의 협조와 업무배정
- 객실생산과 소모품 및 비품관리
- 근무계획서 작성과 세탁서비스
- 각종 오더테이커(order taker)의 업무수행
- 분실물 및 습득물 처리
- 객실점검 사항의 철저한 기록유지
- VIP객실 점검과 청결유지
- 미니 빠(mini bar)처리
- 업무 일일보고서 작성
- 프런트데스크와의 긴밀한 업무협조
- 패스 키(pass key)의 확인
- 객실수선과 의뢰

(3) 린넨 클럭

린넨 클럭(linen clerk)은 하우스키핑의 일원으로서 린넨류(시트(sheet), 베개덮개(pillow case), 타월(towel), 테이블 클로스(table cloth), 냅킨(napkin), 유니

폼(uniform), 이불과 담요 등을 불출하고 관리하는 것이 주요 임무이다. 이는 호텔의 객실상품을 실질적으로 생산하는데 수반되는 비품을 체계적으로 관리하고 세탁하여 보관하는 역할을 한다.

호텔의 등급과 규모에 따라 세탁실의 활용정도가 다르며, 또한 용역처리를 하여 운영하는 경우도 있으나, 대부분의 호텔에서는 린넨업무를 하우스키핑에서 직접 관리 운영하고 있으며 하우스키퍼가 린넨업무를 관리한다.

호텔에서 린넨류의 적정재고량은 보통 객실의 침대 수를 기준으로 하여 4배 정도를 확보하는 것이 적합하다. 그 이유는 한 벌은 상품의 세팅에 사용하고 한 벌은 객실정비의 대기상태로서 린넨 룸에 보관토록 하고, 한 벌은 세탁실에서 세탁작업에 들어가게 된다. 그리고 마지막 한 벌은 만일의 상황에 대비한 예비 용품으로서 보관하는 것이다. 그런데 타월과 같은 린넨류는 분실이 많이 발생하므로 객실비품의 재고조사(inventory)를 월 1회씩 정기적으로 점검하는 것이 좋다. 아울러 린넨류가 더럽혀진 것과 불량스런 것은 객실 내에 투입하지 않도록 유의해야 한다.

(4) 룸 메이드

룸 메이드(room maid)는 하우스키핑에 소속되어 있으며, 객실을 정비하고 정리정돈하며 침대를 꾸미는 역할이 주요 임무이다. 이러한 업무를 수행함에 있어서 무거운 침대를 운반한다던가, 여자가 감당하기 힘든 업무가 발생될 때는 하우스맨(houseman)의 도움을 받아 처리하면 된다.

룸 메이드는 여자로 구성되어 있으며, 근무 장소에 출근하여 작업에 필요한 장비와 청소도구를 점검하고, 객실용 소모품(비누, 화장지, 타월, 스킨로션 등)과 린넨류를 적정하게 배분 받아서 룸 메이드 웨곤(room maid wagon)에 싣는다. 그리고 하우스키퍼로부터 배정 받은 객실을 작업순서에 맞게 업무계획을 수립하고 배정된 객실의 패스 키(pass key)를 수령하여 작업장소로 이동한다. 뿐만 아니라 담당객실의 정비 상황을 기록하고, 객실상태의 이상유·무를 하우스키퍼에게 보고한다. 이와 같이 룸 메이드는 개별적으로 일일보고서를 기입하여야 하며, 만일 객실상황을 점검하는데 의아스러움이 생기면 하우스키핑 지배인에게 보고를 하여 신속한 조치를 취한다.

특히 룸 메이드의 작업분량은 적정하게 배분을 하여야 되는데, 통상적으로 객실의 유형별 종류와 객실투숙객의 투숙기간에 따라 다소 작업수량이 조절된다. 하지만 대부분의 호텔에서는 룸 메이드의 일일 작업표준량이 12~16실의 객실을 정비하고 있으며, 온돌 객실과 특실은 작업량이 상대적으로 많아서 일일 12~14실을, 침대로 구성된 객실은 일일 14~16실을 정비한다.

따라서 룸 메이드는 작업지시서와 업무 메뉴얼에 따라 철저히 근무수칙을 준수하면서 근무에 임해야 한다.

룸 메이드 근무수칙을 살펴보면 다음과 같다.

- 객실열쇠는 반드시 필요시에만 사용하고 타인에게 빌려주어서는 안 된다.
- 청소를 하고자 객실을 출입할 때는 반드시 노크를 하고 출입한다.
- 객실내부의 시설과 비품현황의 이상유무를 점검하여 보충하고 확인한다.
- 린넨류와 청소용 비품은 적정하게 준비한다.
- 객실에서는 분실물이나 습득물이 있는가를 꼼꼼하게 살펴본다.
- 룸 메이드의 일일보고서와 작업현황 기록표를 작성한다.
- VIP객실의 철저한 정비와 점검
- 항상 밝고 상냥한 근무자세의 확립과 매너를 준수해야 된다.
- 항상 청결한 유니폼의 착용과 단정한 용모관리를 해야 된다.
- 객실복도의 이동 시 좌측통행을 원칙으로 한다.
- 근무 중에는 절대로 껌을 씹는다던지 콧노래를 불러서는 안 된다.
- 청소 도중에 급한 용무가 갑자기 발생하여 잠시 동안 객실을 비워야할 때는 반드시 객실 문을 잠그고 다녀와야 된다.
- 객실의 정비 중에 발생되는 오물을 복도에 방치하면 안 된다.
- 고객의 안전을 최우선으로 하고 정비에 임한다.
- 미니 바(mini bar), 나이트 테이블(night table)을 점검해 본다.

(5) 하우스맨

하우스맨(houseman)은 여자가 담당하는 룸 메이드의 업무를 보조하며, 힘든 일이나 험한 일을 전담하는 것으로서 남자가 담당한다. 즉, 무거운 물건의 운반, 침대의 이동, 복도의 카펫청소, 계단과 엘리베이터의 청소 등의 육체적인 노동

을 위주로 한다. 따라서 하우스맨은 육체적으로 건강해야 하고, 책임감이 투철
해야 한다.

하우스맨의 주요 업무내용을 살펴보면 다음과 같다.

- 린넨류의 운반과 오물의 수거
- 폐품의 처리와 정리정돈
- 룸 메이드의 업무보조
- 건물의 사각지대 청소 및 정비
- 복도와 계단, 연결통로의 청소
- 쓰레기의 처리업무
- 청소용품의 관리와 적정재고 유지
- 영업장의 특별한 업무지원(냉온풍기, 식당, 회의실 등의 대청소)

(6) 룸 인스펙트

룸 인스펙트(room inspector)는 객실생산이 완성된 것을 최종적으로 점검하는
객실점검종사원을 말한다. 즉, 룸 메이드가 아무리 철저하게 객실을 정비하였
다 할지라도 무언가 빠진 것을 발견할 수 있을 것이고, 소모품을 빠뜨린 객실도
있을 수 있다. 아무리 꼼꼼한 사람일지라도 인간은 컴퓨터시스템과는 달라 순
간적으로 잊어버리는 경우가 있다. 따라서 이러한 것을 미연에 예방하고 객실
정비를 최종적으로 확인하는 것이 룸 인스펙트의 주요 임무이다.

이러한 업무를 수행하는 룸 인스펙트의 주요 업무특성을 살펴보면 다음과
같다.

- 객실의 창문과 커튼의 청결상태
- 나이트 테이블의 스위치 확인과 전등 점검
- 텔레비전과 라디오, 시간설정이 정확한지를 확인
- 객실 내 비품점검과 가구의 서랍 속 확인점검
- 카펫바닥 확인과 소파 점검
- 휴지통과 컵, 냉장고 등을 확인
- 옷장과 벽면의 청결상태 확인
- 침대 및 린넨류 점검

- 화장실 점검과 소모품 확인
- 냉·온수 점검과 거울의 청결상태 확인

(7) 세탁 서비스

세탁 서비스(laundry service)는 고객용 세탁물뿐만 아니라 호텔상품을 생산하는데 필요한 린넨류와 종사원들의 각종 유니폼까지 세탁을 해주는 서비스를 의미한다.

호텔운영에 필요한 대표적인 린넨류는 시트(sheet), 베개커버(pillow case), 타월(towel), 테이블 크로스(table cloth), 냅킨(napkin), 누비 요(bed pad), 담요(blanket)등을 들 수 있다. 또한 호텔은 이러한 린넨류 뿐만 아니라 호텔에서 사용되는 커튼, 천으로 된 장식품 그리고 종사원의 유니폼과 고객이 의뢰하는 세탁물 등 많은 세탁물품을 취급한다.

대규모 호텔에서는 세탁실을 직접 운영하는 경우가 많으나, 소규모 호텔은 대부분 외부의 세탁 전문 업소에 위탁을 하거나 용역으로 세탁물을 취급하고 있다. 하지만 세탁서비스의 전반적인 관리는 하우스키핑 부문이 맡고 있다. 따라서 하우스키핑에서는 철저하게 세탁서비스를 관리하고 감독해야 한다. 세탁서비스의 관리에 따른 주의사항은 다음과 같다.

- 세탁서비스 물품의 종류와 세탁시간을 숙지하여 고객에게 정확하게 서비스할 수 있도록 한다.
- 세탁서비스를 의뢰 받게 되면 객실번호, 성명, 품목 및 수량을 확인하고 세탁전표를 발부한다.
- 세탁서비스에 소요되는 세탁시간과 비용을 고객에게 인식시켜 주고, 정확한 약속을 지키도록 만전을 기한다.
- 깨끗하게 다림질하여 제공한다든가, 만약 다림질 품목이 아니라면 구김이 생기지 않도록 주의하여 취급하도록 한다.

식음료부문의 기본적 이해

1. 식음료의 의미와 유형

미국의 ≪웹스터(Webster) 사전≫에서는 "An establishment where refreshments or meals may be procured by the public: a public eating house"로 기록되어 있는데, 이를 해석하면 「대중들이 가벼운 휴식과 식사를 획득할 수 있는 시설」이라는 것을 이해할 수 있다.

국립국어연구원의 ≪표준국어대사전≫에 의하면 식당(食堂)이란 「건물 안에 식사를 할 수 있게 시설을 갖춘 장소 또는 음식을 만들어 손님들에게 파는 가게」라고 정의하고 있다.

최근에는 식당을 "EATS" 상품을 판매하는 곳으로 해석하고 히는데, 이는 인적서비스(entertainment), 분위기(물적 서비스 ; atmosphere), 맛(요리 ; taste), 위생(청결 ; sanitation) 등을 함께 판매한다는 의미로 해석된다. 따라서 오늘날 식당의 의미는 일정한 장소를 확보하여 단순히 음식물을 판매하는 공간으로 인식할 수는 없는 것이다. 즉, 아무리 훌륭한 시설과 음식물을 제공한다고 해도 인적서비스를 동반할 수 없다면 식당의 가치를 인정할 수 없다는 것이다.

1) 식음료의 의미

식음료(food and beverage)는 호텔에서 객실상품과 더불어 수익사업의 핵심적인 역할을 차지한다.

특히 1970년대 이전에는 호텔수입의 중심이 객실상품을 주축으로 이루고 있었으나, 최근에 오면서 소득과 의식수준의 급격한 향상과 여가시간의 증대로 말미암아 사람들은 새로운 식음료 문화를 요구하게 되었고, 호텔기업은 다양한 소비자의 욕구에 적합한 신개념의 식음료를 창출하게 되었다. 그리하여 오늘날 호텔사업은 객실과 식음료 상품을 주력상품으로 인식하면서부터 외식문화의 발전은 물론 식음료 사업에 혁신적으로 공헌하고 있다.

식음료는 매우 다양하면서도(다양성) 변동적인(변동성) 연출과 분위기 창출(혁신성)이 가능하여 고객의 천차만별적인 다양한 욕구충족을 극대화시키는데 그 역할을 담당할 수가 있다. 또한 식음료를 고객에게 제공하는 종사원들로 하여금 고객은 유익한 정보와 편안함을 동시에 추구할 수 있다.

그러므로 호텔사업에서 식음료의 역할은 첫째, 고객에게 식사와 음료를 생산하여 서비스와 함께 판매하게 되어 호텔기업의 이윤을 창출한다.

둘째, 인간의 가장 근본적인 욕구가 되는 식사와 음료를 서비스와 함께 제공하여 고객의 다양한 욕구충족에 기여하게 된다.

셋째, 일상생활의 문화공간으로서 식음료 공간을 이용할 수 있어 생활의 질적 향상에 기여하게 된다.

2) 호텔식음료 조직도 및 성공요소

호텔사업에서 식음료는 종사원의 매너, 기술, 업무능력, 인격 등에 따라 똑같은 물적인 상품일지라도 종사원의 역할에 따라 고객의 가치가 다르게 느껴진다. 특히 호텔기업에서는 일반적으로 인적서비스에 대한 비중이 일반기업보다 더욱 높기 때문에 훌륭한 인적자산의 확보가 곧 기업 경쟁우위의 핵심원천이 된다고 볼 수 있다. 그러므로 식음료는 유·무형의 상품이 동시에 만족스럽게 창출되어야 되기 때문에 호텔사업에서 매우 중요함을 알 수 있다. 따라서 호텔기업의 효율적인 식음료 경영을 위한 성공요소는 다음과 같다.

① 훌륭한 업무환경

기업환경은 조직이 보유하고 있는 정보화의 수준과 조직구성원들의 지식 그리고 이를 구성하고 있는 하드웨어적인 인프라에 따라 차이가 두드러지게 나타난다.

존 스비오크라(John Sviokla)는 조직 내 정보화의 수준, 인프라의 구축정도, 종사원의 교육훈련과 복지수준 등과 같은 기업환경이 매우 중요한 성공요인이 된다고 하였다. 따라서 호텔기업의 효율적인 식음료 경영에 있어서는 급격한 환경변화에 능동적으로 대처할 수 있는 변화관리의 필요성이 제기되고, 기업을 둘러싸고 있는 업무환경이 매우 중요함을 알 수 있다.

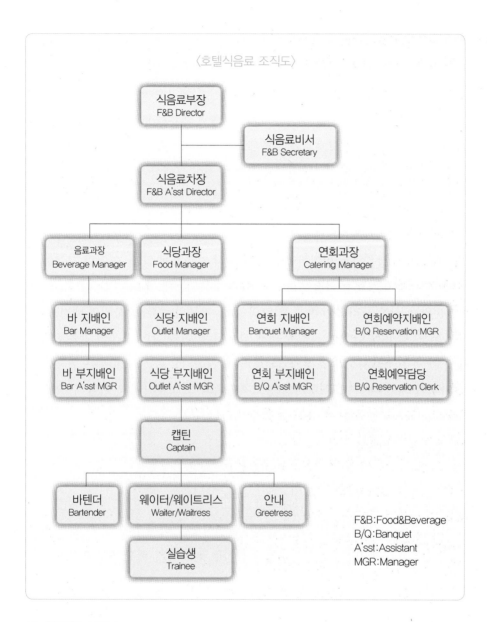

〈호텔식음료 조직도〉

F&B:Food&Beverage
B/Q:Banquet
A'sst:Assistant
MGR:Manager

② 친절한 서비스

종사원의 친절한 서비스는 훌륭한 업무환경에서부터 시작된다고 할 수 있다. 즉, 종사원이 기업에 대해서 만족과 보람을 느낄 때 외부고객에게 최고의 친절한 서비스행위가 자발적으로 나타날 것이며, 호텔기업의 모든 영업장에서 가장 중요한 것은 종사원 모두가 고객의 중요성을 깊이 인식하고, 친절한 마음과 훌륭한 인격을 갖추고 고객을 영접하는 것이 필요하다.

③ 훌륭한 식음료 상품

고객에게 최상의 음식과 음료의 제공은 식음료 경영에서 가장 기본이 된다. 훌륭한 식음료의 상품과 함께 질 좋은 서비스가 제공되면 고객은 최대의 만족과 자기가치를 경험하게 될 것이다. 다시 말해서 훌륭한 메뉴의 개발과 질 좋은 상품의 생산은 신선한 식자재와 음료를 적시에 구입하고 업무능력이 뛰어난 종사원이 정성을 다할 때 만족할만한 상품을 고객이 구매할 수 있을 것이다.

④ 고객가치의 창출

고객은 호텔에서 인적 서비스와 물적 서비스를 종사원으로부터 제공받게 되면, 그 가치에 상응하는 적합한 대가를 반드시 지불하게 된다. 이처럼 고객이 느끼게 되는 가치는 매우 복잡한 요인에 의해 작용되는데, 특히 가격, 서비스의 수준, 분위기, 각종 물리적인 환경, 식당의 시설, 기물의 종류, 종사원의 매너, 상품의 질 등 매우 다양한 요소에 의해 좌우된다. 이와 같이 고객의 만족도와 충성도가 높은 고객자산은 호텔기업의 수익을 지속적으로 창출해 주는 귀중한 무형자산이 되기 때문에, 호텔기업은 고객만족과 고객유치에 기여할 수 있도록 적극적으로 고객가치를 창출할 수 있어야 한다.

⑤ 훌륭한 경영전략

그란트(Grant)는 기업경영에서 주요 과업이 현존하는 자원과 역량을 적절하게 활용하여 기업의 가치를 극대화할 수 있도록 훌륭한 경영전략을 수립해야 한다고 주장하였다. 호텔기업은 고객의 불편사항을 즉시 해결할 수 있는 시스템을 갖추어야 하며, 경영전략 수립에 종사원과 고객의 의견이나 주장을 경영에 반영할 수 있어야 한다.

3) 호텔 식음료서비스의 유형

(1) 테이블 서비스 형식

테이블 서비스(table service) 형식은 가장 전형적인 서비스 형식으로서, 일정한 장소에 식탁과 의자를 설치하여 놓고 고객이 주문을 하면 잘 훈련된 종사원이 음식을 서브하는 식당의 형식을 말한다.

이러한 테이블 서비스의 형식은 아메리칸 서비스(American service), 프렌치 서비스(French service), 러시안 서비스(Russian service) 등이 대표적인 방식이다.

① 아메리칸 서비스 형식

아메리칸 서비스(American service)는 미국식 서비스 방식으로서 플레이트 서비스(plate service)형식과 트레이 서비스(tray service)형식으로 서브방법이 구분된다.

첫째, 아메리칸 서비스의 특징은 고객이 음식을 주문하면 주방에서 음식을 조리하여 플레이트(접시)에 보기 좋도록 균형과 조화를 이루도록 음식을 담아서 종사원이 고객에게 직접 음식이 담겨진 플레이트를 운반하면서 서브하는 방식을 플레이트 서비스 형식이라 한다.

둘째, 트레이 서비스 형식은 서브해야 하는 고객의 수가 많을 때 음식이 담겨진 플레이트를 몇 개씩 모아서 트레이(에나멜 쟁반)에 한꺼번에 옮겨 담아서 종사원이 고객에게 하나하나씩 서브하는 방식을 말한다. 이는 호텔의 룸 서비스(room service)나 항공기의 기내 식사를 제공할 때 많이 이용된다.

아메리칸 서비스는 오늘날에 오면서 신속한 서비스, 종사원 확보용이, 간단한 업무지식 요구, 적은 인원으로 많은 고객을 일시에 서브가능 등의 장점으로 말미암아 호텔의 연회서비스에서 많이 활용되고 있다.

이와 같은 아메리칸 서비스의 장·단점을 살펴보면 다음과 같다.

⚙ 장점

- 신속한 서비스가 가능하다.
- 고급식당 보다는 테이블의 좌석회전수가 빠른 식당에 적합하다.
- 적은 종사원으로도 많은 고객을 서브할 수 있다.
- 종사원의 확보가 용이하다.
- 종사원의 업무지식을 교육시키는데 많은 시간이 소요되지 않는다.
- 종사원의 다양한 업무지식을 많이 요구하지 않는다.

⚙ 단점

- 우아한 서비스가 아니라 단순한 서비스이다.
- 고객의 미각이 상실되기 쉽다.

- 준비된 음식이 비교적 빨리 식는다.
- 음식이 플레이트에 미리 담겨져 제공되기 때문에 분위기가 상실되기 쉽다.
- 종사원의 업무지식에 대한 노력이 비교적 소홀한 편이다.

② 프렌치 서비스 형식

프렌치 서비스(French service)는 프랑스식 서비스 형식으로서 일명 카트 서비스(cart service), 게리동 서비스(gueridon service), 프람베 서비스(flambee service) 라고도 불린다.

프렌치 서비스는 중후하고 우아한 멋과 지적(知的)인 분위기에 잘 어울린다. 이러한 방식은 원래 유럽의 귀족들이 여유로운 시간을 가지고 음식을 즐기던 것에서 시작되었으며, 전형적인 고급식당에서 서비스가 이루어진다. 이것은 유럽풍의 고급적인 실내장식과 카펫, 고급 테이블과 암체어(arm chair; 팔걸이 의자)가 조화롭게 구성된 식당에 잘 어울린다. 즉, 미리 준비된 음식의 재료와 조리비품 및 기구(가스램프, 알콜성 음료(브랜디), 각종 음식재료와 소스류 등)를 조리용 카트(cart) 또는 웨곤(wagon)에 싣고 이것을 고객의 테이블 앞까지 운반하여 고객이 보는 앞에서 대화를 나누며 접객종사원이 직접 음식을 요리하는 것을 말한다. 또는 게리동(gueridon)을 이용하여 실버 플래트(silver platter)에 담겨서 나온 음식을 접객종사원이 직접 레이소우(rechaud)나 알콜(가스)램프 등을 사용하여 음식을 데워서(주방에서 조리된 음식을 한 번 더 살짝 익힘) 고객이 먹기 편하도록 제공하는 형식이다. 이와 같은 서비스 방식은 다양한 서비스 기술이 요구되고 서브를 보조해주는 서비스 보조요원도 필요하다. 그리고 서브하는데 오랜 시간과 종사원의 높은 업무지식이 요구되고, 멋있어 보이는 쇼맨십도 발휘할 줄 알아야 한다. 프렌치 서비스의 장·단점을 살펴보면 다음과 같다.

⚙ 장점

- 고객이 조리의 마지막과정을 곁에서 지켜볼 수 있다.
- 고객의 입맛을 이끌어낼 수 있다.
- 고객의 미각과 선호도에 음식의 균형을 맞추어서 서브가 가능하다.
- 종사원의 업무능력에 따라 구전(口傳)에 의한 새로운 고객의 창출이 가능하다.

- 종사원의 업무능력에 따라 단골고객과 영업이익 창출이 가능하다.
- 식당의 분위기, 서비스의 중후성, 고객의 매너 등이 다른 서비스에 비하여 상대적으로 우수한 편이다.
- 종사원이 프라이드(pride)를 가지고 근무할 수 있다.
- 종사원은 우수한 기술과 업무능력을 평가받을 수 있다.
- 고객은 충분한 음식의 섭취가 가능하다.
- 따뜻한 음식을 고객의 기호에 맞게 제공할 수 있다.

🌀 단점

- 우수한 종사원의 확보가 어렵다.
- 마지막 조리과정이 오픈(open)되어 종사원이 부담을 느끼기 쉽다
- 일품요리(a la carte)를 취급하는 전문적인 고급식당에 적합하다.
- 종사원을 교육시키는데 많은 투자와 노력과 시간이 필요하다.
- 종사원의 인건비 부담이 다른 서비스에 비하여 상대적으로 높은 편이다.
- 테이블과 테이블 사이에 게리동이 움직일 수 있도록 넓은 공간이 필요하다.
- 다른 서비스에 비하여 시간이 많이 소요된다.
- 고객회전율이 늦은 편이다.

③ 러시안 서비스 형식

러시안 서비스(Russian service)는 일명 플래터(platter; 은쟁반)서비스라고도 한다. 이러한 서비스는 연회장에 가장 잘 어울리는 고급형 서비스이다(연회행사에는 서비스가 간편한 아메리칸 서비스도 많이 이루어진다). 즉, 플래터(platter; 은쟁반)에 주방에서 조리된 음식을 여러 명이 먹을 수 있는 분량(통상적으로 연회행사시 사용되는 원탁테이블은 6~8명의 고객이 적합함)만큼 옮겨담아서 접객종사원이 직접 고객에게 서비스 규칙에 따라 서브하는 방식이다. 특히 다른 서비스는 일반적으로 몇 가지만 제외하고는 고객의 우측에서 시계도는 방향으로 돌면서 종사원이 오른손으로 서브하지만, 러시안 서비스는 고객의 좌측에서 종사원이 플래터를 왼손에 들고 오른손으로 텅스(tongs; 집게)나 레들(ladle; 국자)을 사용하여 고객에게 서브하면서 시계도는 방향으로 움직이는 것이 다른 점이다.

러시안 서비스는 원래 연회장에 가장 잘 어울리는 전형적인 연회서비스이지만, 최근에 오면서 연회서비스는 호텔의 효율적인 경영적 측면에서, 훈련이 잘 안된 종사원도 서브가 가능하고 적은 인원으로 많은 고객을 대응할 수 있는 아메리칸 서비스 방식을 많이 활용하는 편이다.

러시안 서비스의 장·단점을 요약하면 다음과 같다.

😊 장점

- 우아하고 멋있는 서비스이지만 프렌치 서비스와 같이 특별한 준비기물이 필요한 것은 아니다.
- 우아하고 멋있는 서비스가 가능하다.
- 프렌치 서비스에 비해서 시간이 절약된다.
- 연회행사시 아메리칸 서비스에 비하여 분위기가 있어 보인다.

😊 단점

- 서비스 방식의 특성상 테이블의 마지막 고객은 미각을 잃기 쉽다.
- 테이블의 마지막 고객은 플래터에 준비된 마지막 음식을 서브 받아야 한다.
- 종사원의 세심한 서비스가 요구된다.
- 테이블에 앉아있는 고객은 서비스를 받는 순서가 정해지고 정해진 순서에 의해서 서브를 해야 한다

(2) 카운터 서비스 형식

카운터 서비스(counter service)는 식당의 구내에서 조리 카운터와 고객의 좌석을 설치해 놓고, 고객이 직접 요리사가 조리하는 과정을 지켜보면서 대화를 나눌 수 있는 형태의 서비스 방식으로서, 요리사가 조리된 음식을 고객에게 서브하거나 접객종사원이 서브를 담당하기도 한다. 이것은 고객이 직접 조리과정을 지켜보고 있으므로 한결 더 위생적이고 고객의 지루함을 없앨 수 있다. 또한 비교적 음식을 위생적이고 신속하게 제공할 수 있으며, 많은 서비스 인원이 필요치 않다.

카운터 서비스의 특징을 살펴보면 다음과 같다.

- 신속하게 식사를 제공할 수 있다.

- 고객의 불평요소가 적다.
- 음식이 위생적이다.
- 많은 서비스 인원이 필요치 않다.
- 분위기가 지적(知的)이지 못하고 가벼워 보인다.

(3) 셀프 서비스 형식

셀프 서비스(self service)의 방식은 고객이 스스로 음식을 운반하여 먹게되는 경우를 말하며, 메뉴구성에 따라 카빙(carving)과 생선초밥과 같은 경우에는 요리사가 적당한 분량으로 음식을 준비하여 고객이 음식을 가지러 오면 덜어주기도 한다. 이러한 서비스 형식은 신속한 식사, 소수의 종업원, 인건비 절감 등의 장점이 있으며, 오늘날 카페테리아(cafeteria)와 뷔페(buffet)식당이 가장 대표적이다.

셀프 서비스의 특징을 요약하면 다음과 같다.

- 고객에게 음식의 선택권이 있어 기호에 맞는 음식을 골라서 먹을 수 있다.
- 신속한 식사가 가능하며 고객회전이 빠르다.
- 고객은 음식을 먹기 위하여 기다릴 필요가 없다.
- 고객의 불평요소가 많지 않다.
- 소수의 종사원과 인건비가 절약된다.
- 메뉴구성에 따라 원가절감을 할 수 있다.
- 차별적인 서비스가 없으며 일괄적이다.

2. 식음료 경영의 특징

호텔경영에 있어서 식음료의 중요성이 점차적으로 높아가고 있는 추세이다. 이는 고객들의 식생활 변화와 조리기술의 발달이 조화를 이루면서 전반적으로 외식문화의 새로운 패러다임을 창출해내고 있다.

오늘날 우리나라의 조리기술과 접객 서비스 수준은 우수한 학력과 전문적인 교육시스템, 뛰어난 시설, 사회인식의 변화, 호텔기업의 국제화, 풍부한 인력 등으로 말미암아 세계 최고의 수준에 도달하고 있다. 그러나 무엇보다도 식음료 경영은 물적 서비스와 인적 서비스가 조화를 이루는 것이 중요하다. 특히 식음

료 경영은 고객의 주문에 의한 주문생산체재이며, 고객의 다양한 욕구를 상황에 맞게 만족시킬 수 있어야 하므로 상품의 표준화가 어렵다.

따라서 식음료 경영의 특징을 살펴보면 다음과 같다.

1) 생산과 판매의 동시성

호텔경영에서 특히 식음료 상품은 생산과 판매가 동시에 일어난다. 즉, 식음료는 고객의 주문에 의하여 상품이 생산되기 시작하는데, 주문되는 시점이 곧바로 상품을 판매한다는 것이다.

2) 수요예측의 불명확성

호텔경영은 사회, 정치, 경제, 계절, 기후 등의 여러 요인들에 의해 수요자가 영향을 받게 된다. 따라서 식음료 경영은 소비자의 환경변화 요인에 의해 수요를 명확하게 예측할 수 없다.

3) 원가관리의 고(高) 효율성

식음료 상품은 원가관리를 효율적으로 할 수 있다. 생산에 투입되는 재료비와 집기비품은 종사원의 업무수준에 따라 조정과 통제가 가능하다.

$$이익률 = \frac{총원가}{총매출액} \times 100$$

4) 장소적 한계성

일반제품은 소비자의 요구에 따라 생산된 상품을 장소에 구애받지 않고 이동이 가능하지만, 식음료상품은 장소를 이동하여 판매하는데 많은 한계가 있는 것이 특징이다. 또한 영업장의 규모, 좌석 수에 따라 고객의 회전율이 조정되고 통제된다.

5) 시간적 한계성

호텔사업에서 식당경영은 일반적으로 식사시간을 정해놓고 집중적으로 판

매시점을 고려하는 경우가 많다. 가령 호텔에서는 식음료 영업장의 특성에 따라 모두가 똑같은 것은 아니지만, 대체로 식사시간이 종료되는 시점과 다음 식사시간이 시작되는 시점의 그 중간을 크로스 타임(closed time)으로 설정하거나 느슨하게 운영을 하여 종사원들의 휴식과 재충전의 기회, 종사원 교육, 다음 영업의 준비시간 등으로 활용한다.

6) 보관의 한계성

일반기업에서는 상품생산을 위한 기자재 및 재료를 오래 동안 보관할 수 있지만, 식음료의 상품생산을 위한 식자재 및 재료는 일시적인 보관은 가능할지라도 장시간의 보관은 어렵다. 즉, 단시간 내에 판매되지 않으면 부패하기 쉽고, 비위생적이며, 신선도가 떨어져 고객의 선호도가 약화된다.

7) 유·무형의 상품성

호텔사업의 특성 중의 하나이지만, 특히 식음료 상품의 판매는 종사원에 대한 의존도가 높은 편이다. 즉, 식음료 경영에서는 상품의 질도 중요하지만 직접 고객과 접점(接點)하는 종사원들의 매너와 태도 등의 무형적인 서비스 능력은 그 무엇보다도 식음료를 판매하는 데는 중요하다고 하겠다.

3. 음료의 의미와 분류

1) 음료의 의미

인간은 신체상의 구성요건 가운데 약 70%가 물로 구성되어 있다고 한다. 이는 순수한 자연의 섭리로서 물의 구성으로 모든 생물이 존재한다고 할 수 있다. 따라서 인간의 생명은 물과 매우 밀접한 관계를 가지고 있는데, 물이 곧 음료(beverage)라는 것이다. 이처럼 인간은 물을 이용한 다양한 음료를 생산하기에 이르렀고, 이러한 음료는 우리의 일상생활에서 매우 중요한 구성요인의 하나가 되었다.

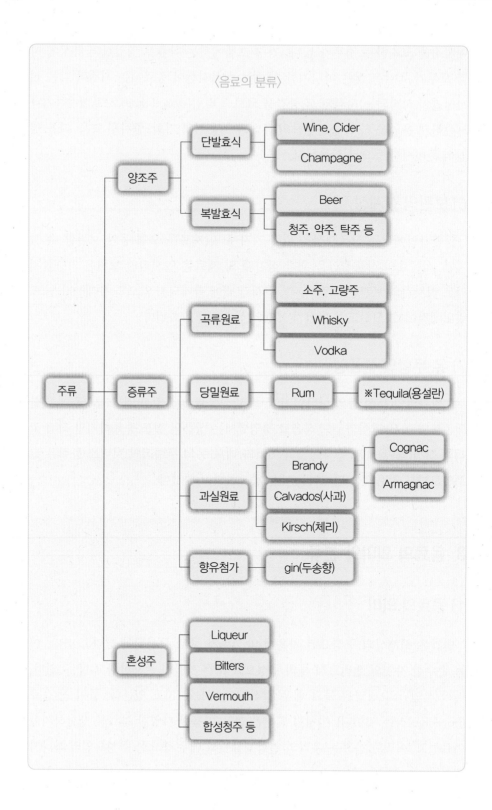

〈음료의 분류〉

일반적으로 우리나라에서는 음료를 비알콜성 음료(non alcoholic beverage)를 뜻하는 것으로 인식을 하고 있으며, 우리가 흔히 말하는 술을 알콜성 음료(alcoholic beverage)라고 생각하는 경우가 보편적이다. 그러나 서양인들은 음료에 대한 의미가 우리와는 현격하게 다르다. 즉, 서양에서는 음료라는 범주를 알콜성과 비알콜성 음료로 구분을 하지만, 통상 음료하고 하면 알콜성 음료로 생각을 한다.

그리고 와인(wine)이라고 하는 것은 포도주라는 뜻으로 많이 쓰이나, 넓은 의미로서는 술을 총칭하고, 좁은 의미로서 발효주(특히 과일)를 뜻한다고 할 수 있다. 또한 술을 총칭하는 말로 리큐르(liquor)가 있으나, 이는 주로 증류주(distilled liquor)를 말하며 독한 술(hard liquor) 또는 스피릿(spirits)으로 불리기도 한다.

2) 음료의 분류

음료를 구체적으로 분류하면 알콜성 음료(alcoholic beverage = hard drink)와 비알콜성 음료(non alcoholic beverage = soft drink)로 크게 구분된다. 여기서 알콜성 음료는 일반적으로 술을 의미하고, 비알콜성 음료는 청량음료, 영양음료, 기호음료를 나타낸다.

3) 알콜성 음료

알콜성 음료로 불리는 술은 알콜과 물의 혼합물로서 원료, 제조과정, 발효, 증류 등의 제법과정에서 양조주와 증류주 그리고 혼성주로 구분된다.

우리나라의 주세법에서는 곡류의 전분과 과실의 당분 등을 발효시켜 만든 1% 이상의 알콜 성분이 함유된 음료를 총칭하여 술이라고 하고 있다.

(1) 양조주

양조주(fermented liquor)는 가장 오래 전부터 인간이 마셔 온 술로 전해지고 있다. 이는 곡류(穀類)와 과실(果實) 등의 당분이 함유된 원료를 효모균(酵母菌)의 발효작용을 통하여 얻어지는 주정(酒精)을 말한다. 양조주의 대표적인 주

요 종류는 포도주(wine)와 사과주(cider)가 있고, 전분을 원료로 하여 그 전분을 당화시켜 다시 발효공정을 거쳐 얻어내는 것으로써 맥주와 청주가 있다.

양조주는 일반적으로 알콜의 함유량이 비교적 낮은 3%~18%이다. 대표적인 양조주의 종류로서는 맥주, 청주, 포도주, 막걸리 등이 있다.

(2) 증류주

증류주(distilled liquor)는 곡물이나 과실 또는 당분을 포함한 원료를 발효시켜서 약한 주정분(양조주)를 만든 후, 그것을 다시 증류기에 의해 증류를 시킨 술을 말한다. 이것은 효모의 성질이나 당분의 함유량에 의해 대략 8%~14% 내외의 알콜을 함유한 양조주의 성분을 보다 더 알콜이 강화된 성분의 주정을 얻기 위하여 증류시킨 술을 의미한다. 따라서 증류주는 스피릿(spirits)으로도 불리며, 칵테일의 주요 베이스(base)로서 가장 많이 활용되고 있다.

대표적인 증류주의 종류로서는 위스키(whisky), 브랜디(brandy), 진(gin), 럼(rum), 데킬라(tequila), 보드카(vodka), 소주, 고량주 등이 있으며, 비교적 알콜 함유량이 높다.

(3) 혼성주

혼성주(compounded liquor)는 과일이나 곡류를 발효시킨 주정을 기초로 만든 증류주에 약한 알콜분을 더하면서 정제한 설탕으로 감미를 더하거나 과실, 약초류, 향료 등의 초근목피(草根木皮)의 침출물로 향미를 첨가하면서 한번 더 증류과정을 거친 주정을 말한다. 즉, 양조주나 증류주에 향료나 약초, 초근목피 등의 원료성분을 첨가하고 정제한 설탕이나 꿀 등으로 감미롭게 향과 색, 맛 등을 가미하면서 증류한 주정을 의미한다. 이는 흔히 꼬디얼(cordial), 리큐르(liqueur) 등으로 불리기도 한다.

혼성주는 칵테일의 부재료로 가장 많이 사용되고 있으며, 색채와 향, 맛 등이 독특하고, 알콜 함유량이 매우 다양하게 나타난다. 또한 이는 식후주로서도 많이 사용되며, 간장, 위장, 소화 작용에도 도움이 되기도 한다.

대표적인 혼성주의 종류로서는 슬로우진(sloe gin), 크림드카카오(creme de cacao), 체리브랜디(cherry brandy), 에프리컷브랜디(apricot brandy), 베네

딕틴 디오엠(benedictine D.O.M), 버무스(vermouth), 비터(bitters), 드람브이(drambuie), 깔루아(kahlua), 갈리아노(galliano) 등 매우 다양한 혼성주가 있다.

4) 비알콜성 음료

비알콜성 음료를 통상 소프트 드링크(soft drink)라고도 하는데, 이는 일반적으로 청량음료, 영양음료, 기호음료가 대표적이다. 특히 청량음료는 탄산음료와 무탄산음료로 구분하며, 칵테일의 부재료로 많이 사용되기도 한다.

(1) 탄산음료

이는 탄산가스가 함유된 음료로서, 탄산가스는 청량감을 주면서도 미생물의 발육을 억제하고 향의 변화를 방지하는 특성이 있다. 이와 같이 탄산음료는 천연광천수로 제조되는 것과 순수한 물에 탄산가스를 함유시킨 것 그리고 음료수에 천연 또는 인공의 감미료를 함유시킨 것이 있다.

탄산음료의 대표적인 종류는 콜라(coke), 소다수(soda water), 토닉 워트(tonic water), 사이다(cider), 진저엘(ginger ale) 등이 있다.

(2) 무탄산 음료

무탄산 음료는 탄산가스가 없는 것으로서 무색(無色), 무미(無味), 무취(無臭)의 광천수(mineral water)를 말한다. 광천수는 천연광천수와 인공광천수가 있으며, 인공광천수는 칼슘, 인, 마그네슘, 철 등의 무기질이 함유되어 인체(人體)에 무해한 성분을 가지고 있다.

세계 3대 무탄산 음료로는 비시수(vichy water), 셀처수(seltzer water), 에비앙수(evian water)가 있다.

(3) 기타음료

기호음료는 일반 대중들이 즐겨 마시는 것으로서, 커피(coffee)와 차(tea) 종류가 대표적이다. 그리고 영양음료는 우유(milk), 쥬스류 등이 있다.

 연회서비스의 기본적 이해

1. 연회서비스의 의의와 개념

1) 연회서비스의 의의

우리나라는 예전부터 결혼, 회갑, 돌, 백일, 약혼식 등을 가정에서 음식을 준비하여 이웃 주민들과 손님을 초청해서 연회를 베풀었다. 또한 회갑연이나 축하 잔치에는 명창들을 초청하여 가무를 즐기기도 하였다. 이러한 가운데 호텔사업의 급속한 발전과 산업화, 도시화, 핵가족화 등 사회현상의 변화와 더불어 예전에 주로 가정에서 연회를 베풀던 것이 점차적으로 연회시설이 잘 갖추어진 호텔연회장에서 각종 이루어지기 시작하였다.

호텔연회의 수요가 점차 증가됨에 따라 각 호텔에서는 연회서비스 부문만을 전문적으로 담당하는 부서가 확산되기 시작하였다. 게다가 근대화에 접어들면서 국제행사의 적극적인 유치와 각종회의, 세미나, 전시회, 개인이나 단체의 모임 등 다양한 연회행사가 지속적으로 전개되어 왔다.

연회행사는 회의의 성격과 규모에 따라서 일시에 많은 고객을 호텔 내로 유입할 수 있고, 훌륭한 연회서비스로 호텔의 이미지와 홍보를 극대화시킬 수 있다. 또한 전시컨벤션 또는 각종 회의에 참석하는 고객들에게 객실 및 기타 부대시설의 이용하게 유도함으로써 호텔의 매출증대에 크게 기여할 수 있다.

2) 연회서비스의 개념

연회(banquet)란 사전적 의미로 축하, 위로, 환영, 석별 따위를 위하여 여러 사람이 모여 베푸는 잔치를 의미한다. 따라서 호텔에서의 연회는 이러한 의미뿐만 아니라 각종 회의, 세미나, 전시회, 교육, 패션 쇼, 디너 쇼, 발표회, 국제회의 등 다목적적인 의미도 포함하고 있다. 그리하여 호텔의 연회장은 단일 영업장으로서는 가장 넓은 범위와 호텔수입원의 중요한 요소가 된다고 하겠다.

　호텔연회는 "단체고객"에게 식음료외 기타 부수적인 사항 즉, 회의, 가족행사, 일반행사, 여흥, 시설공간제공 등을 종합적으로 서비스하고, 이들이 연회행사 목적을 달성할 수 있도록 최상의 서비스를 제공하는 것이다.

　이와 같이 연회서비스(banquet service)는 호텔의 규모와 등급별, 경영정책에 따라 다소 차이가 있으나. 각종 연회행사에 대한 고객과의 계약환경에 따라 종합적인 서비스를 실질적으로 제공하는 호텔의 핵심부서이다. 그러므로 연회서비스는 호텔기업에서 종합적인 서비스를 수행할 수 있어야 한다. 그리고 종합적인 서비스란 연회행사가 접수되기까지는 고객과 호텔간의 행사계약(event order)을 체결하면서부터 본격적인 서비스 업무가 시작되고, 이것이 행사주체부서로 인계되면 객실과 식음료 및 기타 부대영업장, 영업지원(관리)부의 모든 부서들이 종합적으로 행사성격과 특성에 맞추어 유기적인 협조체계를 유지하면서 대고객 서비스 업무에 만전을 기해야 하기 때문이다. 이러한 행사계약을 처음으로 수행하는 곳이 연회예약(banquet reservation)실의 업무로서, 이들은 객실과 식음료 및 기타 부대영업장의 업무지식과 특성을 우선 알고 있어야 한다.

　그 이유는 연회예약실의 업무능력이 곧바로 연회서비스의 원활한 행사계획의 수립과 실행에 직접적인 영향을 미치고, 이는 호텔의 매출창출과 직결되기 때문이다. 따라서 호텔관리자들은 연회서비스 부문을 종합적으로 관리하고 인사정책을 고려하여 적정한 순환근무 제도를 실시해야 한다. 왜냐하면 연회서비스는 종사원의 정신적, 육체적 노동 강도가 다른 영업장에 비해 훨씬 높을 뿐만 아니라 행사성격에 따라 근로시간의 탄력적 운영이 불가피하기 때문이다.

　우리나라의 호텔기업은 연회부문을 독립적인 부서로 편성하는 호텔들도 있지만, 아직까지 대부분은 식음료 부문에 편제(編制)하여 식당과, 음료과, 연회과 또는 식음료과, 연회과로 업무를 분장(分掌)하는 경우가 많다.

3) 연회서비스의 직무별 특성

(1) 연회지배인

　연회지배인(banquet manager)은 연회의 운영관리와 연회종사원의 교육과 감독 및 서비스의 모든 업무를 총괄하는 총책임자이다. 이러한 직책은 물론 호텔

의 특성에 따라 연회이사, 연회부장, 연회과장의 직책이 있는 호텔기업도 있겠으나, 본 교과에서는 연회서비스의 총책임자를 연회지배인으로 고려 한 이유는 연회서비스의 실무에서 사실상 연회지배인이 연회에 대한 모든 업무를 책임지며 수행하고 있기 때문이다.

연회지배인의 주요업무를 살펴보면 다음과 같다.

- 연회행사의 매출증진을 위하여 연회서비스의 기술을 개발한다.
- 연회시설의 관리와 업무흐름에 대한 조정과 통제를 한다.
- 연회상품의 판매계획을 수립한다.
- 고객의 불편사항을 접수하며, 이를 신속하게 해결한다.
- 타부서와의 긴밀한 협조체재를 유지 발전시킨다.
- 고객과 종사원의 안전관리에 책임을 다한다.
- 연회장의 업무환경을 최상의 상태로 관리하고 감독한다.
- 종사원에 대한 교육과 근태(勤怠)관리를 책임진다.
- 탄력적인 근로시간의 유지감독과 이에 대한 보상을 책임진다.
- 각종 소모품과 행사기자재를 철저히 감독한다.
- 호텔의 각종 업무회의에 참석한다.
- 연회서비스의 인력운영 계획을 수립하고 원활한 행사수행을 위하여 충분한 예비인력(실습생, 인력헬프시스템(MHS ; Manpower Help System)의 구축 등) 또는 보조인력(아르바이트)을 확보하도록 한다.
- 행사보조(아트 룸(art room), 플라워 숍(flower shop), 하우스맨(houseman), 음향조명실, 기타 용역 등)부문을 통제하고 감독한다.
- 일일매출현황을 감독하고 철저한 인벤트리(inventory)와 점검을 한다.
- 행사기자재의 불출감독과 적정한 확보 및 유지
- 행사진행자의 요구사항을 적정하게 고려하여 업무지시
- 행사종료 후 고객만족도 조사 및 점검
- VIP고객의 영접과 환송
- 마케팅의 코디네이터(coordinator)와 행사장 수시점검 및 조정과 통제
- 특별 이벤트행사의 기획과 감독

(2) 연회 부지배인

연회 부지배인(banquet assistant manager)은 연회지배인의 업무를 보좌하고, 행사계획서에 의거하여 실질적으로 행사준비에 필요한 제반사항을 감독하고 행사장 준비와 함께 연회종사원의 인력배치 및 교육과 업무지시를 수행한다. 또한 연회행사의 모든 준비 및 철저한 확인감독과 서비스 수행에 직접적인 조장을 맡으며 종사원들을 진두지휘 한다.

연회 부지배인을 일명 연회캡틴(banquet captain)이라고도 하며, 주요업무 내용을 요약하면 다음과 같다.

- 연회지배인 유고시 임무를 대행한다.
- 각종기물과 린넨류를 관리 유지하며 최상의 서비스를 제공한다.
- 고객의 영접을 담당하며, 고객의 불평을 해결한다.
- 신속, 정확한 서비스를 위하여 조리부문과 긴밀히 협조한다.
- 경비절감과 에너지 절약에 힘쓴다.
- 연회종사원 교육과 실습생(trainee)들을 효율적으로 견습시킨다.
- 연회행사에 대한 계산서의 취급과 영업보고를 한다.
- 행사지시서에 의거하여 행사배치도를 수립한다.
- 행사배치도에 의거한 인력운영 계획을 수립한다.
- 연회부문의 일일보고서 작성과 영업마감을 책임진다.
- 연회장의 안전관리와 시설물을 수시로 점검한다.
- 관련 부서와의 업무협조에 대한 계획을 수립한다.
- 연회종사원의 근무계획표(working schedule)를 융통성 있게 작성하고 이를 행사계획에 의거하여 수시로 점검한다.

(3) 연회종사원

연회종사원은 웨이터(waiter)와 웨이트리스(waitress)로 구성되어 있으며, 최근에는 접객보조원으로 예비 호텔리어(hotelier)인 실습생(trainee)을 많이 견습시키고 있다. 이들은 연회캡틴의 지시에 의하여 항상 안전사고에 주의하면서 행사계획표에 따라 다양한 세팅(setting)과 테이블을 배치하며(lay out) 식음료

(food and beverage)를 서비스한다. 특히 이들은 정신적, 육체적인 노동의 강도가 다른 종사원에 비하여 높은 편이며, 각종 매뉴얼(manual)에 근거한 다양한 업무지식이 총체적으로 요구된다. 따라서 효율적인 인력운영 계획에 근거하여 정기적인 순환근무제도와 각종 인센티브(incentive)의 제공 등을 종합적으로 고려하여야 한다.

구체적인 연회종사원의 주요업무는 다음과 같다.

- 연회캡틴의 업무지시를 준수하며 책임감을 다한다.
- 연회행사와 관련된 제반 업무현황을 숙지한다.
- 최상의 복장과 용모를 관리하고 자신의 매너를 관리한다.
- 행사장의 세팅과 행사배치도에 의한 준비를 철저히 한다.
- 행사종료 후 사용기자재와 장비의 정리정돈을 철저히 한다.
- 행사장 청결유지와 각종 안전사고 예방에 최선을 다한다.
- 항상 업무에 투입될 수 있도록 철저히 체력관리를 한다.
- 신속, 정확, 친절한 서비스와 개인위생에 유의한다.
- 접객 보조요원을 세심한 배려와 함께 업무견습을 시키고 지시를 한다.
- 각종 소모품과 비품의 절약에 최선을 다한다.
- 고객 불편사항이 발생되지 않도록 주의하며 이에 신속히 응대한다.
- 각종 제반 보고사항이 발생되면 즉각 상사에게 보고한다.
- 연회의 특성상 탄력적인 근무시스템의 지침을 준수한다.

2. 연회서비스의 점검과 종류

1) 연회서비스의 점검과 절차

연회행사의 점검은 행사가 시작되기 전에 모든 작업을 마무리하고, 이상이 없는가 등을 최종적으로 확인·점검하는 것이다. 연회행사와 관련하여 호텔 측에서는 어떠한 행사일지라도 항상 끊임없이 지속되기 때문에 중요하게 인식되지 않을 수도 있으나, 행사주최자의 입장에서 보면 매우 중요한 행사이고, 행사목적을 반드시 달성하고자 기대를 할 것이다.

특히 연회행사를 성공적으로 완료하기 위해서는 각 관련 부서간의 협동은 필수적이다. 일반적으로 연회행사가 접수되면 각 부서의 책임자들이 모여 연회행사에 대한 세부사항을 논의한다. 단체행사 범위가 넓고 특별한 경우에는 실제로 행사가 시작되기 몇 개월(3~6개월) 전에 세부사항이 계획되며, 각 부서간의 책임자와 충분한 사전협의가 이루어진다.

연회서비스의 책임자는 행사계획서에 의거하여 확인해야할 사항은 연회행사의 목적, 인원, 고객 층, 연회명칭, 연회의 종류와 테이블 플랜(table plan), 연회장의 사용규모, 식음료의 종류, 행사진행의 흐름도, 주최자의 요구사항, 행사시간 등을 정확히 파악하여 서비스의 수행능력 정도를 평가하고, 행사준비에 대한 계획을 수립한다.

연회행사에 대한 절차는 다음과 같다.

첫째, 연회행사의 요청이 들어오면 행사 주최측과 호텔간의 행사내용을 적정하게 계약하고, 행사계약서를 작성하여 관리자에게 승인을 받는다.

둘째, 행사계획서에 의거하여 행사명, 메뉴 및 인원, 행사일시, 행사시간, 세부적인 행사내용 등이 기록된 연회행사통보서를 협조사항과 함께 관련부서에 보낸다.

셋째, 접수된 행사의 예약확인서에 의거하여 연회부서에서는 행사계획서를 수립한다.

넷째, 행사계획서에 의거하여 필요한 각종 연회기자재 사용가능 장비현황을 점검하고, 고객의 요구내용을 수행하는데 이상이 없는지를 점검하고 필요한 조치를 한다.

다섯째, 행사계획서에 의거하여 인력운영계획(manpower schedule)을 수립하고, 각 포지션(position)별 담당자를 선정하여 임무를 부여한다.

여섯째, 행사시간대별 작업순위를 정하고 맨파워(manpower)를 분산 배치한다.

일곱째, 할당된 작업 지시서에 의거하여 각종 테이블과 좌석배치, 각종 기자재 세팅, 린넨류 점검, 행사에 필요한 각종 홍보물 부착, 최종 바닥점검 등의 절차를 연회성격에 알맞게 배열하여야 한다. 이는 출입문과 창문, 기둥과 무대의 위치 등 공간을 최대한 균형을 맞추어 활용하고, 테이블 배치는 연회의 성격과 테이블 서비스의 유형에 따라 조화롭게 배치한다.

마지막으로, 연회행사 준비가 모두 완료되었으면 연회지배인은 철저히 확인 감독을 하도록 하고, 이상유무가 없는지 점검한다.

이상과 같이 연회서비스는 매우 다양하고 복잡하며 언제 어느 때라도 돌발적인 상황이 항시라도 발생할 수 있다. 그러므로 연회종사원은 항상「무에서 유를 창조」한다는 마음자세로 직무에 임해야 한다.

2) 연회서비스의 행사흐름도

호텔의 연회서비스는 고객이 호텔에 도착하면서부터 시작하여 연회행사를 마치고 고객이 호텔을 완전히 떠날 때 끝난다. 따라서 연회서비스는 연회행사가 진행되기 이전 단계의 서비스(고객 영접), 연회 행사진행 중 서비스(식음료 서비스 및 어텐션(attention)), 연회행사 진행 후 서비스(고객 환송)로서 크게 3 단계로 구분할 수 있다.

(1) 고객 영접

- 먼저 고객이 입장하기 전에 웨이터, 웨이트리스는 연회장 입구에 정렬하여 고객의 입장을 기다린다(stand by).
- 연회장 입구에 정렬할 때에는 키의 순서대로 선다. 웨이터가 입구로부터 가까운 쪽에 서고, 웨이트리스는 그 다음에 잇달아서 중간 중간에 남녀가 혼합되도록 정렬한다. 그런데 경우에 따라서는 오른쪽에 웨이트가 위치하고, 왼쪽에 웨이트리스가 정렬하는 방법도 있다.
- 고객이 입장을 시작하면 웨이터와 웨이트리스는 순서대로 고객을 연회장 안으로 안내한다. 만약 좌석이 정해져 있으면 좌석위치를 살피면서 좌석까지 안내한다.
- 헤드웨이터 또는 캡틴은 입구에서 마지막 고객까지 영접을 하면서 연회에 참가하는 손님의 수(인원)를 파악한다.

(2) 식음료 서비스 및 어텐션(attention)

연회에서 고객에 대한 식음료 서비스는 테이블 서비스(table service)와 입식 서비스(standing service) 두 가지가 있는데, 연회성격과 목적에 따라 계획된 서

비스 형식으로 고객에게 식음료를 제공한다. 특히 연회행사의 진행 중에는 다음과 같은 사항에 유의하여야 한다.

① 행사 중 늦게 도착한 손님에 대하여

연회에 늦게 도착한 손님의 성명을 먼저 확인하고, 가급적 행사주최자의 동의를 구한 다음에 행사장으로 안내한다.

② 요리서비스

요리서비스는 연회의 성격과 목적에 따라 다소 차이가 있으나, 많은 사람이 참석한 연회에서 정식메뉴의 서브는 행사진행 중의 코스부터 차례대로 시작하는 것이 적당하다(이 경우에 연회지배인은 사전에 행사진행자와 충분한 협의와 이해를 구해야 한다. ←행사주최자는 메뉴의 서브순서와 서브시간을 알지 못할 수도 있으므로)

③ 행사도중에 퇴장하는 손님에 대하여

사정이 있어서 일찍 퇴장하는 손님이 있을 경우, 종사원은 고객이 퇴장할 시간이 되면 고객의 곁으로 가서 낮은 목소리로 고객에게 시간을 알려주고, 조심스럽게 고객을 출구 쪽으로 안내한다.

④ 스피치(speech)에 대하여

스피치를 하는 손님에 대해서는 미리 파악해 두었다가 스피치 손님의 객석과 순서를 메모해 둔다. 앞 손님의 스피치 도중에 다른 마이크를 다음 스피치 손님의 좌석에 준비하는 경우도 있다.

⑤ 전화의 연결에 대하여

손님에게 전화가 걸려왔을 경우에는 객석을 살펴보고 손님에게 전화가 걸려왔음을 조심스럽게 알린다. 뷔페 등의 경우에는 페이징 보드(paging board)에 손님의 성명을 적어서 회의장을 돌면서 주의를 환기시킨다.

⑥ 실내분위기의 조정과 통제

적정온도 조절, 음향, 조명 등에 대해서는 항상 주의를 기울이며 수시로 점검하고 실내 환경을 항상 쾌적하게 유지시킨다.

⑦ 행사시간의 조정과 통제

연회의 진행은 경우에 따라서 행사주최측이 예정된 시간을 준수하지 못할 때
가 있는데, 이렇게 되면 다른 행사준비에 차질이 생길 수도 있으니 연회지배인
은 행사진행자의 충분한 협의와 이해를 구한 후에 행사시간을 조정하거나 통제
해야 한다.

⑧ 행사진행자 및 사회자의 보좌

연회를 성공적으로 마치기 위해서는 경우에 따라서 행사진행자 또는 사회자
를 보좌한다.

(3) 고객 환송

- 연회가 끝나면 웨이터(waiter), 웨이트리스(waitress)는 손님을 전송하고,
  좌석 등에 분실된 물건이 없는가를 체크한다.
- 연회지배인 또는 캡틴은 주최자 측에 정중한 인사를 하고, 회계카운터
  (cashier desk)로 행사주최자를 안내하여 요금청구서의 확인 및 정산을 마
  무리하도록 한다. 그리고 장소가 혼잡할 때는 손님의 흐름을 조심스럽게
  조절한다.
- VIP고객 또는 특별한 경우에는 호텔정문 입구까지 일부 종사원들을 이끌
  고 환송 서비스(sending service)를 실시한다.
- 모든 고객이 연회행사장을 떠나게 되면, 다시 한 번 최종적으로 고객의 분
  실물이 없는가를 확인한다.
- 행사장에서 사용된 장비들과 기자재를 점검하고, 다음 행사를 준비한다.

3) 연회서비스의 종류

(1) 테이블서비스 파티

테이블서비스 파티(table service party)는 일명 디너파티(dinner party)라고도
하는데, 정식요리를 제공하는 것을 원칙으로 하는 파티를 말한다. 즉, 연회행사
중에서도 가장 격식을 갖춘 의식적인 연회로서 그 비용도 높을 뿐만 아니라 사
교상의 어떤 중요한 목적이 있을 때 개최되는 것을 의미한다.

초대장을 보낼 때에는 연회의 목적과 주빈의 성명을 반드시 기재한다. 그리고 초대장에는 참석할 시 복장에 대해 가급적이면 명시를 해야 되지만, 만약 명시가 안 되었으면 정장차림이 원칙이다. 일반적으로 서구나 유럽 쪽에서의 디너 파티(dinner party)에는 당연하게 예복을 입고 참석해야 하는 것으로 인식하고 있다.

이러한 연회의 형식에서는 반드시 식순과 절차가 사전에 정해지고, 참석자가 많을 경우에는 연회장 입구에 테이블 배치도를 진열하여 참석자들의 혼란을 방지하도록 해야 한다. 디너파티에서는 통상적으로 초청자와 주빈이 입구 쪽에 일렬로 서서 손님을 맞이한다.

가령, 식사 전 리셉션 칵테일(reception cocktail)을 가지며, 식당의 입장에서는 호스트(host)가 주빈 부인을 에스코트(escort)하여 선도하도록 하고, 다음으로 주빈이 호스테스(hostess)를 안내하며 그리고 그 외의 사람들은 남성이 여성에게 오른팔을 내어 잡도록 하여 좌석순서에 의거하여 착석한다.

식사요리의 코스가 예정대로 진행되어 마지막 디저트 코스가 들어오면 주빈은 자리에 일어서서 간략하게 인사말을 한다. 식탁의 배열은 식당이나 연회장의 넓이와 참석자 수, 그리고 연회의 목적에 따라 여러 가지 스타일로 연출된다. 식순에 있어서는 파티의 성격, 사회적 지위나 연령층에 따라 구분되는데, 이는 사전에 행사주최자와 충분한 협의와 이해를 획득한 후에 결정한다. 외국인의 경우는 부인을 위주로 하며 대체적으로 상석(上席)은 입구반대편이 상석이 된다.

(2) 칵테일 파티

칵테일 파티(cocktail party)는 여러 가지 주류와 음료를 주 메뉴로 선정하고, 오드블(hors d'oeuvre)을 곁들이면서 통상적으로 스텐딩(standing)형식으로 행해지는 연회를 말한다.

이는 식사 중간 특히 오후 저녁 식사 전에 베풀어지는 경우가 많다. 축하연이나 특정인의 영접 때에는 그 규모와 메뉴 등이 다양하고 서비스 방법도 공식적으로 차원 높게 베풀어지지 않으면 안되나, 일반적으로 결혼, 생일 등의 기념일에는 실용적인 입장에서 칵테일 파티가 이루어지기도 한다. 호텔은 칵테일 파티를 준비함에 있어서 정확한 초대인원, 메뉴의 구성, 파티의 성격과 가격 등을

미리 파악하여 놓지 않으면 안 된다. 특히 소요되는 주류를 얼마나 준비하여야 하는가 하는 문제는 매우 중요하다. 보통 한사람 당 3잔정도 마시는 것으로 추정하는 것이 합리적이다.

칵테일 파티는 테이블서비스 파티(디너파티)에 비하여 그 비용이 적게 들며 지위고하를 막론하고 자유로이 이동하면서 자연스럽게 이야기를 나눌 수 있다. 따라서 현대인들에게 더욱 편리한 사교모임의 파티라 할 수 있다.

칵테일 파티는 고객들이 파티장소 입구에서 주최자와 인사를 나눈 다음에 입장을 하고, 연회장 내에 준비되어 있는 바(bar)에서 좋아하는 칵테일이나 음료를 주문하여 마시면서 다른 참석자들과 자유분방하게 어울리면 된다.

이 때 종사원들이 특히 주의해야 할 점은 준비되어 있는 음식과 음료가 모두 소비되어야 하므로, 셀프서비스(self service) 형식일지라도 고객 사이를 자주 돌아다니면서 재 주문을 받도록 해야 한다. 특히 여성고객들은 오드블이 마련된 테이블에 자주 가지 않는 경향이 있으므로, 오드블 서브 트레이(tray)를 들고 고객 사이를 돌아다니면서 서비스를 하도록 해야 된다.

(3) 뷔페파티

뷔페파티(buffet party)는 파티의 격식과 주문형태에 따라 매우 다양한 유형으로 준비가 가능하다. 즉, 주문되는 가격에 따라 샌드위치와 간단한 음식으로만 준비도 가능하고, 여러 코스의 많은 음식으로도 파티가 가능하다. 따라서 호텔에서는 뷔페파티를 준비하기 위해서는 일정한 가격이상을 정해놓고 있다.

뷔페파티에서는 찬 음식(cold meal)과 더운 음식(hot meal)을 같이 준비할 수 있으며, 준비된 음식을 연회종사원이 직접 서브를 할 수도 있고 고객이 자기 양껏 기호대로 가져다 먹을 수도 있다. 물론 뷔페파티에서도 디너파티와 같이 격식과 분위기를 충분하게 갖출 수 있기 때문에 일반 고객들이 많이 선호하기도 한다.

뷔페파티는 참석 인원수에 맞게 음식을 큰 쟁반이나 은쟁반에 담아서 뷔페테이블에 올려놓고 서비스 스푼과 포크(service spoon & fork) 그리고 집게(tongs)를 준비해 놓으면 된다. 이렇게 준비를 해 놓으면 고객들이 스스로 적당량을 선택해서 식사를 하면 된다. 이 파티는 좌석순위나 격식이 크게 필요 없는 것이 장

점이기도 하지만, 고객의 요구에 의해서 얼마든지 분위기와 격식을 연출할 수도 있다. 그리고 연회종사원은 음료서비스에 관심을 가져야 하며, 사용된 접시나 기물들은 테이블을 자주 돌아다니면서 주의 깊게 회수해 주어야 한다.

뷔페파티에는 입식 뷔페파티(standing buffet party), 착석 뷔페파티(sitting buffet party), 테이블 뷔페파티(table buffet party)의 형식이 있다. 그리고 뷔페파티에 참석하는 고객의 구분에 따라 오픈뷔페(open buffet)와 클로즈뷔페(closed buffet)가 있는데, 이것은 앞장에서 이미 설명되었다.

① 입식 뷔페파티

입식 뷔페파티를 스텐딩 뷔페파티(standing buffet party)라고 한다. 이 파티는 칵테일 파티와 같이 고객들이 좌석에 앉아서 식사를 하는 것이 아니라, 서서 식사를 하며 자유스럽게 다니면서 사교를 즐기는 형태의 파티를 말한다. 즉, 이러한 뷔페형식은 「한 손에 접시를 들고 다른 한 손은 포크를 들고 서서하는 식사」라고 정의할 수 있는데, 이러한 식사 형태는 공간이 비좁아서 테이블과 의자를 배치할 수 없는 경우에 적합하다.

또한 스텐딩 뷔페파티는 고객들이 기호에 맞는 음식을 마음껏 즐길 수 있는데, 때로는 연회장 벽면 쪽으로 의자를 배열하여 고객의 편의를 함께 제공하기도 한다. 그리고 스텐딩 뷔페파티는 착석 뷔페파티에 비해 비교적 형식에 구애를 덜 받지만, 식탁 없이 식사를 해야되기 때문에 많이 불편한 단점이 있다.

② 착석 뷔페파티

착석 뷔페파티(sitting buffet party)는 음식이 뷔페테이블(buffet table)에 준비되어 있으면 고객이 기호에 맞는 음식을 덜어서 자기 테이블에 가져 와서 음식을 먹게 되는 경우를 말한다. 따라서 고객의 테이블에는 음식을 먹기 위한 각종 기물(glass ware, fork, knife, napkin)들이 사전에 세팅되어 있어야 한다.

③ 테이블 뷔페파티

테이블 뷔페파티(table buffet party)는 뷔페테이블(buffet table)을 별도로 설치하지 않고, 메뉴에 따른 적정량의 음식을 작은 용기를 사용하여 종류별로 고객용 식탁에 직접 세팅해 놓는 것을 말한다. 이것은 일반적인 뷔페파티와 달리 고객들은 일어서서 음식을 가지러 갈 필요가 없으며, 고객용 식탁의 앉은 그 자

리에서 음식을 적당량 덜어서 식사를 할 수 있다. 그러므로 일반 뷔페파티보다 좀 더 품위 있고 조용하게 많은 인원의 손님들에게 뷔페를 제공할 수 있는 장점은 있으나, 고객용 테이블마다 각각의 음식을 차려야 하기 때문에 종사원의 일손을 더 많이 필요로 하는 단점이 있다.

(4) 리셉션 파티

리셉션 파티(reception party)는 글자 그대로 리셉션(reception)을 목적으로 수행되는 연회로서, 제공되는 음식의 종류는 대체적으로 카나페, 샌드위치, 커틀렛, 치즈 등의 작은 분량으로서 더운 음식(hot meal)과 차가운 음식(cold meal)으로 구성되어 있지만 한 입에 먹을 수 있는 정도에 불과하다.

주류의 제공에서 식사 전의 리셉션(pre meal reception)에서는 독한 술(hard liqueur)이 잘 어울리지만, 풀 리셉션(full reception)에서는 고객들에게 와인류를 추천하는 것도 좋은 방법이다. 단지 포도주의 종류와 가격은 포도의 생산지역과 품종에 따라 그 가격이 천차만별이므로 행사의 성격이나 정도에 따라 와인의 종류를 사전에 결정하면 된다.

(5) 티파티

티파티(tea party)는 일반적으로 행사 도중에 브레이크 타임(break time; 휴식시간)이 있을 때 간단하게 제공되는 것을 말한다. 이것은 칵테일 파티와 마찬가지로 입식형(standing style)으로서 커피와 티(coffee & tea)를 중심으로 간단하게 과일, 샌드위치, 디저트류, 케이크류, 쿠키류 등이 함께 준비된다. 물론 커피와 차만 준비될 수도 있다. 이러한 형식의 티파티는 좌담회, 간담회, 발표회 등의 회의중간에 휴식시간을 많이 필요로 하는 회의에서 사용된다.

(6) 출장연회 파티

출장연회 파티(outside catering party)는 근래에 오면서 소비자들의 선호도가 높아지고 있으며, 이는 호텔 측에서 음식을 준비하여 연회주최자가 요청하는 장소로 이동하여 음식과 서비스를 함께 제공하는 파티를 말한다.

출장연회의 형태는 연회의 규모, 연회의 성격과 목적, 연회의 장소 등에 따라서 매우 다양하게 연출된다. 대체적으로 출장연회의 형태는 소규모적인 행사가

많은 것으로서, 개인 가정집에서의 조촐한 파티나 가족연회, 생신잔치, 돌잔치 등의 단조로운 규모가 지배적이다. 또한 특별한 행사의 원활한 진행을 위하여 행사 장소에서 직접 음식을 준비해야 될 때 출장연회를 요청하기도 한다. 특히 근래에 들어오면서 사무실 이전이라든가 사옥기공 및 준공에는 출장연회가 매우 편리하게 이용되고 있다.

따라서 이러한 형태의 파티를 요청 받게 되면, 연회책임자는 제일 먼저 해야할 일이 주방책임자와 함께 행사 장소에 직접 방문하는 것이다. 즉, 각각의 책임자는 이동장비의 현황과 식사장소의 공간 활용, 주방의 규모와 활용가능성, 어느 정도의 메뉴제공이 가능한가와 이에 따른 가격의 산정, 인력투입의 예상인원 등 외적인 환경변화에 따른 능동적인 대처방안을 강구하여야 하며, 적정한 가격을 계획하여야 한다. 그 이유는 출장연회는 여러 가지의 행사품목과 장비, 음식, 종사원 일인당 생산원가 등의 매우 다양하게 생산요소들을 이동해야하기 때문에 원가가 상대적으로 높게 형성되기 때문이다.

호텔마케팅과 회계관리

 ## 제1절 호텔마케팅의 개념과 전략

1. 호텔마케팅의 정의

오늘날에 와서는 마케팅 활동도 시대적 변화에 따라 변화되면서 기능의 다양성을 모색하고 있다. 즉, 마케팅의 정의를 살펴보면 시대의 환경변화와 더불어 그 개념이 다양하게 정의되고 있다. 코틀러(Kotler)는 「개인과 집단이 상품과 가치를 창조하여 타인과의 교환을 통하여 욕구와 욕망을 충족시키는 사회적인 과정」이라고 주장하였으며, 박강수 등은 「개인이나 집단이 제품이나 가치를 창조하여 다른 사람과 교환함으로써 그들이 원하고 필요로 하는 것을 획득하는 사회적이며 관리적인 과정」으로 정의하였다. 그러나 오늘날에 와서 새로운 사회 패러다임으로 대두된 지식사회에서는 이러한 기존의 마케팅에 대한 의미들이 점차적으로 고객을 중심으로 형성되고 있다는 것을 알 수 있다.

이와 같이 호텔기업의 마케팅 활동은 새로운 변화를 추구하고 있으며, 고객은 항상 마케팅 활동의 가장 중심적인 대상이 되고 있다. 서비스를 상품으로 제공하는 호텔기업은 고객에게 접근하는 시각이 공급자 중심에서 사용자 중심으로 변하고 있다. 따라서 오늘날 호텔기업의 마케팅 활동은 고객에게 역점을 두면서 고객과 기업간의 상호보완적인 커뮤니케이션을 형성하여 고객가치의 실현

과 기업이익의 달성을 공동목표로 추구하고 있다. 그 이유는 고객으로부터 인정을 받지 못하는 기업은 더 이상 존재할 가치가 없기 때문이며, 이에 호텔기업들은 오늘날 고객만족경영(CSM: customer satisfaction management)이라는 혁신적 용어를 대대적으로 사용하면서 마케팅 활동을 하고 있다. 다시 말해서 호텔기업에서는 경영성과와 직접적인 관계가 있는 것이 바로 고객이며, 이는 조직의 가장 중요한 무형자산으로서 고객만족과 고객가치를 창출할 수 있도록 마케팅계획을 수립하여야 한다.

이상에서 살펴본 것처럼 호텔마케팅의 정의는 "개인이나 조직에서 창출되는 상품과 서비스를 고객들과 상호 교환함으로써 고객가치의 실현과 기업이익의 획득을 추구해 가는 전략적인 과정"이라고 할 수 있다.

표 6-1 마케팅 활동의 비교

상품판매 중심적	소비자욕구 중심적
생산자 중심의 상품생산	소비자 중심의 상품생산
획일적이며 기업 지향적	다양 복합적이며 시장 지향적
생산자 욕구가 강함	시장경쟁 욕구가 강함
소비자의견 무시	소비자의견 중시
이익우선 판매	이미지 우선 판매
단기 계획적 상품생산	장기 계획적 상품생산
기업가치 중심	고객가치 중심

2. 호텔마케팅의 기본원칙

1) 고객지향 원칙

호텔마케팅은 고객의 가치를 기업경영에 직접적으로 활용할 수 있는 고객지향(customer oriented)적인 마케팅을 원칙으로 실시하여야 한다. 따라서 고객의 아이디어와 고객이 제안한 의견 등을 상품개발이나 마케팅 컨셉(marketing concept)에 적극적으로 반영하여야 한다. 이것은 고객이 지불하게 되는 가격이나 비용에 따라 고객에게 제공되는 결과물과 프로세스 품질로서 고객의 가치가 결정되기 때문이다.

$$고객가치 = \frac{고객에게\ 제공된\ 결과물 + 프로세스\ 품질}{고객이\ 지불한\ 가격 + 서비스\ 획득비용}$$

2) 이윤지향 원칙

호텔기업은 고객이 필요로 하는 물품과 서비스를 제공하고 이윤을 추구하기 때문에, 마케팅계획의 수립은 이윤지향(profit oriented)적인 원칙으로 수립하여야 한다.

3) 통합과 조정의 원칙

호텔기업은 다양한 행사의 유치와 이에 대응할 수 있는 마케팅계획을 수립하여야 한다. 특히 대형 단체행사나 특정 VIP행사 등을 효율적으로 완수하기 위해서는 모든 종사원들이 전사적으로 업무를 통합하거나 조정하여 행사를 수행하는데 참여하여야 한다. 즉, 호텔의 각 부서는 전문성이 뚜렷한데, 크게는 조리부서와 영업부서 그리고 영업지원(관리)부서로 구분되고 있지만, 어떤 대형행사가 유치되면 고객만족과 고객가치를 효율적으로 실현시키기 위해서는 업무가 통합되거나 조정되어 모든 종사원이 적극적으로 서비스 업무에 투입될 수 있어야 한다. 이를 통합과 조정의 원칙이라 한다.

3. 호텔마케팅의 기본전략

1) 시장세분화 전략

스미스(Smith)는 시장세분화(market segmentation)의 개념을 "소비자나 사용자의 욕구에 대하여 제품과 마케팅 노력으로서 보다 합리적이며 정교하게 맞추는 행위"로 정의하였다. 또한 쉬프만과 카누크(Schiffman & Kanuk)는 "전체시장을 여러 개의 동질적인 고객집단으로 구분하고 하나의 독특한 마케팅믹스로 도달될 수 있는 표적시장(target market)으로서 하나 또는 여러 개의 세분시장을 선정하는 과정"으로 정의하고 있다.

따라서 호텔기업은 전체시장을 세분화하여 몇 개의 유형으로 구분하고, 제품

과 서비스의 구매자에게 집중적으로 영업할 수 있다. 이는 동일한 특성과 성향을 공유하고, 유사한 욕구와 가치를 소유한 사람들을 하나의 집단으로 분류하여 집중적으로 표적시장을 선정한다는 것을 의미한다.

이와 같이 호텔마케팅에서 시장세분화를 기본전략으로 구축하였을 때의 장점을 설명하면 다음과 같다.

- 표적시장 기회를 보다 쉽게 획득할 수 있다. 각각의 세분시장 욕구에 대응할 수 있는 적절한 상품과 서비스를 제공한다면 비교적 손쉽게 시장에서 경쟁우위를 확보할 수 있을 것이다.
- 마케팅믹스를 보다 효과적이고 적극적으로 조정할 수 있다. 즉, 호텔마케팅의 기본전략을 세분시장의 욕구에 초점을 맞춘다면 제품판매와 광고의 내용을 일관성 있게 지속시킬 수 있다. 따라서 고객이 호텔의 상품을 명확하게 인식하게 되고, 이를 통하여 시장의 경쟁우위를 확보할 수 있다는 것이다.
- 시장의 수요변화에 보다 신속하게 대처할 수 있다. 즉, 고객의 욕구가 다양하게 혼합되어 있는 전체시장보다는 고객욕구와 취향이 비교적 동질적인 집단으로 분류된 표적시장에 모든 역량을 주목함으로써 수요의 변화를 쉽게 파악하고 신속하게 대처할 수 있다.

2) 차별화 전략

차별화 전략이란 어떤 경쟁적인 조직 또는 개인보다 더 훌륭하고 명확하게 대두되는 전략 그 자체를 말한다. 즉, 차별화는 기업의 제품이나 서비스를 고객들이 다른 어떤 경쟁사의 그것보다도 먼저 선택하도록 인식시켜준다. 가령, 창의력과 혁신적인 아이디어가 풍부한 기업은 광범위한 자료와 지식축적을 저장해 놓았다가 필요할 때 각 분야에 적합한 자료와 지식을 활용하여 효율적인 문제해결의 방법을 찾아낸다는 것이다.

특히 오늘날은 소비자들의 다양한 가치관과 취향의 형성으로 대중시장이라는 평범하고도 표준적인 것보다도 이색적이면서도 효용성이 가미된 틈새시장(niche market)의 형성이 빠르게 접근하고 있다. 이러한 현상은 취업주부 및 맞

벌이 부부의 증가, 노령화의 확산, 출산자녀의 감소 등 여러 가지의 사회적 환경변화에 따라 점차적으로 증가되고 있는 추세이다. 그리하여 호텔마케팅은 소비자의 선호속성에 적합한 제품이나 서비스를 창출할 수 있도록 더욱 차별화를 실시하여야 하며, 이에 어울리는 차별적인 틈새시장을 지속적으로 발전시켜 나가야 할 것이다.

3) 표적화 전략

표적화 전략이란 시장세분화 전략을 통해 형성된 각각의 세분시장을 어떠한 방법과 목표로서 시장을 획득할 것인가를 결정하는 과정이다. 따라서 마케팅 관리자는 세분시장을 적정하게 평가해야 하며, 평가된 표적시장은 성장잠재력이 어느 정도인지를 검토해야 한다.

실제로 호텔기업에서는 일반적으로 각 도시별로 담당구역을 설정하여 마케팅 담당지배인을 배정한다. 물론 대규모의 체인호텔 경우에서는 잠재고객이 많은 국가에 마케팅 담당책임자를 두는 곳도 있다. 따라서 각 구역별로 마케팅 담당책임자를 배정한 상태를 표적시장을 겨냥한 표적화 전략이라 할 수 있는데, 이들은 각각 시장 환경에 따라 목표달성 매출액을 정하여 담당구역별로 마케팅 활동을 하고 있다.

4) 포지셔닝 전략

포지션(position)은 어떤 상품에 대하여 이미지나 경험, 정보 등을 통하여 소비자들이 지각하는 것을 말하며, 포지셔닝(positioning)은 어떤 상품에 대하여 소비자들에게 포지션 된 상품을 긍정적인 위치로 확고히 구축 가능하도록 노력하는 것을 의미한다. 따라서 포지셔닝 전략은 경쟁자에 비해 차별적인 우위를 구축하는 것으로서, 이러한 마케팅 활동을 수행하기 위한 전략인 것이다.

5) 마케팅믹스 전략

마케팅믹스(marketing mix)는 상호보완적인 마케팅 활동의 결합을 말한다. 즉, 마케팅믹스의 용어는 1964년 보르덴(N. H. Borden)에 의해 등장하였으나,

멕카시(E. McCarthy)가 4P(제품; product, 가격; price, 촉진; promotion, 유통; place)의 구성요소를 제시하면서 체계화되었다.

마케팅믹스 전략은 기업이 내외적 환경변화에 능동적으로 대처할 수 있는 구성요소들을 최적으로 배합하여 목표달성이 가능하도록 마케팅 활동을 조정하는 전략인 것이다.

6) 스와트 전략

스와트(SWOT : Strength, Weakness, Opportunity, Threat) 전략이란 개인이나 조직의 내외적인 환경 분석을 통하여 강점(strength)과 약점(weakness) 그리고 기회(opportunity)와 위협(threat)요인을 규명하고 이를 토대로 마케팅 활동의 계획을 수립하는 기본전략을 말한다. 즉, 호텔기업이 경쟁업체와 비교했을 때 자사의 환경요인 가운데 강점과 약점 그리고 기회와 위협을 올바르게 평가하여 효과적인 마케팅 활동 계획을 수립하여야 한다.

4. 호텔마케팅의 직무별 특성

마케팅 부문은 호텔의 등급과 특성, 경영전략과 시장구조에 따라 다소 다르게 운영된다. 이미 앞에서 설명되었듯이 본 교과에서는 총지배인의 직속부문에 소속되는 것으로 간주하여 직무를 설명하도록 한다. 그리고 일반적으로 마케팅 부문의 조직은 마케팅 이사, 마케팅 부장 또는 팀장(과장), 홍보담당 책임자, 연회 마케팅 책임자, 마케팅 코디네이터(marketing coordinator), 각 구역담당의 마케팅 소장, 마케팅 예약종사원(marketing reservation clerk) 등의 직책이 있다. 그런데 마케팅이란 용어는 최근에 오면서 호텔마다 많이 사용하고 있으며, 이는 이전의 판매촉진(판촉)과 같은 말이다. 따라서 어떤 지역의 마케팅 소장이라고 하면 그 지역의 판촉 소장이라는 말과 같은 의미이다. 여기서 마케팅(판촉) 소장이라는 직책은 그가 담당하고 있는 지역의 책임자라는 말로서, 일반적으로 호텔 내부의 일반 영업장의 지배인이라고 생각하면 가장 이상적이다.

마케팅 또는 판촉부문에 종사하는 직원들의 가장 근본적인 직무는 호텔의 상

품을 판매하거나 행사를 유치하여 목표 매출액을 달성하는 것이 가장 큰 목적이다. 따라서 이들은 호텔의 다양한 상품에 대한 업무지식과 서비스방법을 철저하게 알고 있어야 하며, 각 속성들의 특성과 업무진행 방법을 완벽하게 숙지하고 있어야 한다.

그 이유는 이러한 일련의 과정과 업무지식을 사전에 완벽히 알고 있어야 어떤 행사를 올바르게 유치할 수 있고, 궁극적으로 고객이 원하는 것을 만족스럽게 제공할 수 있기 때문이다.

1) 마케팅 임원

마케팅 임원은 호텔마케팅 부서를 대표하는 총책임자의 직무를 수행하는 직책으로서, 이는 호텔의 등급과 대규모의 호텔에서 볼 수 있다. 일반적으로 중·소규모의 호텔이나 지방의 호텔에서는 대부분 마케팅 임원 대신에 마케팅부장 또는 팀장(과장)으로 조직을 운영하기도 한다.

구체적으로 살펴보면 전반적인 마케팅 계획의 수립과 기획업무, 조정과 통제, 각 구역의 마케팅 담당책임자 선정과 배정 그리고 매출액 할당업무, 마케팅 인력충원과 교육, 각 마케팅 담당 책임자별 매출액 비교분석과 예산편성 등 호텔의 영업활성화를 지속적으로 추진하기 위한 방안의 제시와 함께 전략계획을 수립한다.

2) 마케팅 부장/팀장(과장)

실질적인 마케팅 부문의 책임자로서 관련 부서장들과 긴밀히 협조하고 마케팅 부서의 운영을 책임진다. 이들은 호텔의 경영성과 달성을 위해 최선의 노력으로 최대의 이익달성을 할 수 있도록 철저한 직업의식과 프로정신을 가지고 직무를 수행해야 한다.

즉, 각 구역에 배정된 마케팅 담당자들의 업무통솔과 지휘, 매출액 달성정도에 따른 통제와 감시, 행사유치를 위한 전략수립과 집행, 경쟁호텔과의 목표매출 비교분석, 운영계획서 작성 및 보고 등 시장환경에 가장 효율적으로 대처할 수 있도록 지식을 축적하고 호텔마케팅을 책임질 수 있어야 한다.

3) 홍보담당 책임자

호텔의 전반적인 홍보와 광고 그리고 판촉물의 작성과 운영방안, VIP고객에 대한 홍보 광고물 발송과 관리, 인쇄매체의 문구작성과 메시지 내용개발, 외부와의 언론접촉과 기사내용 발굴 등 호텔홍보와 관련하여 책임을 수행한다.

4) 연회마케팅 책임자

호텔의 행사계획과 유치를 전문적으로 책임지는 직무를 수행한다. 즉, 각종 단체행사인 컨벤션, 국제회의, 세미나, 전시회, 발표회, 기업교육 등을 유치하고 그 행사를 일목요연하게 처리하는 업무를 총괄한다. 일반적으로 마케팅 부문의 주요 업무는 단체행사를 유치하는 것이다. 따라서 각 판촉소장들이 행사를 유치하게 되면, 이를 접수하여 연회부문 책임자와 업무를 긴밀히 협조하여 성공적인 행사를 개최할 수 있도록 세부적인 업무를 책임지고 연회마케팅 책임사가 업무를 수행해야 한다. 이와 같은 업무는 마케팅 코디네이터(marketing coordinator)의 업무와 유사하다고 할 수 있다.

5) 마케팅 코디네이터

호텔 마케팅의 주요 업무가 단체행사를 유치하는 것이라면 마케팅 코디네이터(marketing coordinator)는 유치된 단체행사를 원활히 수행하도록 하는 것이다. 따라서 마케팅 코디네이터는 지혜롭고 세심하여야 하며, 순간적인 판단능력이 탁월하여야 한다. 왜냐하면 마케팅의 담당구역 판촉소장들이 각자가 맡은 업무를 수행하기 위해서 단체행사를 유치하여 연회부문의 행사장을 행사목적에 맞게 배정하게 되는데, 이 때 마케팅 코디네이터의 업무가 중요하게 작용을 한다.

예를 들면 각 지역의 판촉소장들이 행사를 유치하게 되는데, 이들은 각자의 행사에 맞게 연회장을 배정한다. 각각의 행사주최자는 행사목적이 서로 다르기 때문에 연회장의 배정에 따라 행사를 원활히 수행할 수도 있고 그렇지 못할 수도 있다. 이는 아무리 훌륭한 연회장일지라도 완벽한 방음장치라든가 행사목적에 적합한 공간구성을 할 수 없을 수도 있기 때문이다. 물론 호텔의 연회장은 호텔의 규모에 따라 여러 개의 회의장을 가지고 있기 때문에 행사 팀에 따라 행사 시간을 조정 한다던가 행사장소를 공간구성에 알맞도록 변형 또는 장소의 이동을 통하여 얼마든지 고객의 특성에 맞게 원활히 행사를 수행할 수도 있다. 이러한 업무를 마케팅 코디네이터가 담당한다는 것이다. 그리고 객실부문의 코디네이터와 긴밀히 협조하여 숙박부문에도 세심한 관찰과 고려를 해야 한다.

6) 담당구역별 마케팅 소장

앞에서 이미 설명되었듯이 담당구역별 마케팅 소장은 배정된 지역의 판매책임자이다. 이들은 할당된 목표 매출액을 달성하기 위하여 배정된 지역을 순회하면서 개인 및 각 기업체의 방문판촉과 더불어 호텔상품을 적극적으로 판매하여야 한다.

7) 마케팅 예약종사원

마케팅 부문의 전반적인 업무를 원활히 수행하기 위해서는 각종 자료의 관리와 보고서의 작성, 각종 문서의 수발(受發)업무, 일선 방문고객의 상담과 불평사항 보고 및 처리, 각종 전화 상담과 사무실 청결유지 등의 업무를 수행하는 종사원이 반드시 필요하다. 이와 같은 다양한 업무를 마케팅 예약종사원(marketing reservation clerk)이 담당한다.

 제2절 호텔기업의 회계관리

1. 회계관리의 의의

회계(accounting)의 의미는 경제적 실체(economic entity)에 대한 이해관계를 가진 사람들에 대하여 합리적이며 경제적인 의사결정을 하는데 있어서 유용한

재무적 정보(financial information)를 제공하고자 하는 일련의 과정 또는 체계를 말한다.

오늘날 사회경제적 활동은 가정, 직장, 국가 등 일정한 사회적 조직을 통하여 이루어지는데, 이들 사회적 조직에서는 이해관계를 가진 개인 또는 조직이 존재한다. 따라서 이해관계에 있는 사람들은 항상 자기의 이익을 보호하기 위하여 의사결정을 하게 되는데, 그렇게 하기 위해서는 의사결정의 결과가 자기의 이익보호에 어떠한 영향을 미칠 것인가를 알고 있어야 한다. 그러므로 회계는 이러한 의사결정의 결과에 영향을 미치는 현상들을 화폐액으로써 나타내주는 것이라 할 수 있다. 또한 사회경제적 활동은 통상 재무적인 일 또는 거래라고도 하며, 이는 회계관리의 주체인 기업의 경제적 가치의 크기 및 그 구성내용의 상태에 변화를 야기하는 경제적 현상이다. 따라서 전통적인 회계관리의 의의는 "기업의 총체적인 경제적 활동이 화폐단위에 의해서 평가, 측정, 기록, 분류, 요약되어 그 결과물을 일정한 형식(재무제표 ; 손익계산서, 대차대조표 등)으로 보고하는 체계"로 해석되고 있다. 그러므로 호텔기업에서의 회계관리도 앞에서 살펴본 것처럼 동일한 의미로 간주할 수 있다.

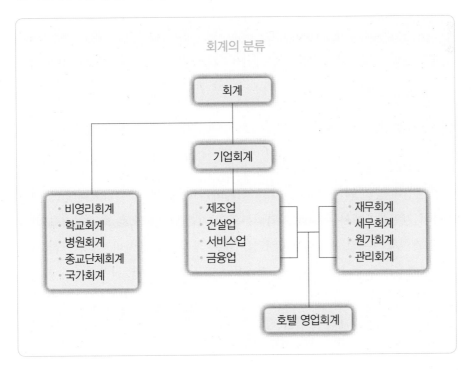

회계의 분류

특히 호텔에서의 영업회계는 거래의 발생시점이 곧 서비스와 함께 상품이 판매되는 것으로서 발생된다. 이러할 때 매출이 발생되는데 이와 관련된 자료를 컴퓨터 또는 판매시점관리(point of sales management)에 입력시키고, 각 영업장과 상호 연관하여 자료를 정산, 관리하게 된다.

이상과 같이 본 교과에서는 호텔실무에서 직접적으로 사용되는 영업회계를 기준으로 살펴보고자 한다. 호텔의 영업회계는 객실회계, 식음료회계, 여신회계(credit accounting), 야간회계감사(night auditing)로 업무분담을 할 수 있다.

1) 재무회계

재무회계(financial accounting)란 기업회계 중에서 외부보고를 목적으로 작성된 것이다. 이것은 기업회계 중에서 내부보고를 목적으로 하는 관리회계와 상반된 영역으로서, 기업과 이해관계를 맺고 있는 주주, 채권자, 세무 당국자, 소비자, 종업원 및 미래의 투자자 등의 이해관계자들에게 합리적인 의사결정을 할 수 있도록 기업의 경영실적과 재무적 정보를 제공하는 것이 목적이다.

2) 세무회계

개인 또는 기업소득에 대한 과세를 목적으로 하는 세법(법인세법, 소득세법, 부가가치세법 등)의 규정에 따라 과세소득을 계산하기 위한 회계영역을 말한다.

3) 원가회계

원가회계란 제품제조나 상품을 생산하는데 소요되는 원재료와 노동력, 기계 등의 구입비 등의 원가를 기록, 계산, 집계하는 회계영역을 원가회계라고 한다. 따라서 기업회계에서는 주로 기업외부와의 거래를 대상으로 회계처리를 하지만, 원가회계는 주로 기업내부에서 일어나는 과정을 회계처리 한다. 그리고 기업회계에서는 보통 회계기준 연도가 6개월 또는 1년이지만, 원가회계의 기준은 대략 1개월로 정하고 있다.

이와 같이 원가회계의 목적은 기업경영에서 재무제표의 작성에 필요한 원가정보를 제공하고, 효율적인 경영을 위하여 유용한 정보를 제공하는데 있다.

4) 관리회계

관리회계(managerial accounting)란 효율적인 경영활동을 위하여 내부보고를 목적으로 유용한 정보를 계수적(計數的) 방법을 통하여 기록한 회계영역을 말한다. 즉, 기업 내부자에게 필요한 정보를 제공하여 경영자의 경영관리 활동을 지원하는 것이다.

5) 호텔 영업회계

호텔 영업회계(hotel business accounting)란 호텔운영에 기본이 되는 영업회계로서, 각 영업장(객실, 식음료, 연회, 부대시설 등)의 판매수익금에 대한 처리 및 집계를 일정한 계수적 방법으로 기록한 매출관리 영역을 말한다. 즉, 호텔의 각 영업장에서 거래되는 매출현황을 일정한 시스템을 통하여 일목요연하게 집계하거나 처리하는 체계를 의미한다. 일반적으로 호텔 영업회계의 특징은 일반 제조업에서 사용하는 기업회계와는 몇 가지 다른 점이 있는데, 이는 각 영업장에서 부문별 발생되는 매출현황을 일정한 양식과 수납체계에 따라 거래가 발생되는 시점에 집계하여 수납하고 처리한다는 것이다. 따라서 본 교과에서는 호텔실무에서 사용되고 있는 호텔 영업회계의 순환과정을 중심으로 살펴보고자 한다.

(1) 빌 발생의 원칙

각 영업장의 모든 수익과 관계되는 영업회계의 처리는 빌(bill), 바우처(voucher) 등의 형식으로 처리되며, 객실요금과 식음료 요금의 계산은 캐셔(cashier)가 담당하고 있다. 빌의 기능은 매출액에 대한 계수적 자료를 제공하고, 매출의 오류와 과실 그리고 부정을 감시하며, 일차적인 경영활동의 결과를 객관적으로 명시하는 역할을 한다. 일반적으로 빌은 1매 3장으로 사용된다.

(2) 일일 회계처리의 원칙

호텔의 각 영업장에서 발생되는 당일의 수입부문과 매출발생의 처리는 회계관리 시스템에 기록하고, 일일 영업장의 업무종료 시에 전체적으로 영업회계를 집계하여 모든 정산을 처리한 후 해당 영업장의 회계일자를 다음 일자로 넘기면 된다.

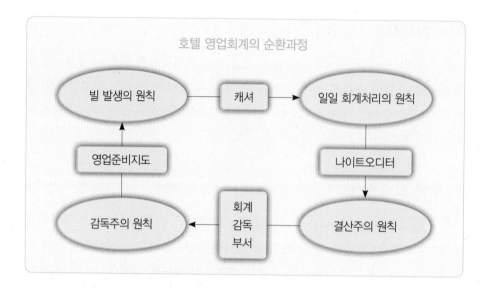

호텔 영업회계의 순환과정

빌 발생의 원칙 → 캐셔 → 일일 회계처리의 원칙

영업준비지도

나이트오디터

감독주의 원칙 ← 회계 감독 부서 ← 결산주의 원칙

(3) 결산주의 원칙

호텔의 모든 영업장으로부터 발생된 당일의 영업회계일보가 야간회계감시자 (night auditor)에 전달되면, 야간회계감시자는 이를 집계하여 확인하고 정산을 마무리한 후 당일의 모든 영업장에서 발생된 영업회계를 반드시 결산하고 호텔의 영업일자를 다음 날로 넘긴다.

(4) 감독주의 원칙

호텔의 모든 영업장에서 발생된 영업회계일보를 야간회계 감시자가 일차적으로 결산하여 감독기능을 담당하는 부서로 넘기면, 회계감독 부서에서는 정당한 절차에 의해서 명확하게 일일 영업회계가 작성이 되었는가를 철저하게 감독 및 점검하여 일일회계 순환과정을 최종적으로 확정한다.

2. 호텔영업의 회계실무

1) 객실부문의 회계실무

(1) 객실수입(room revenue)

호텔객실의 투숙고객에 해당되는 객실요금으로서, 수익 중에서 비교적 많은

비중을 차지하고 있으며, 단기체재고객과 장기체재고객으로 나누어 매출 집계를 정산한다.

(2) 봉사료

호텔기업을 이용하는 고객들에게 상품을 판매하는데 수반되는 서비스를 제공하고, 그에 대한 대가로서 통상적으로 판매금액의 10%를 부과하는 금액이다. 그러나 직접적인 서비스 행위가 제공되지 않을 때에는 봉사료(service charge)가 부과되지 않는 것이 원칙이다.

(3) 부가가치세

일반적으로 호텔기업에서는 상품에 대한 판매금액과 봉사료를 합산한 금액에서 10%의 부가세를 부과하고 있다. 그런데 외교관 및 면세카드 소지 자 또는 주한외국군에 대해서는 부가가치세(VAT ; value added tax)를 감면해주고 있으며, 이는 전화요금과 팩스 및 전보요금에 대해서도 부과하지 않는다.

(4) 투숙객 식음료 수입(restaurant guest ledger)

호텔객실의 투숙객이 호텔내의 식음료 영업장을 이용할 때 발생되는 금액으로, 투숙객 원장(guest folio)에 전기(posting)된 매출이다.

(5) 현금지급(paid out)

호텔의 투숙고객이 특별한 사정이 발생하여 갑자기 현금이 필요할 때 차용해 주거나, 선수금(deposit)의 잔액을 되돌려줄 경우(refund)에 그 고객의 원장에 전기(posting)하는 계정이다. 단, 현금을 차용해 줄 경우에는 호텔이 정한 규정의 범위 내에서 현금지급전표(paid out voucher)를 반드시 기재하고 고객의 서명을 받은 후에 처리를 하도록 한다.

(6) 이월(transfer)

영업의 수익발생과는 무관한 계정으로서 이미 발생된 금액을 다른 원장으로 이동시킬 때 사용되는 계정이다. 즉, 지불고객의 변경, 지불품목의 변경, 단체행사와 관련해서 일괄적인 계산요구, 잘못된 전기(posting) 등이 발생하였을 때 사용된다.

(7) 잡수입(miscellaneous revenue)

특정한 계정과목 또는 규정된 회계절차 양식이 없는 경우에 처리하는 계정이다. 즉, 기물파손에 대한 변상비용, 객실열쇠의 분실, 안전금고 열쇠분실, 복사 대행비 등으로 인하여 매출이 발생할 때 이 계정에 처리하면 된다.

(8) 선수금

선불금이나 예약금을 미리 지불할 때 사용하는 계정이다. 이 경우에는 반드시 고객과 회계처리 담당자의 서명이 있어야 하는데, 이는 선수금(deposit) 또는 예약금에 대하여 환불을 요구하는 경우가 발생할 수 있기 때문이다.

(9) 매출 조정

호텔경영에 있어서 당일의 모든 수입은 일일영업에 대한 일일회계의 마감처리로서, 당일의 모든 영업이 종료하게 된다. 그런데 이러한 과정에서 일일회계의 마감종료 후에 살펴보니 수입의 처리가 잘못 기입되어 부득이하게 당일의 매출을 조정해야 될 때 사용하는 계정이다. 이 경우에는 반드시 사전에 매출조정 전표(allowance voucher)를 작성하여 호텔경영자 또는 총지배인에게 사전 결재를 획득한 후에 실시한다.

(10) 현금(cash)

고객들이 호텔을 이용한 후에 그 대금을 지불할 때 화폐 및 수표로 결재할 경우에 사용하는 계정이다. 만약 수표를 취급할 때에는 수표 취급요령과 호텔의 규정에 따라 조심해서 처리해야 한다.

(11) 신용카드

고객신용의 일종으로 대금을 지불할 때 현금 또는 수표 대신에 사용하는 결재수단이다. 신용카드(credit card)의 취급시 주의사항은 유효기간의 경과여부, 한도금액의 초과여부, 본인여부, 서명의 일치여부, 청구서의 금액과 카드전표 금액의 일치여부, 승인번호의 점검 등을 철저하게 확인하여야 한다.

(12) 후불

개인(단골고객), 기업체, 여행사, 항공사 등이 호텔의 상품과 서비스를 제공받으면 매출이 발생하게 되는데, 이때 발생된 금액에 대해서 여신지배인의 승인을 획득하면 후불(city ledger)로도 처리가 가능한 계정을 말한다.

(13) 기타

호텔경영의 효율적인 운영을 위하여 보편적으로 사용되고 있는 대내계정이 몇 가지 있다. 예를 들면 호텔의 판매촉진과 영업활성화를 목적으로 호텔의 이용시설을 무료로 사용할 수 있는 입장용 체크(entrance check)가 있으며, 또한 호텔종사원들이 공무의 집행을 위하여 식음료 영업장을 무료로 이용할 수 있는 오피스 체크(officer check) 등이 있다.

2) 식음료 및 기타 부문의 회계실무

호텔사업에서 주도적으로 수입이 발생되는 부문은 객실부문과 식음료 및 연회부문 그리고 기타 부문을 꼽을 수 있다. 이미 객실부문은 앞에서 설명되었으나, 여기서 사용되는 회계관리의 일부는 식음료와 연회 그리고 기타부문에도 동일하게 사용되는 경우가 많다. 따라서 언급이 되지 않았던 내용을 대상으로 살펴보면 다음과 같다. 일반적으로 식음료 및 연회에 해당되는 계정항목은 음식(food), 음료(beverage), 렌탈요금(rental charge), 기타(other) 등으로 구별된다. 특히 식음료 회계에서는 취소나 정정 등의 상황이 많이 발생되는데, 이때 사용되는 것이 취소 빌(void bill)이다.

3) 여신회계

여신회계(credit accounting)란 호텔의 상품이용과 서비스를 제공받은 후에 그에 상응하는 대가를 추후에 지불하도록 회계처리를 할 수 있는 계정을 말한다. 여신의 종류는 대내후불(guest ledger account)과 외상계정(city ledger account)이 있다.

(1) 대내후불

호텔영업의 유연성을 확립하고자 장기투숙객 또는 우량고객을 대상으로 호텔의 객실을 이용할 때 사용되는 계정이다. 즉, 호텔객실의 투숙객을 상대로 호텔의 이용시설과 상품을 제공할 때 그 대금을 나중에 청구하는 후불시스템을 의미한다. 따라서 호텔의 대내후불(guest ledger account)은 스키퍼(skipper) 및 지불능력의 한계를 예방하고자 회계담당자는 하이밸런스(high balance; 고객이 지불해야 할 대금(후불)이 많아질 때 그 부담을 줄이기 위하여 고객에게 중간정산을 요구하는 것)의 관리를 세심하게 고려하여야 한다.

(2) 외상계정

외상계정(city ledger account)이란 상용고객, 정부공공기관, 대기업, 정당, 여행사, 항공사, 자사 호텔의 종사원, 멤버십 회원 등의 신용을 담보로 하여 후불처리를 하는 계정을 말한다. 이 계정의 특징은 고객이 외상계정으로 발생시킨 대금을 지급해야 할 기일이 도래하면, 호텔은 고객이 약정한 기일에 그 대금을 반드시 청구하여 외상매출을 정상적으로 처리 완료하여야 한다. 따라서 신용이 매우 우수해야 하며, 외상매출금에 대한 상환보증전표(**예** 신용카드, 급여이체 청구 등)를 확실하게 해야 할 필요가 있다.

Chapter 07

호텔기업의 인사관리 및 안전관리

제1절 호텔기업의 인사관리

1. 인사관리의 중요성

호텔사업은 특히 인적자산의 의존성이 높은 기업이다. 즉, 호텔경영에서는 기계설비나 정보화기술이 아무리 발달되었다 하더라도 인간의 행동이나 노력이 없이는 생산이 이루어질 수 없다. 따라서 호텔기업에서의 인사관리는 경영활동의 요소 중에서도 차지하고 있는 비중이 가장 핵심적이면서 중대하다는 것을 알 수 있다.

기업의 성공적인 경영목적을 달성하기 위해서는 종사원 개개인을 지식근로자로 대우하고, 종사원 개개인의 지식을 경영에 활용할 줄 알아야 한다.

오늘날의 기업환경은 급속도로 변화됨에 따라 단순작업이 점차적으로 사라지고, 구성원들은 기업생존과 번영을 위해 자신이 무엇을 해야 할지 끊임없이 지식축적을 요구받고 있으며, 이에 따라 기업에서는 인적자산에 대한 중요성이 점점 더 중요하게 대두되고 있다. 그 이유는 미래의 노동력은 인간의 지적능력에 따라 기업경영의 성과달성에도 영향을 미치기 때문이다.

최근에 오면서 교육수준과 가처분 소득의 향상으로 말미암아 기업경영은 과

거와 같은 경영전략만을 가지고 궁극적인 경영성과를 달성할 수 없다. 그러므로 호텔기업에서 인사관리를 효율적으로 실시하게 되면, 기업의 생산성 향상과 생산적인 서비스문화를 정착시켜 고객만족의 토대 위에서 경영성과를 달성할 수 있을 것이다. 특히 호텔경영자는 인사관리의 중요성을 지각하고 종사원들의 잠재능력과 창의성을 중요시 여겨야 한다.

이상과 같이 인사관리란 조직구성원들을 기업의 중대한 자원으로 인식하여 그들의 잠재능력을 최대로 발휘할 수 있도록 조직의 분위기를 최적으로 조성하고, 이를 효율적으로 활용함으로써 개인목표 뿐만 아니라 조직의 목표를 달성할 수 있도록 지원하는 일련의 과정을 의미한다.

2. 호텔직원의 채용과 배치관리

호텔기업에서 종사원을 채용한다는 것은 예비지원자 중에서 조직이 필요로 하는 직무에 가장 적합한 자질과 능력을 갖추었다고 판단되는 인력을 선별하여 결정하는 과정을 말한다.

최근에 우리나라에서는 서비스 업종에 지원하고자 하는 예비인력이 풍부하기 때문에 호텔기업에서는 중장기적으로 인력계획을 수립하여 효율적으로 채용하여야 한다. 그런데 호텔기업에서는 여러 가지 환경변화에 따라 과거에는 특히 많은 이직자가 발생하였으나, 오늘날에 와서는 예전과 같은 이직현상이 크게 감소하였다. 게다가 호텔종사원들의 높은 학력수준과 서비스 능력의 향상으로 호텔기업에서는 이에 대한 인건비 부담이 많아지고 있다. 그리하여 최근의 호텔기업은 그 규모나 경영방침에 따라 다소 차이가 있겠지만, 종사원을 효율적으로 채용하기 위해서 전문교육 기관과 협력을 맺어 산학 실습생들의 노동력을 활용하여 견습시키고 있다. 이에 따라 우수한 노동력을 확보하기 위해서는 다양한 교육시스템의 활용과 공정한 경쟁을 통하여 서비스 업무에 적합한 인력을 선별하여 채용하고 있다.

이와 같이 호텔기업에서의 인력채용 계획과 절차 그리고 배치관리는 일반적으로 다음과 같은 단계를 거치게 된다.

1) 직원 채용계획

호텔종사원의 채용계획은 호텔을 신규로 개관할 때 모집하는 정규모집과 상황에 따라 수시로 보충해야 할 필요성이 발생하여 모집하는 수시모집이 있다. 이는 호텔의 시장 환경과 규모 그리고 영업 전략에 따라 구분하여 채용계획을 수립해야 한다. 물론 호텔종사원의 직무에 대한 적성과 업무능력 등을 신중히 고려하고, 무엇보다도 서비스를 수행할 수 있는 품성과 고객대처능력을 충분히 검토해서 채용기준을 설정해야 한다. 채용계획을 세울 때 고려할 사항은 다음과 같다.

- 장기적인 경영전략의 수립과 인력활용계획을 결부시켜서 채용계획을 수립한다.
- 고객을 지속적으로 창출할 수 있도록 충분하게 고려하여 고객의 요구사항을 대치할 수 있는 적정인력을 예측하여 채용계획을 수립한다.
- 오늘날의 시장 환경은 경영환경이 급진적으로 변화됨에 따라 장기적인 채용계획으로서 적정한 인력의 유지발전을 위하여 신규사원을 중심으로 선별하고, 이직현상의 발생시 수시모집으로 보충계획을 수립토록 한다.
- 특히 호텔기업은 오늘날 관광전문 교육기관의 산학실습생들을 광범위하게 견습시키면서 예비노동력으로 활용하고 있다. 따라서 산학업계의 궁극적인 균형발전과 고급인력의 효율적인 선의의 경쟁을 통하여 우수한 인력을 선별할 수 있는 장기적인 인력채용시스템을 구축하여야 한다.

2) 직원 배치관리

호텔직원의 신규 채용도 중요하지만, 이들을 채용한 후 직무에 적합한 배치를 실시하는 것이 더욱 중요하다. 호텔직원의 배치는 직무적성과 직무지식, 흥미, 성격 등을 충분히 고려하여 적재적소(適材適所)에 직원을 배치하는 것이다. 그 이유는 효율적인 직무배치는 적극적인 경영활동 수행으로 기업의 경영성과에 긍정적인 영향을 미치기 때문이다.

 제1절 호텔기업의 안전관리

호텔사업은 단일건물로서는 매우 많은 사람들과 복합적인 기능을 담당하고 있다. 특히 호텔건물에서 높은 비중을 차지하고 있는 객실시설은 인간의 생명 보호와 안전유지에 매우 중대한 영향을 미치고 있다. 물론 식음료 영업장과 부대 영업장에도 많은 사람들이 왕래를 하며 비즈니스업무를 수행하고 있다. 따라서 호텔의 안전관리는 대단히 중요하게 인식되고 있다.

최근에 오면서 최고경영자는 유형자산의 유지와 지속적인 영업전개를 위하여 안전관리시스템을 재구축하고, 종업원에 대한 안전교육 프로그램의 의무화 등 많은 관심을 기울이고 있다.

호텔기업 안전관리시스템의 조직은 대체적으로 안전관리부 또는 시설영선관리부를 두고 있으며, 세부적으로 방재과, 기계과, 가스·보일러과, 영선과, 기타 등으로 구분한다.

그러므로 이 장에서는 무엇보다도 호텔경영에서 안전관리부문의 업무구조가 매우 중요하다는 것을 우선적으로 강조하지만, 예비 호텔리어(hotelier)들이 꼭 숙지해야 할 부분만을 이해하도록 한다.

1. 호텔의 일반적인 안전관리

첫째, 호텔건물과 중요 시설물에 대해서는 적정한 경계선을 유지하면서 보호 망을 설치하여야 한다. 즉, 특정 시설물에 대해서는 안전관리요원의 승인과 입회(立會)하에 이용을 하도록 하고, 무단침입자나 각종 도난사고를 미연에 방지하여야 한다. 또한 경우에 따라서는 특별한 조명시설이나 경보기 등을 이용하여 시설의 파손과 사고에 대비하여야 한다.

둘째, 호텔시설은 일반 대중들에게 개방되거나 노출되는 영역이 많아서 항상 안전관리자가 대기하면서 관리, 감독할 수 없다. 그리하여 최근에는 폐쇄회로 TV와 자동녹화장비 등을 이용하여 호텔 내부의 시설물을 수시로 점검하기도

한다. 특히 종사원이 대기할 수 없는 객실복도와 현금취급을 많이 하는 프런트 데스크 그리고 주요 출입구 등에는 항상 감시카메라가 작동되어 중앙통제실의 모니터에서 한층 효율적으로 감시할 수 있다. 그리고 비상시에는 화재경보기가 작동되어야 되고, 엘리베이터의 이상유·무 발생 시 즉시 정지시스템이 작동되어 만일의 안전사고에도 철저하게 대비를 하여야 한다. 그러므로 호텔의 안전관리부문은 위와 같은 중요한 업무를 철저하게 수행해야 하며, 반복적인 교육시스템을 활용하여 전사적인 안전시스템을 공유할 수 있도록 최선의 노력을 기울여야 한다.

셋째, 호텔에서 방화관리는 고객의 생명과 호텔의 재산을 전적으로 보호하는 역할을 하고 있다. 따라서 호텔객실은 폐쇄적이면서도 불특정 다수의 고객들이 이용하기 때문에 만일의 사태에 대비한 소방 안전교육과 대피훈련을 철저하게 실시하여야 한다.

넷째, 호텔의 방화관리는 관계기관 또는 자체 감시책임자로부터 정기적인 안전검사와 수시로 안전에 대한 시스템을 구축하여야 한다.

이상과 같이 호텔의 일반적인 안전관리에 대한 주요 업무를 열거하면 다음과 같다.

- 소방훈련에 대비한 인력운영 계획수립
- 호텔내의 자체 소방조직 체제를 구축
- 방화 및 소방시설의 유지와 관리
- 에너지절약운동의 지속적인 전개
- 화재예방의 자체 모의훈련
- 도난사고에 대비한 처리규정과 예방훈련
- 에너지의 소비전력량 파악 및 분석
- 연도별, 계절별, 월별로 분석된 데이터베이스를 경영에 활용
- 에너지관리시스템에 대한 전사적인 교육실시
- 호텔건물의 구조와 에너지시설의 효율성 제고
- 엘리베이터의 수시점검과 안전교육
- 정기적인 기계설비 점검 및 노후시설 수선과 교체

- 각종 사건사고에 대비한 처리요령
- 긴급대피 훈련과 응급조치요령 숙지
- 정전 또는 전기사고에 대비한 비상훈련과 조치법
- 소방 및 방화훈련의 정기적인 시스템을 구축
- 집중호우, 기상변화, 폭설 등에 대비한 안전교육
- 보건위생관리와 교육
- 화상, 추락사고에 대비한 안전교육과 대처요령
- 각종 안전교육일지 기록

2. 호텔영업과 안전관리

1) 객실영업과 안전관리

호텔객실은 가장 많은 고객들이 체류하는 공간이다. 따라서 객실영업의 안전관리는 무엇보다도 중요하다고 할 수 있다. 특히 객실부문은 호텔종사원들의 안전점검도 중요하지만, 투숙객들은 철저한 안전의식과 세심한 주의를 기울여야 한다. 그러므로 안전사각지대에는 철저하게 안전표지판을 부착하여야 하며, 이는 고객들의 눈에 잘 보일 수 있는 위치에 설치하여야 한다. 물론 정기적인 순찰과 종사원에 대한 전사적인 안전교육시스템의 가동도 필요하다. 뿐만 아니라 객실부문의 안전관리는 고객에게 육체적, 정신적으로 편안함과 쾌적함을 동시에 제공한다. 이와 같이 호텔관리자는 객실부문의 안전관리에 책임과 의무를 다해야 한다.

객실영업과 직접적인 관련이 있는 안전관리 사항들을 살펴보면 다음과 같다.

- 객실 키의 철저한 관리와 취급주의
- 객실출입문의 안전장치 점검(안전고리, 이중잠금, 자동인식시스템 등)
- 객실 내부의 각종 전원스위치의 이상유·무
- 화재대비 스프링쿨러의 이상유·무
- 객실 내부의 방독면과 비상탈출구 작동여부
- 비상밧줄, 완강기, 랜튼 등의 이상유·무

- 객실 키 분실 시 정기적인 교체와 수선
- 욕조 내의 위험요인 점검과 미끄럼 방지패드 설치
- 비상대비 안전스위치 작동여부
- 객실 복도의 무인카메라, 비상벨, 소화기 작동여부 점검
- 비상계단의 점검과 비상조명 점검
- 비상발전기의 전원공급 점검과 확인
- 소음, 방화방지용 카펫의 점검
- 객실청소용 화학약품 관리
- 영업 준비금의 철저한 관리와 확인
- 고객의 비밀보호

2) 식음료영업과 안전관리

식음료의 기본적인 업무는 고객으로부터 주문을 받은 후에 음식과 음료를 일정한 장소에 서비스와 함께 운반하는 것이다. 따라서 뜨거운 음식을 운반하거나 위험한 기물들을 처리해야 할 일들이 많다.

특히 영업장의 안전관리에 관한 내용을 구체적으로 살펴보면 다음과 같다.

- 고객의 소지품 도난방지
- 영업장 바닥의 미끄럼 방지
- 각종 음식물의 제공 시 취급주의(떨어뜨리지 말 것 등)
- 정기적인 안전교육과 훈련
- 주방과 영업장에 공급되는 가스 및 전기시설의 안전점검
- 상하수도의 관리와 청결유지
- 조리용 칼과 나이프, 글라스류, 접시류 등의 취급주의
- 영업 준비금의 철저한 관리와 확인
- 각종 집기비품 운반에 따른 안전관리
- 의자, 테이블, 웨곤(wagon) 등의 취급주의
- 고객의 비밀보호
- 영업종료 후의 철저한 시건장치

- 안전점검일지 기록유지
- 효율적인 에너지관리
- 철저한 개인 위생관리
- 식중독 예방과 음식물 유효기간 준수
- 카스터(caster)의 정기적인 세척 및 보충
- 각종 소스류의 정기적인 점검과 청결유지
- 선입선출법(FIFO; first in first out)에 근거한 재고관리
- 비상출입문, 소화기 등의 정상작동 점검

호텔에서 사용되는 필수 실무용어

A

01 **A La Carte**(알라 카르테) : 메뉴상의 명칭으로서 고객의 주문에 의해 제공되는 일품요리

02 **Accommodation** : 관광여행객을 위하여 제공되는 숙박시설

03 **Account** : 호텔에 의해 지정된 고객거래처(특정기업, 항공사, 여행사, 대사관, 관공서 등)

04 **Account Balance** : 고객용 계산서의 차변과 대변사이의 고객 계정잔액에 대한 차이 금액

05 **Account Form** : 원장(Folio)의 계정계좌처럼 대차대조표를 좌우 양측으로 나누어 차변 측에는 자산항목을 대변 측에는 부채 및 자본의 항목을 설정하여 평균값을 표시한 계정식 대차대조표

06 **Account Receivable** : 회사, 조직체 또는 개인의 호텔에 대한 미수금 수취계정

07 **Account Receivable Ledger** : 개별 수취계정상의 전체기록을 모아놓은 등록기록 원장

08 **Account Settlement** : 호텔의 투숙객 또는 외부고객이 고객원장(Guest Folio)에 미지급된 잔액을 현금이나 신용카드로 지불하는 회계수단

09 **Accuracy in Menu** : 식음료에 대한 각 항목의 표준과 레시피(recipe)를 정확하게 취급하자는 소비자 및 업계의 자발적인 메뉴관리

10 **Add Charge** : 고객이 퇴숙을 위하여 정산을 모두 마쳤지만 체크아웃 시간이 초과하여 부과되는 초과요금

11 **Additional Charge** : 추가요금

12 **Adds** : 예약기록표(List)에 보완되어야 할 고객의 이력을 추가로 기록하는 것

13 **Adjoining Room** : 객실내부와 객실내부 사이를 서로 왕래할 수 있는 통용문은 없지만 인접되게 연결된 객실

14 Advanced Deposit＝Advanced Payment : 1박 이상의 숙박료 또는 식음료에 해당 되는 비용을 선불로 미리 받는 것으로서 고객의 도착유무에 관계없이 객실이나 식음료 상품을 우선적으로 확보할 수 있는 선수금 또는 예치금

15 Affiliated Hotel : 특별한 예약시스템을 활용하여 회원제 호텔 형식으로 운영되는 호텔업

16 After Care : 특정한 행사가 끝나게 되면 호텔 측에서 행사주최측을 재방문하여 행사시 고객의 불편사항을 경청하고 행사결과에 대한 감사를 표시하는 것

17 After Departure(AD) : 고객이 체크아웃을 하였지만 프런트 회계의 전표 계산에서 미 수금으로 처리되는 후불요금

18 After Dinner Cocktail : 식사 후에 마시는 칵테일로서 블랙러시안, 글라스호퍼, 브랜 디 사우어, 스크루드라이브 등이 해당된다.

19 Agency(Agent) : 여행사, 기업체 그리고 개인 등 특정기업체나 특정사람을 대신하여 주 는 것

20 AHMA(American Hotel & Motel Association) : 미국의 호텔, 체인호텔, 모텔 등의 호텔 연합 단체협회

21 Airconditioner : 실내의 공기정화 및 온도와 습도를 조절할 수 있는 장치로서 에어컨 을 말한다

22 Airport Hotel : 공항주변에 있는 호텔. 즉, 항공회사에 근무하는 승무원 및 항공기를 이용하려는 고객들이 편리하게 이용할 수 있는 위치에 있는 호텔

23 Airport Limousine : 공항이용객을 위한 고급형 버스

24 Air Shooter : 회계전표 자동수송기. 즉, 영업장에서 발생되는 주문서 또는 계산서(Bill) 가 조리부서 또는 프런트 캐셔에게 자동으로 전달되는 장치

25 Allowance(매출조정) : 불만족한 서비스에 대한 고객의 불평으로 발생되는 매출조정 또 는 호텔종업원이 영수증(Bill)을 잘못 기재하여 발생하게 되는 매출조정. 특히 이용금액 에 대하여 에누리가 발생하게 되면 에누리전표(Rebate Voucher)에 내용을 기입하고 승 인을 받아야 한다.

26 Amenity : 고객을 위하여 제공되는 최대의 부가적인 물품서비스. 즉, 고객을 위하여 호 텔 측에서 기본적인 서비스 이외에 부가적으로 제공하는 물품서비스(예를 들면 객실 내 부의 헤어드라이기, 의약품, 샤워캡, 손톱깍기, 바느질도구, 수면보호대, 구두닦기 솔 등)

27 American Plan(AP) : 숙박유형에 따른 요금제도 형식의 하나로서 객실요금에 아침, 점 심, 저녁식사 요금을 고객이 체크인을 할 때 모두 포함시켜서 계산을 받게되는 경영형식 (Full Pension이라고도 한다)

28 American Service＝Plate Service : 주방에서 음식을 접시 또는 트레이(Tray)에 미리 담아서 종업원이 고객에게 음식을 서브하는 형태. 우리나라 대규모 특급호텔을 제외하고 대부분의 호텔이 이러한 서비스 방식을 선호하고 있다. 그 이유는 서비스상의 숙련도가 많이 필요하지 않기 때문에 종업원의 확보가 용이하고 훈련시키는데 많은 시간이 소요 되지 않아 상대적인 인건비가 저렴한 편이다. 또한 서비스가 신속하게 이루어지기 때문 에 좌석의 회전율을 높일 수 있으며 실용적이다.

29 **American Society of Travel Agents**(ASTA) : 여행업자들간의 상호 공동이익을 도모하기 위한 미국 여행업자협회

30 **Aperitif**(에프리티프) : 식욕을 증진시키고자 에프타이저와 병행하여 마시는 식전주를 의미한다. 대표적인 종류로서 리큐르는 버무스, 깜파리, 두보네, 아멜피콤, 알티쇼크, 마라스키노 등과 칵테일로는 맨하탄, 마티니 그리고 세계적인 식전와인으로서 쉐리와인이 있다

31 **Appetizer**(에프타이저)＝**Hors d'oeuvre**(오드블) : 정식요리에서 제일 먼저 제공되는 전채요리를 말하며, 식욕을 촉진시키는 역할을 한다.

32 **Arm Towel** : 호텔에서 식음료부의 접객직 종사원이 왼쪽 손목 부위에 걸쳐서 사용되는 서비스용 냅킨으로서 Hand Towel이라고도 한다(사이즈는 50㎝×50㎝가 주로 사용된다)

33 **Arrival Time** : 고객도착 시간

34 **Assistant Manager** : 총지배인을 보좌하는 부지배인

35 **Audit** : 호텔의 일일 영업현황, 즉 객실, 식음료, 기타 부대시설에 관한 영업기록을 확인하는 업무

36 **Available Room** : 판매가능한 객실

37 **Availability Report** : 객실현황보고서

38 **Average Daily Room Rate** : 일일 평균객실료

39 **Average Rate Per Guest** : 고객당 평균객실료

40 **Average Room Rate** : 평균객실료

B

01 **Baby Sitter** : 자녀를 동반한 호텔이용객의 편의를 제공하고자 자녀를 돌보아 주는 것

02 **Back Office**＝**Back of the House** : 고객과 직접적인 접촉이 많이 이루어지지 않는 부서. 즉, 관리부, 총무부, 조리부, 하우스키핑, 세탁실, 기계실 및 식음료 서브를 보조해 주는 Back Side의 업무부서를 의미한다.

03 **Back Side**＝**Mise-En-Place**(미장쁠라스 : 프랑스에서 유래된 용어) : 호텔의 영업을 위하여 사전에 준비해야 할 각종 준비물 점검사항(집기, 기물, 린넨, 온수와 냉수, 글라스 보충, 각종 소스류 점검, 청소 및 정리정돈 등).

04 **Back to Back** : 당일고객의 연속적인 체크인과 전일고객의 연속적인 체크아웃으로 객실판매가 지속적으로 진행중인 상태.

05 **Baggage** : 고객의 수화물

06 **Baggage Down** : 고객이 체크아웃을 할 때 수화물을 객실로부터 현관에 이르기까지 운반해주는 서비스.

07 **Baggage in Record** : 수화물 기록대장으로서 고객의 객실번호, 고객성명, 하물의 수량, 수화물 운반자의 성명 등을 기록한다.

08 **Baggage Net** : 곧 출발하게 될 수화물을 위하여 일시적으로 덮게(Net)를 씌워 놓는 것.

09 **Baggage Stand** : 호텔 객실내부에 있는 수화물 받침대.

10 **Baggage Tag** : 수화물 꼬리표. 즉, 고객의 수화물을 정확하게 관리하기 위하여 수화물 꼬리표를 2부 작성하여 1부는 수하물의 매듭부분에 부착하고 1부는 고객이 보관하여 수화물을 찾을 때 사용하는 것.

11 **Banquet** : 호텔의 연회장

12 **Banquet Assistant Manager＝Banquet Captain** : 연회 부지배인(연회캡틴)

13 **Banquet Manager** : 연회지배인

14 **Bell Captain** : 현관 객실부서에서 벨맨 업무의 책임자.

15 **Bellman** : 고객의 수화물을 운반하고 고객의 체크인과 체크아웃을 도와주는 종사원.

16 **Beverage** : 알콜성 음료와 비알콜성 음료를 총칭하는 뜻.

17 **Bermuda Plan**(BP) : 객실요금에 미국식 아침식사(ABF ; American Breakfast)가 포함될 경우

18 **Bill** : 호텔의 객실, 식음료, 기타 부대시설에서 사용되는 고객의 영수증.

19 **Bill Clerk** : 호텔에서 사용되고 있는 Bill을 전반적으로 관리하고 불출하는 직원.

20 **Bin Card** : 식음료의 입출고뿐만 아니라 호텔에서 사용되고 있는 각종 기물과 재료의 입고와 불출현황을 일목요연하게 확인할 수 있는 품목별 입출고 현황카드이다.

21 **Black List** : 불량거래자 명단.

22 **Block＝Block Room** : 특정행사나 사전에 미리 예약이 된 행사 팀(기업체, 학교, 여행사, 관공서, 일반인이 객실을 한꺼번에 여러 객실을 사용할 때 등)을 위하여 호텔 측에서 특정 객실 층을 사전에 미리 지정하여 놓는 것. 이것은 프런트 야간근무자가 행사당일 오전근무자의 프런트 근무 교대자와 하우스키핑 근무자에게 객실을 Block한 것을 반드시 인수인계해야 되며 예약실 근무자에게 보고를 해야 됨.

23 **Book** : 호텔객실을 예약 받거나 고객들에게 판매하는 것.

24 **Booking** : 예약기록

25 **Botel** : 보트(Boat)를 이용하는 관광객이 주로 사용할 수 있는 숙박시설.

26 **Break Even Point**(BEP) : 손익분기점

27 **Break Time** : 브레이크 타임(휴식시간)

28 **Breakage** : ① 패키지요금 또는 호텔의 특별행사에 포함된 식사 또는 기타 서비스를 고객들이 이용하지 않았을 때 얻게되는 호텔 측의 이익. ② 호텔의 각 영업장에서 발생되는 기물류, 글라스류 등의 파손.

29 **Bus Boy** : 오래 전에 유럽에서 주로 사용되던 호텔용어로서 접객원을 도와주는 보조원을 말함. 우리나라의 호텔은 이러한 용어를 사용하지 않고 Waitress(웨이트리스=실습생)란 용어를 대신하여 사용하고 있다.

30 **Business Center** : 호텔의 상용고객과 특정 행사팀 또는 비즈니스 고객을 위하여 사무를 볼 수 있도록 비서업무, 팩스, 텔렉스, 특정회의, 타이핑, 이메일, 각종 문방구류 등을 갖추어 놓고 고객에게 서비스 행위가 가능하도록 마련된 특별구역의 부서.

C

01 **Cabana** : 호텔건물로부터 분리되었고 수영장이나 해수욕장 주변에 위치한 별관 또는 임시숙소 형태의 호텔객실.

02 **Cafeteria** : 카페테리아. 즉, 고객이 진열된 음식을 스스로 선택하는 셀프 서비스 형태의 식당.

03 **Cancellation** : 호텔이용객이 객실이나 식음료 상품을 예약해 놓고 고객이 예약을 취소하는 것.

04 **Cancellation Charge** : 고객이 예약한 것을 취소하였을 때 부과되는 예약 취소에 따른 수수료.

05 **Captain** : 호텔 영업장을 책임지는 수장으로서 지배인을 보좌하고 접객 종사원을 관리감독하는 직책.

06 **Car Jockey** : 주차를 대행하여 주는 관리요원.

07 **Cart=Trolley** : 수화물을 운반할 수 있는 이동식 바퀴가 달린 수레.

08 **Cart Service=French Service=Gueridon Service** : 고객이 주문한 메뉴를 접객 종사원이 음식재료와 기물을 Cart에 옮겨서 고객의 테이블 앞으로 이동하여 고객이 보는 앞에서 주문된 메뉴를 접객종사원이 직접 음식을 완성시켜 서브하는 형식. 이러한 서비스는 A La Carte를 제공하는 전문식당에 적합하며, 숙련된 종사원의 확보가 어렵고 충분한 식당의 공간과 다른 서비스에 비해 시간이 많이 소요되기 때문에 특급호텔의 고급 식당에 어울린다.

09 **Carving** : 조리된 요리를 고객의 테이블 앞으로 운반하여 서비스 Cart에 올려놓고 고객이 손쉽게 먹을 수 있도록 조리사가 생선의 뼈, 껍질, 육질 등을 분류하여 서브하는 것.

10 **Cash Audit** : 영업장에서 사용되고 있는 현금(시제금)감사.

11 **Cash Bar** : 고객이 술값을 현금으로 지불할 수 있도록 호텔연장 내부에 임시로 마련한 바(Bar)를 말함.

12 **Cash Out** : 캐셔가 근무를 종료하게 되면 당일의 매출금액 확인 및 결산을 보고하고 업무를 마감하는 것.

13 **Cash Paid Out** : 호텔고객에게 빌려주는 현금.

14 **Cashier Register** : 금전등록기.

15 **Cashier** : 호텔의 영업장에서 현금이나 화폐를 교환하거나 상품에 대한 지불금액을 수취하는 회계원.

16 **Cashier's report** : 영업종료 시 회계원이 작성하는 출납보고서.

17 **Caster Set＝Condiment** : 식탁테이블 위에 놓는 설탕, 소금, 후추 등의 집합세트.

18 **Catering** : 출장연회

19 **Catering Service** : 일반적으로 호텔의 식음료서비스를 의미하지만, 원래의 의미는 출장연회의 성격으로 식음료서비스를 행하는 것을 의미.

20 **Cellar Man** : 호텔 Bar의 주류창고 전문관리자.

21 **Chaser** : 알콜성 음료의 농도가 독한 술을 마실 때 곁들여 마실 수 있는 비알콜성음료 (청량음료, 물, 탄산음료 등)를 뜻함.

22 **Check Out**(퇴숙) : 고객이 객실열쇠를 반환하고 호텔을 떠나기 위하여 완전하게 계산을 끝마치는 행위.

23 **Check In**(입숙) : 고객이 호텔에 투숙하기 위하여 등록카드를 완전하게 작성하는 일련의 행위.

24 **Checkroom＝Cloakroom** : 호텔이용객의 편의를 제공하고자 마련된 수화물 또는 의복 등을 일시적으로 보관할 수 있는 장소.

25 **Chef** : 주방의 총 책임자.

26 **Chit Tray** : 호텔과 은행 등에서 고객에게 잔돈과 계산서를 내밀 때 받치는 작은 쟁반.

27 **City Ledger** : 호텔의 외상매출장.

28 **Claim Reservation** : 예약 없이 예약을 했다고 주장하는 고객

29 **Cloakroom＝Checkroom**

30 **Coaster** : 컵 밑바닥에 받치는 받침대.

31 **Collect Call** : 수신자 부담전화.

32 **Commercial Hotel** : 상용(비즈니스)고객이 주로 이용하는 상용호텔로서 일반적으로 상용요금(Commercial Rate)을 적용하는 경우가 많다.

33 **Commercial Rate** : 상용요금. 즉, 비즈니스가 많이 이루어지는 특정기업체 또는 여행사 등과 연간 일정 수준의 객실을 사용하는 대신에 공표 요금에서 어느 정도 할인하여 객실을 판매하는 상용요금.

34 **Commission** : 여행사 또는 특정업체가 호텔에 많은 고객을 보낼 때 받게 되는 일종의 수수료.

35 **Complaint** : 호텔의 제반서비스에 대한 고객의 불평사항.

36 **Complimentary** (Comp): 무료. 즉, 호텔의 영업을 목적으로 고객에게 호텔의 편의시설과 식음료 및 객실을 제공해주고 요금을 징수하지 않는 것.

37 Concierge : 특정 행사팀이 호텔을 예약한 후에 행사준비에 필요한 제반 준비물을 호텔로 보내면 호텔 측의 종업원이 이를 체크 룸이나 행사장소에 이동시켜 보관해주는 서비스 또는 행사를 끝마치고 나면 행사시에 사용하고 남은 각종 수화물을 일시적으로 보관해주거나 행사팀이 요구한 장소로 택배, 화물 등을 통하여 보내주는 서비스를 말한다. 이것은 근래에 와서 일반 고객들 뿐만 아니라 단체행사시 특히 자주 발생되기 때문에 호텔기업은 단체고객 유치를 위하여 더욱 콘서지서비스(concierge service)에 많은 관심을 기울여야 한다.

38 Condiment＝Caster Set

39 Conductor Free : 단체 이용객 15인 이상을 인솔하였을 때 인솔책임자에게 객실 1실을 무료로 제공하는 것.

40 Confirmed : 호텔 측과 고객 상호간은 호텔상품을 예약하였지만 체크인 당일이 도래하기 이전에 사전에 예약된 호텔상품을 반드시 사용할 것인지 재차 확인 약속을 받는 것을 말한다.

41 Connecting Rooom : 두 개의 방을 서로 왕래할 수 있도록 연결시켜 놓은 하나의 객실. 즉, 대가족 단위의 이용객에게 적당한데 객실내부에 두 개의 방이 있지만 방 사이의 연결되는 통용문이 있어 객실출입문을 통하지 않고서도 서로 왕래가 가능한 객실.

42 Continental Plan(CP) : 대륙식 요금제도로서 체크인을 할 때 객실요금에 아침식사 비용을 포함하여 요금을 지불하는 방식. 우리나라는 성수기 기간 또는 리조트호텔에서 가끔 이 방식을 패키지요금으로 채택하기도 한다.

43 Control Chart : 예약조정 상황판.

44 Convention : 가장 폭넓게 사용되는 회의에 대한 용어.

45 Convention Hotel : 대규모 회의를 개최할 수 있고 한꺼번에 많은 인원이 수용가능한 초특급 호텔로서 동시통역, 조명, 음향설비 등의 시설이 완벽해야 한다.

46 Coordinator : 호텔의 행사조정 전담직원. 즉, 일반적으로 마케팅 부서에 소속된 직원인데 호텔의 연회행사장은 한정되어 있지만 각 지역의 판촉업무를 수행하다 보면 때때로 행사장이 중복되거나 행사내용별 성격에 따라 업무조정이 필요한 경우가 발생된다. 이때 코디네이터의 역할이 매우 중요하며 호텔영업의 매출과 고객의 불만족을 방지하는데 중요한 구실을 담당한다.

47 Cordial＝Liqueur : 알콜성 음료의 혼성주를 뜻함.

48 Cork Screw : 코르크 마개를 따는 기구.

49 Corkage Charge : 호텔의 영업장 특히 연회장에서 행사팀이 외부에서 준비해 온 음료를 위하여 호텔 측에서 필요한 글라스와 서비스를 제공해주고 그 대가를 받는 일종의 요금을 의미하지만, 그 기준이 모호하고 결코 바람직하지 못한 방법이기 때문에 이것을 지양해야 한다.

50 Corsage : 결혼식, 회갑, 생일 등 특정한 행사 때 왼쪽가슴에 부착하는 송이 꽃.

51 Cost : 원가.

52 Cost Accounting : 원가회계.

53 **Credit Manager** : 호텔매출의 후불담당 책임자. 즉, 호텔기업의 개인 및 단체고객들의 여신을 승인하고 관리하는 여신관리 지배인

54 **CSM** : customer satisfaction management : 고객만족 경영

D

01 **Daily Report** : 일일보고서.

02 **Daily Special Menu** : 당일의 특별추천 메뉴. 즉, 호텔에서는 영업이익과 고객만족을 추구하고자 주방장이 특별히 추천할 수 있는 메뉴를 선정하거나 새로운 메뉴를 알리기도 하며 식재료의 선입선출을 위하여 이러한 방법을 사용하는 경우가 많다.

03 **Day Use＝Part Day Charge＝Part Day Use** : 분할요금. 즉, 고객이 비즈니스의 목적 또는 잠시 머물러 휴식을 취하고자 주간에 시간을 정하여 객실에 투숙할 때 청구되는 요금

04 **D.D.D**(Direct Distance Dialing) : 교환을 통하지 않고 직접 통화할 수 있는 장거리 전화.

05 **Dead Room Change** : 호텔에 투숙한 고객이 부재중일지라도 호텔의 특수한 사정으로 인하여 객실을 변경하는 것.

06 **Decanting** : 와인의 앙금(찌꺼기)을 분리하기 위하여 와인을 다른 유리병에 옮겨 담는 과정.

07 **Decoration** : 호텔행사장 및 각 영업장에서 생산되는 상품을 보기 좋게 하기 위하여 장식하는 것.

08 **Demi-Pension**(DEP)＝**Semi-Pension**(SP)＝**Half-Pension**(HP)＝**Modified American Plan**(MAP) : 숙박요금제도의 한 방식으로서 고객이 투숙할 때 객실요금에 2회의 식사요금(미국은 아침과 저녁을, 유럽은 아침과 점심 또는 저녁식사를 고객이 택일)을 사전에 계산하도록 하는 제도이다.

09 **Deposit** : 선수금. 즉, 호텔객실 또는 식음료 가격을 미리 예치하는 것.

10 **Discount Group Rate** : 단체고객 할인요금.

11 **D.N.A**(Did Not Arrive) : 호텔객실을 예약한 고객이 투숙을 하지 않을 때 사용하는 용어.

12 **D.N.D**(Do Not Disturb) : 출입 및 방해금지. 즉, 호텔의 객실투숙객이 타인(종업원)으로부터 출입을 금지시키고자 고객이 직접 출입문 입구의 손잡이 부분에 걸어둘 수 있는 출입(방해)금지 표시판.

13 **D.N.P**(Do Not Post) : 지정된 장소 이외에는 호텔의 허락 없이 부착을 금지한다는 뜻.

14 **D.N.S**(Do Not Stay) : 고객이 숙박카드에 등록을 하였지만, 실제로 숙박을 하지 않는 경우.

15 **Doily** : 호텔식당에서 흔히 사용되는 식탁용 서비스 패드. 이것은 주로 한식당과 일식당에서 많이 사용되는데, 고객의 식탁부위에 깔고 그 위에 기물을 세팅함으로써 위생적인 관리가 가능하기 때문에 대부분 선호하고 있다.

16 **Door Chain** : 객실출입문을 방안에서 이중으로 잠글 수 있는 안전장치 걸이(체인).

17 **Doorman** : 호텔에 도착하는 고객을 최초로 영접하고 마지막으로 환송하는 현관종사원.

18 **Down Grade＝Down Grading** : 이것은 업 그레이딩과 상반되는 경우를 말하는 것으로서, 이러한 경우에 호텔 측이 고객에게 다운 그레이딩 된 객실의 실제요금을 청구하게 되는 것을 말한다.

19 **Draft Beer** : 생맥주.

20 **Drambuie** : 알콜성 음료인 혼성주의 일종으로서 오렌지향의 맛과 향이 있어 칵텔의 부재료로 많이 사용된다.

21 **Drape＝Table Skirt** : 연회행사시 테이블장식의 일종으로 사용되는 테이블용 치마.

22 **Dual Plan(DP)** : 고객이 AP(어메리칸 플랜)와 EP(유러피안 플랜)중에서 호텔에 투숙할 때 선택할 수 있는 혼합식 요금제도.

23 **Dump** : 고객이 예정시간보다 미리 퇴숙 절차를 받는 것.

24 **Duty Free Shop** : 외국인 관광객을 위한 면세점.

25 **Duty Manager(DM)** : 당직지배인. 즉, 주간에는 총지배인이 호텔을 총괄적으로 경영관리를 하지만, 야간에는 당직지배인이 총지배인의 직무를 대신하여 업무를 처리할 수 있는 권한을 가지고 있으며 야간근무의 총사령관 역할을 담당한다.

E

01 **Early Arrival** : 호텔에 예약한 날짜보다 먼저 도착하게 되는 경우.

02 **Early Arrival Occupancy** : 조기에 도착되는 고객을 위하여 호텔에서 체크인 시간 전에 입실이 가능하도록 객실을 확보하는 것.

03 **Early Check Out** : 조기에 퇴숙하는 것.

04 **Emergency Exit** : 긴급한 상황에 대비할 수 있는 비상문.

05 **Emergency Light** : 전기가 갑자기 단전될 때도 자체 발전시설에 의하여 작동되는 비상등.

06 **Encounter Service** : 고객접점서비스. 즉, 고객과 직접 대면하면서 상품을 판매하거나 직무를 수행해야 하는 서비스.

07 **English Breakfast** : American Breakfast의 코스에 생선요리가 추가되는 아침식사.

08 Entertainment : 현대적인 호텔서비스의 새로운 차원으로서 환대, 접대, 즐거움, 오락, 여흥, 이벤트, 비즈니스 등의 전반적이고 종합적인 서비스.

09 Entree＝Main Dish : 정식요리에서 제공되는 주요리를 말함. 일반적으로 호텔에서 제공되는 주요리는 육류(안심, 등심, 티본스테이크, 샤토브리앙), 가금류(닭, 칠면조, 오리), 생선류 및 기타(사슴, 돼지, 토끼, 꿩) 등이 있다.

10 Equipment : 각 영업장과 연회장 또는 음향/조명실 등에 필요한 각종 장비류.

11 ETA(Estimated Time of Arrival) : 호텔투숙객의 도착예정 시간.

12 ETD(Estimated Time of Departure) : 호텔투숙객의 출발예정 시간.

13 European Plan(EP) : 숙박요금 형식의 하나로서 호텔에 고객이 체크인을 할 때 식사요금을 포함시키지 않고 객실요금만 징수하는 요금제도. 이러한 방식은 세계 대부분의 호텔과 우리나라의 호텔에서도 가장 많이 적용하고 있는 방식이다.

14 Event Order : 행사주문서

15 Exchange : 교환(외환).

16 Exchange Rate : 환율.

17 Executive : 호텔종사원의 상급자에 해당되는 의미.

18 Executive Chief : 호텔 조리부서의 총주방장.

19 Executive Floor : 최고급 수준의 서비스를 제공받을 수 있는 VIP 객실층.

20 Exhibit : 전람회.

21 Exit : 비상출입구.

22 Express : 목적지에 도착할 때까지 멈추지 않는 고속열차 또는 고속버스를 말함.

23 Express Check In & Out : 호텔고객의 입숙 그리고 퇴숙을 신속하게 처리하는 것.

24 Extra Bed : 객실투숙객이 갑자기 초과될 때 추가로 제공할 수 있는 이동 접이식 침대이지만, 일반적으로 추가요금을 징수한다.

F

01 Family Plan : 14세 미만의 자녀를 동반할 때 가족여행자에게 적용하는 객실요금제도로서, 호텔 측은 **Extra Bed**를 제공하지만 추가요금을 징수하지는 않는다.

02 Financial Accounting : 재무회계

03 Finger Bowl : 가볍게 손을 씻을 수 있도록 호텔의 고객용 테이블에 서브되는 작은 접시. 이것은 고급호텔의 French Service 또는 정식요리를 서브할 때 격식과 분위기를 창출하기 위하여 보기 좋은 작은 접시에 레몬조각 또는 향이 있는 꽃잎을 물위에 살짝 띄워서 제공한다.

04 **First In First Out**(FIFO) : 선입선출(先入先出)법. 즉, 식재료가 먼저 입고된 것을 먼저 불출하고 나중에 입고된 것을 마지막에 불출하는 저장관리의 기본원칙이다.

05 **FIT**(Foreign Independent Tour) : 원어의 의미는 외국인 개별여행객을 뜻하지만, 호텔을 이용하는 내·외국인 개별여행객을 총칭한다. 즉, 국내 초창기 호텔영업의 개별여행객은 외국인이 대부분이었기 때문에 이러한 용어가 현재까지 통용되고 있지만, 현재의 개별여행객이라는 용어는 Foreign Independent Tour, Free Independent Tour, Foreign Individual Tour, Free Individual Tour 등과 같이 사용되고 있다.

06 **Flambee** : 고급호텔에서 French Service를 실시할 때 간편하게 조리가 가능하도록 수레바퀴가 부착된 카트(Cart)를 이용하게 되는데, 이때 접객종사원이 고객으로부터 주문된 메뉴(육류, 생선, 샐러드 등)를 완성시키기 위하여 알콜성 음료(브랜디, 와인 등)를 첨가하여 불꽃을 피우면서 조리하는 과정.

07 **Float** : 칵테일의 제조방법중의 하나이다. 즉, 알콜의 비중이 서로 다른 것을 이용하여 칵테일을 조주할 때 가벼운 음료를 바 스푼을 이용해서 살짝 끼얹어 주는 방법이다(예를 들면 엔젤스 팁, 데퀼라 선라이즈 등).

08 **Floor Clerk** : 대규모 특급호텔의 각 층에서 Front Clerk의 임무와 직능을 동일하게 수행하는 직원.

09 **Folding Screen** : 각종 행사에 사용되는 병풍의 일종.

10 **Folding Table** : 호텔의 연회서비스에 사용되는 직사각형의 접이식 테이블(표준사이즈는 가장 보편적인 것이 180cm×90cm이다).

11 **Folio** : 각종의 기록을 일목요연하게 보관할 수 있는 원장.

12 **Food and Beverage**(F&B) : 식료와 음료(식음료).

13 **Food Cost Control** : 식료 원가관리.

14 **Food Server Station** : 호텔의 식당에서 효율적으로 고객에게 서비스가 가능하도록 서브담당 접객원을 내정하여 서비스하는 것.

15 **French Service**＝**Cart Service**

16 **Front Office**(FO) : 호텔기업의 얼굴로서 현관부서와 객실판매 부서를 종합하여 객실부서(Front Office)라 한다.

17 **Front of the House** : 호텔의 영업부문. 즉, 고객과 직접적으로 대면하면서 호텔상품을 판매하는 부서.

18 **Full Course**＝**Set Menu**＝**Table d'hote**(따블도오트) : 정식요리, 즉 호텔식음료의 전형적인 양식메뉴의 세트를 말하는 것으로서, 일반적으로 5Course, 7Course, 9Course, 12Course 등의 순서대로 음식이 제공되는데 7Course와 9Course가 가장 많이 선호되고 있다.

19 **Full House** : 호텔객실이 모두 판매가 되어 만실(滿室)이 된 상태.

G

01 **Garnish** : 요리된 음식에 고객의 미각을 돋구기 위하여 조화롭게 장식을 하는 것.

02 **General Manager**(GM) : 호텔의 총지배인.

03 **GHC**(guest history card) : 고객이력카드

04 **Gift Shop** : 선물(기념품)판매소

05 **Ginger Ale** : 비알콜성 음료의 무탄산음료. 즉, 생강주.

06 **GIT**(Group Inclusive Tour) : 개별여행객의 반대어로서 단체여행객을 말한다.

07 **Go Show** : 객실판매가 완료되었지만 예약을 하지 않은 고객이 객실에 투숙하기 위하여 빈 객실이 발생되기를 기다리는 것(취소 또는 No Show가 발생될 수도 있으니까).

08 **Grand Total** : 부가가치세(Tax)와 봉사료(Service Charge)를 모두 합한 금액.

09 **Grandmaster Key** : 특수한 경우를 제외하고 호텔의 출입문을 모두 열 수 있는 열쇠.

10 **Greetress** : 전문적으로 고객을 영접하고 안내를 전담하는 여종사원.

11 **Gross Profit＝Inclusive Rate** : 호텔에서는 세금과 봉사료가 모두 포함된 매출발생 금액을 뜻한다.

12 **Group List** : 단체객 명단.

13 **Guaranteed Rate** : 개인고객 또는 단체고객으로부터 일정한 계약에 의해 약정하는 지불보증금.

14 **Gueridon Service＝Cart Service**

15 **Guest History Card＝Guest History File＝Guest History Folio** : 고객이력카드.

16 **Guest Ledger** : 등록된 고객의 원장.

17 **Guest Relation Officer**(GRO) : 고객들의 편의를 제공하기 위하여 고객 상담과 안내를 전문적으로 담당하는 종사원. 최근에 와서 매우 중요한 직무로 평가받고 있다.

18 **Guide Rate** : 호텔 측과 여행알선업자 사이에 특별히 적용되는 가이드요금.

H

01 **Happy Hour** : 호텔의 식음료 영업장에서 가장 고객이 붐비지 않는 시간대를 이용하여 저렴한 가격 또는 무료로 간단한 음료나 스넥을 제공하는 것(대체적으로 식사시간이 끝난 오후 3~5시경).

02 **Head Waiter** : 식음료 영업장의 하급책임자.

03 Held Luggage : 고객이 투숙한 후에 예상하지 못한 상황이 발생되어 체크아웃을 할 때 사용요금을 받지 못하게 되면 숙박료 대신에 고객의 물건을 담보로 보관을 하는 것.

04 High Balance : 고객이 지불해야 할 대금(후불)이 많아질 때 그 부담을 줄이기 위하여 고객에게 중간정산을 요구하는 것

05 High Balance Report : 최고 미수금 잔액보고서. 즉, 호텔의 단골고객 또는 장기투숙객이 여러 날을 투숙하게 되면 자연스럽게 미수금이 많이 발생하게 되는데, 이때 호텔 측에서 규정한 미수금 한도액을 초과하지 않도록 일목요연하게 기록한 보고서

06 High Season=Peak Season : 관광객이 많이 방문하는 계절

07 Hold Room Charge : 호텔객실을 예약한 고객이 갑자기 항공기의 지연, 결항 그리고 개인의 특별한 사정으로 인하여 예약된 객실을 정상적으로 사용하지 못하였을 경우에도 호텔 측에서는 객실을 다른 사람에게 판매하지 않고 보류하였기 때문에 고객이 규정된 요금을 호텔 측에 지불하게 되는 경우.

08 Hors d'oeuvre(오드블)=Appetizer

09 Hospitality Industry : 환대산업.

10 Hospitality Room : 호텔을 이용하는 고객들의 편의성 제고를 위하여 무료로 잠시동안 제공되는 객실을 의미하며, 객실요금은 청구되지 않는다.

11 Host : 고객을 영접하거나 환영하는 주최측의 사람

12 Hotel Business Accounting : 호텔영업회계

13 Hotel Cost Analysis System : 호텔 원가분석시스템

14 Hotel Package : 호텔의 포괄적인 상품.

15 Hotel Price Policy : 호텔의 요금정책

16 Hotel Regulation :호텔의 숙박약관

17 Hotel Safe : 호텔 금고.

18 Hotel Sales Plan : 호텔상품의 판매계획

19 Hotel Service Directory : 호텔안내서

20 Hotelier=Hotelkeeper : 호텔의 전문직 종사원

21 House Call : 회사 내에서 직원이 업무용으로 사용하는 전화. 이 경우에는 이용요금을 회사에서 부담한다.

22 House Count : 호텔객실에 등록된 고객의 수.

23 Housekeeper : 하우스키핑의 객실청소 및 정비의 책임자.

24 Housekeeping : 객실정비 부서

25 Housekeeping Daily Check Report : 일일객실정비 보고서

26 Houseman : 하우스키핑에 소속된 종사원으로서 객실정비를 손쉽게 할 수 있도록 Room Maid의 업무를 도와주며 청소업무나 무거운 물체를 운반하는 남자직원.

27 House Phone : 호텔로비에 위치한 구내용 전화.

28 House Profit＝House Income : 호텔의 영업이익.

29 House Use＝House Use Room : 호텔종사원이 사용하게 되는 객실. 이 경우 호텔 측의 업무용으로 사용되기 때문에 객실요금이 적용되지 않는다.

I

01 Ice Carving : 얼음용 조각. 즉, 특별한 행사, VIP고객, 상설뷔페 등의 아름다운 연출을 위하여 조각한 얼음.

02 Ice Tong : 얼음용 집게.

03 In Bound : 외국인의 국내여행.

04 Incentive Tour : 포상여행

05 Inclusive Rate＝Gross Profit

06 Indicator : 호텔객실의 판매상황과 정비 상태를 효율적으로 나타내어 주는 표식 상황판.

07 In Order Room : 정리정돈이 완료되어 판매가능한 객실.

08 Inn : 호텔보다는 등급과 인식정도가 다소 낮은 숙박시설을 의미. 그런데 세계적인 호텔 체인을 형성하고 있는 홀리데이 인(Holiday Inn)은 과거에서부터 현재까지 인(Inn)이라는 용어를 지속적으로 사용하고 있는 대규모의 특급호텔이다.

09 In Season Rate : 성수기의 요금.

10 Inside Room : 호텔객실의 위치가 구석진 곳이나 전망이 좋은 위치의 반대편에 위치한 객실. 이것은 대부분의 호텔에서 전망이 좋은 쪽에 위치한 객실(out side room)의 가격보다 다소 저렴하게 운영하거나 차별화를 두고 있다.

11 Inspection Report : 객실청소상태 점검보고서

12 Internal Customer : 내부고객(종사원). 즉, 내부고객은 최근의 지식사회에 편승하여 기업에서 새롭게 부각되고 있는 지식경영의 핵심적 자산으로 평가받고 있다.

13 Internal Sales : 호텔의 내부 판촉활동.

14 International Hotel Association(IHA) : 국제호텔업협회.

15 International Youth Hostel Federation(IYHF) : 국제유스호스텔연맹.

16 Inventory : 인벤토리. 즉, 호텔상품(식자재, 음료 등)의 재고조사.

266

J

01 Jockey Service＝Valet Service＝Parking Service : 호텔이용객이 자가용을 이용하여 현관에 도착하면 호텔직원이 고객의 자가용을 건네받아 안전한 곳으로 주차를 대신시켜 주는 주차(장)관리 서비스.

02 Junior Suite : 응접실과 침실이 칸막이로 구분된 규모가 큰 객실

K

01 Key : 객실 열쇠

02 Guest Key : 호텔객실의 투숙객에게 주어지는 열쇠

03 Pass Key : 호텔객실의 각 층별로 개폐가 가능한 열쇠.

04 Master Key : 호텔객실의 전체를 열 수 있는 열쇠.

05 Grand Master Key＝Emergency Key : 호텔의 출입문을 모두 열 수 있는 비상용 특수 열쇠. 이것은 호텔의 최고경영자 또는 전문경영인(총지배인)이 소지할 수 있으며, 야간에는 당직지배인이 관리할 수 있다.

06 Key Clerk : 대규모 특급호텔에서 볼 수 있는데 호텔의 출입문 Key만을 전문적으로 관리하고 수선하는 키관리 전담직원. 이것은 특히 객실 규모가 대단히 많은 특급호텔에서는 고객의 안전을 위하여 호텔객실의 출입문 키 관리에 신중을 기울이고 있다. 즉, 각 층의 객실출입문 키 몸체를 통째로 좌우 대칭형 또는 상하 교차형으로 정기적인 교체를 실시하고 있다.

07 Key Inventory : 프런트의 야간근무자가 당일의 객실판매 마감을 하기 전에 빈 객실과 투숙중인 객실의 열쇠를 파악하는 것. 이것은 호텔의 객실매출과 직접적인 연관성이 있기 때문에 프런트의 야간근무자는 신중하게 처리하여 Sleeper를 방지해야 한다.

08 Key Rack : 프런트 데스크에 설치되어 있는 키 박스.

L

01 Late Check Out : 체크아웃 시간(정오 12시 기준)보다 늦게 객실을 비우는 것.

02 Laundry Bag : 세탁물을 담는 백

03 **Laundry Slip=Laundry Order** : 세탁물 신청서

04 **Lay Out** : 행사주문서(Event Order)에 의한 배치도

05 **Lift=Elevator** : 승강기

06 **Light Baggage** : 일반적으로 단골고객이 아닌 일반고객이 호텔에 투숙할 때 소지한 수화물이 중요하지 않거나 Skipper의 우려가 예상될 때 이용요금에 대하여 예치금(Deposit)을 받아놓는 것을 의미한다.

07 **Limited Service** : 객실 이외에는 서비스가 제공되지 않는 제한된 서비스.

08 **Limit Switch** : 호텔객실 내부의 옷장 안에 설치되어 있는 자동 점멸장치로서 옷장 문이 열리면 전등이 자동으로 켜지고 문을 닫게 되면 전등이 자동으로 꺼진다.

09 **Limousine** : 호텔이나 항공서비스 등에서 VIP고객 또는 단골고객들을 위하여 운행되는 고급형의 이동버스나 자가용.

10 **Linen** : 테이블클로스, 냅킨, 드랩스(서커트), 도일리, 그린펠터 등을 총칭.

11 **Linen Room** : 각종 린넨류를 보관하고 불출할 수 있는 창고형 객실.

12 **Linen Shooter** : 객실의 각 층에 설치되어 세탁실까지 린넨류가 슈트를 통하여 자동으로 운반될 수 있는 장치.

13 **Liqueur=Cordial** : 알콜성 음료의 혼성주(베네딕틴, 슬로우진, 버무스, 깔루아, 깜파리, 드람브이, 꼬인트루 등). 이것은 칵테일의 부재료로 많이 사용된다.

14 **Local Call** : 시내통화

15 **Lodge** : 프랑스의 산간마을에 위치한 숙박시설에서 유래된 것으로 우리나라의 펜션(Pension)과 유사한 의미이다.

16 **Log** : 각종 업무사항을 기록할 수 있는 대장

17 **Logbook** : 각종 업무의 인수인계 사항과 예약사항 등 모든 업무사항이 기록된 업무기록 일지.

18 **Long Distance Call** : 장거리지역 전화

19 **Long Drink** : 알콜성 음료와 비알콜성 음료를 혼합하여 조주한 칵테일

20 **Long Stay Guest** : 장기투숙객

21 **Lost and Found**(L&F) : 분실습득물 보관소. 이것은 호텔의 하우스키핑에서 대부분 관리운 영되고 있는데, 통상적으로 비 귀중품은 습득 후 6개월 그리고 귀중품은 습득 후 1년을 보관하고 원래의 주인이 이 기간 내에 찾지 않으면 최초의 습득자에게 돌려주는 것을 원칙으로 처리한다.

22 **Lost Bill** : 관리소홀로 분실 된 계산서

M

01 Maid Card : 객실의 출입문 손잡이에 Room Maid가 객실정비를 하고 있다고 걸어두는 것. 즉, 청소 중이라는 식별판을 의미한다.

02 Maid Cart : Room Maid가 객실정비를 위하여 각종 비품과 기물을 이동시키며 사용할 수 있는 수레

03 Maid Station : 객실정비를 위한 Room Maid의 구역과 준비물 보관대.

04 Mail Clerk : 호텔의 우편물을 내·외부고객에게 전달하고 보관하며 운송 배달을 전문적으로 취급하는 직원. 이것은 대규모 특급호텔에서만 일부 볼 수 있지만, 호텔의 현관직원(밸맨)이 이러한 업무를 병행하는 것이 일반적이다.

05 Mail Service : 호텔의 우편물을 발송하고 수취하는 서비스

06 Main Dish = Entree

07 Maintenance Record : 객실수리 및 내구성(耐久性) 예상기간과 금액 등을 기록하는 것

08 Make Up : 객실을 청소하고 정리정돈을 하는 것.

09 Make Up Card : 고객이 호텔객실을 우선적으로 청소해 줄 것을 요구하는 카드로서, 객실의 출입문 입구 손잡이에 이 카드를 걸어두면 Room Maid가 이것을 보고 우선적으로 객실정비를 하는 인식카드

10 Managerial Accounting : 관리회계

11 Manual : 호텔의 각 영업장에 필요한 표준서비스 업무안내서

12 Market Segmentation : 시장세분화

13 Master Key : 호텔의 객실 전체를 열 수 있는 열쇠

14 Meal Coupon : 식사이용권. 즉, 이러한 쿠폰은 호텔을 이용하는 고객 또는 단체객의 요청이나 호텔 측의 영업적인 목적에 의해 사전에 발행되어 명시된 식당에서 이 쿠폰을 제시하면 식사를 할 수 있다.

15 Message Lamp : 호텔투숙객에게 외부로부터 전달되는 메시지를 전달해야 할 때 교환실의 근무자가 메시지램프(객실의 전화기 또는 전화기 주변의 적색신호 판을 이용)를 이용하여 전달되게 하는 장치

16 Midnight Charge : 객실을 예약한 고객이 호텔에 한밤중 또는 다음날 새벽에 도착하여 체크인을 하는 경우에도 호텔 측이 정상요금을 받게되는 경우.

17 Mini Bar : 호텔의 객실내부에 저장되어 있는 간단한 음료. 이것은 일반적으로 하우스키핑에서 관리하고 객실매출에 상당한 비중을 차지한다.

18 Miscellaneous(MISC) : 호텔에서 처리되는 잡수입 계정(MISC). 즉, 호텔을 이용하는 고객으로부터 이용요금을 수취하다 보면 몇 원, 몇 백원 또는 전화통화료의 일부 그리고 복사서비스에 따른 요금 등 잡수입으로 처리해야 할 상황이 발생하는데 이때 이 계정을 사용하여 처리하면 된다.

19 **Miscellaneous Revenue** : 호텔영업에서 부수적(기타 항목)으로 발생된 잡수입

20 **Mise-En-Place＝Back Side**

21 **Modified American Plan(MAP)＝Demi-Pension**

22 **Morning Call＝Wake Up Call** : 아침에 약속된 시간에 기상하고자 고객이 도움을 요청하면 전화벨과 같은 방법으로 깨워주는 서비스. 이것은 일반적으로 교환실의 근무자가 담당한다.

23 **Most Important Person(MIP)** : 최상급의 호텔 방문객. 즉, VIP(Very Important Person)고객보다 상급으로 평가되는 고객.

24 **Motel** : 원래의 의미는 자동차를 이용해서 여행하는 고객을 위하여 간편하게 갖추어진 숙박시설을 말한다.

N

01 **Net Profit** : 순이익. 즉, 호텔에서는 봉사료와 세금을 제외한 매출발생 금액을 뜻한다.

02 **Niche Market** : 틈새시장

03 **Night Audit** : 야간회계

04 **Night Auditor** : 호텔의 모든 영업이 종료되었을 때 영업마감을 최종적으로 확인하고 작성하여 보고하는 영업의 야간회계감사원.

05 **Night Clerk** : 호텔객실의 프런트 야간근무자. 우리나라의 호텔기업은 연중무휴의 24시간 영업이 보편적이기 때문에 프런트 근무는 대부분의 호텔에서 2인 1조의 3교대 근무를 선호하고 있다.

06 **Night Clerk Report** : 프런트 야간근무자가 작성하는 객실판매 일일보고서.

07 **Night Table** : 호텔객실의 침대 바로 옆에 있는 테이블로서, 시계, 전화, 나이트램프, 메시지램프, 라디오 및 전등과 에어컨스위치 등이 부착되어 있다.

08 **No Show** : 호텔시설이나 상품을 이용하고자 예약을 한 고객이 사전에 취소나 연락을 하지 않고 호텔의 시설이나 상품을 사용하지 않는 것.

09 **Non Smoking Area** : 금연구역.

10 **Numbering** : 연회행사시 고객이 입장할 때 손쉽게 배정된 좌석을 찾을 수 있도록 표식을 한 일련번호 또는 행사프로그램의 필요에 의해 세팅되는 각 테이블의 일련번호 표식판.

11 **Numbering Stand** : Numbering을 설치하거나 고정시킬 수 있는 스탠드.

O

01 **Occupancy** : 호텔에서 가장 보편적으로 사용하는 객실이용률.

02 **Office Check** : 호텔직원이 영업이익과 판매촉진을 목적으로 호텔 내부의 영업장을 일정한 금액의 한도 내에서 사용가능한 접대품의서. 이것은 일반적으로 마케팅직원과 각 영업장의 간부급에 발행되는데 갑작스런 VIP고객의 방문에 대처하거나, 행사예약을 하고자 방문한 고객들의 접대를 신속히 처리하기 위하여 일정한 금액의 한도 내에서 사용할 수 있는 호텔상품의 계산서라 할 수 있다.

03 **Off Day** : 호텔종사원의 휴무일.

04 **Off Season** : 비수기. 즉, 일반적으로 리조트호텔에서 많이 발생되고 있는데, 우리나라의 호텔기업은 비수기를 극복하기 위하여 패키지상품의 개발과 할인요금, 신상품 개발, 틈새시장 개척 등을 실시하고 있다. 따라서 현재의 호텔경영에서는 대체적으로 비수기의 현상이 극히 감소하고 있는 추세에 있다.

05 **Off Season Rate** : 비수기 요금.

06 **On Change** : 객실청소가 완료되지 않아 판매를 할 수 없는 객실정비중의 상태를 의미한다. 즉, 객실정돈 중이라는 의미임

07 **On Season** : 성수기.

08 **On Season Rate** : 성수기 요금.

09 **Optional Rate**(Opt.) : 특별한 경우(고객이 몇 년 후에 객실을 사용하려고 예약을 할 때 또는 근무자의 권한범위 이상으로 객실가격의 할인을 요구할 때)가 발생되어 프런트 근무자가 임의로 객실가격을 정할 수 없을 때 적용하는 요금. 즉, 미결정 요금

10 **Optional Tour** : 사전에 계획된 관광코스가 아니라 필요에 따라 선택하는 임의관광.

11 **Order Slip** : 접객종사원이 작성하는 식음료의 주문서.

12 **Order Taker** : 고객의 주문과 요구사항을 접수하는 접객직 종사원

13 **Order Taking Memo** : 고객이 주문한 것을 간단하게 기록할 수 있는 메모장

14 **Out Bound** : 내국인의 국외여행.

15 **Out of Order**(O.O.O) : 고장 중, 사용불가능.

16 **Out of Order Room** : 객실의 고장으로 판매불가능한 객실.

17 **Outlet Manager** : 식음료의 영업장 지배인.

18 **Outside Call** : 호텔의 외부로부터 걸려오는 전화.

19 **Outside Catering** : 고객이 원하는 장소에서 이루어지는 출장연회.

20 **Outside Room** : 전망이 좋은 방향에 위치한 객실.

21 **Over & Short** : 캐셔가 보유한 금액과 계산상 금액의 초과와 부족.

22 **Over Booking** : 호텔에서 보유하고 있는 객실의 숫자보다 초과하여 예약을 받는 것. 대부분의 호텔에서는 통상적으로 예약취소(약 10~15%)가 발생되기 때문에 초과예약을 약 10%정도 접수하지만 매우 신중하게 처리하여야 한다.

23 **Over Charge** : 체크아웃 시간을 초과하여 퇴숙할 때 부과되는 초과요금.

24 **Over Stay** : 객실이용 기간을 연장하는 것.

25 **Over Stay Guest** : 숙박기간을 연장하는 고객.

26 **Over Time** : 정상적인 근무시간보다 초과하여 근무를 하게 되는 경우로서 일반적으로 호텔기업에서는 영업의 탄력성으로 인하여 흔히 발생되지만, 호텔기업에서는 초과수당 또는 초과된 근로시간을 합산하여 휴무를 권장하기도 한다.

P

01 **PATA**(Pacific Asia Travel Association) : 아시아태평양 관광협회.

02 **Package Tour** : 패키지 관광.

03 **Paging Service** : 고객이 찾고자 하는 다른 고객을 호텔 측에서 찾아주는 서비스. 예를 들면, 로비라운지에 고객이 전화를 하여 다른 고객을 찾고자 할 때 호텔직원은 Paging Board에 찾고자 하는 고객의 이름을 기록하여 소리를 내면서 고객의 이목을 집중시켜 찾아주는 서비스이다.

04 **Paid In Advance**(PIA) : 선불요금. 일반적으로 일반고객이 호텔에 투숙하게 될 때, 수화물이 없거나 동행한 일행이 없을 때는 선불금을 받는 것이 원칙이고 현명한 방법이다.

05 **Pantry Room** : 호텔영업장의 기물과 집기비품을 보관하는 창고.

06 **Parent** : Youth Hostel의 관리자(지배인).

07 **Parking Service＝Jockey Service＝Valet Service** : 주차(장)관리 서비스

08 **Part Day Charge＝Part Day Use＝Day Use** : 분할요금. 즉, 고객이 비즈니스의 목적 또는 잠시 머물러 휴식을 취하고자 주간에 시간을 정하여 객실에 투숙할 때 청구되는 요금

09 **Pass Key** : 호텔객실의 각 층에서 한 층의 전체객실을 열 수 있는 각 층별의 열쇠.

10 **PBX**(Private Branch Exchange＝Switch Board) : 전화교환실.

11 **Pension** : 산간지역에 위치한 저렴한 가격의 숙박시설.

12 **Pick Up＝Take Out** : 식당에서 고객이 음식을 모두 먹고 나면 종사원이 이것을 치우는 행위를 말한다.

13 **Pick Up Service** : 고객의 편의제공을 위하여 호텔에서 특정지역까지 셔틀버스를 운행시키면서 고객을 무료로 탑승시켜 호텔까지 안전하게 도착시키는 서비스.

14 **Platter Service**(플래터서비스)＝**Russian Service**(러시안서비스) : 주방에서 조리가 완료된 메뉴를 플래터(Platter)에 옮겨 담아서 종사원이 고객의 왼쪽에서 시계도는 방향으로 돌면서 오른손으로 음식을 제공하는 서비스. 이것은 대규모 특급호텔에서 연회행사시에 적합한 서비스형식이다.

15 **POS**(Point of Sales) : 영업장에서 매출이 발생될 때 즉시 정산처리가 가능하도록 설치한 판매시점관리 장치.

16 **Porter Service** : 고객의 수화물을 체크인에서 체크아웃 할 때까지 보관하여주거나 운반을 해 주는 서비스를 말하며 일반적으로 밸맨이 담당한다.

17 **Pot Still** : 증류주의 위스키 증류방법. 이것은 단식증류법으로서 원시적인 방법인데 위스키가 소량으로 생산이 된다(Malt Whisky의 스카치위스키가 대표적임).

18 **Pressing Service** : 세탁물의 다림질서비스

19 **Private Bill** : 고객에게 발행되는 개인 영수증

20 **Public Area** : 공공장소

21 **Public Toilet Check Report** : 공공화장실의 청소상황 및 점검표

22 **Purchase Order** : 구매발주서

23 **Purchase Request** : 구매청구서

24 **Purchase Specification** : 구매명세서

Q

01 **Quality Assurance** : 호텔서비스의 품질보장.

02 **Quality Control** : 품질관리.

R

01 **Rate Change** : 객실요금 변경.

02 **Receipt** : 영수증.

03 **Reception** : 체크인 고객을 환영하는 행위.

04 **Recipe** : 식료와 음료의 양목표.

05 **Recommend** : 고객의 주문을 접수할 때 호텔의 상품을 자신있게 추천하는 행위.

06 **Refreshments** : 행사프로그램의 진행 중에 가볍게 기분전환을 할 수 있도록 준비되는 다과류나 간단한 음식물.

07 **Refund** : 고객이 호텔에 예치한 선입금 중에서 퇴숙을 할 때 계산을 끝낸 후 남은 금액을 되돌려 받는 것.

08 **Registration Card** : 등록카드.

09 **Reminder Clock** : 호텔객실의 내부에 있는 Morning Call용 자명종시계.

10 **Repeat Guest** : 재 방문고객. 즉, 단골고객.

11 **Requisition Form** : 물품청구서.

12 **Reservation** : 예약.

13 **Reservation Clerk** : 예약을 전문적으로 담당하는 예약실 종사원.

14 **Reservation Confirmation** : 예약의 확인. 특히 호텔 측에서는 No Show의 방지를 위하여 철저하게 예약상황을 점검하여야 한다.

15 **Reservation Department** : 예약부서.

16 **Reservation Rack** : 예약상황판.

17 **Reservation Status** : 예약시 기재된 약정조건(지불방법, 도착시간과 출발 예정시간, 숙박목적, 기타 요구사항 등).

18 **Resort Hotel** : 휴양지에 위치한 호텔

19 **Restaurant Guest Ledger** : 투숙객 식음료수입

20 **Revenue Report** : 객실의 수입보고서.

21 **Room Assignment** : 객실배정.

22 **Room Change** : 호텔 측의 사정 또는 고객의 요구에 의한 객실의 변경.

23 **Room Count** : 판매된 객실 수

24 **Room History Card** : 객실현황카드

25 **Room Income** : 객실수입.

26 **Rooming** : 객실까지 안내하여 체크인 시키는 과정.

27 **Rooming List** : 단체고객이 호텔에 도착하기 이전에 신속한 체크인을 위하여 등록과 객실배정을 먼저 실시하는데 필요한 개개인의 인적사항과 명단.

28 **Room Inspection** : 고객에게 객실을 판매하기 이전에 객실의 청소상태와 정리정돈의 이상유무를 확인하기 위하여 객실내부를 최종적으로 점검하는 세부과정.

29 **Room Inspection Report** : 객실점검보고서.

30 Room Inventory : 프런트에서 객실을 이상 없이 판매할 수 있도록 하우스키핑 근무자가 객실상황을 전반적으로 조사하는 것.

31 Room Maid : 객실청소와 정리정돈을 위한 전담직원.

32 Room Rack : 호텔전체의 객실이용 상황을 일목요연하게 관찰할 수 있는 객실상황판.

33 Room Rack Slip : 객실투숙객 개개인의 인적사항에 대한 중요사항만 발췌하여 기록할 수 있는 특수제작한 직사각형 용지.

34 Room Revenue : 당일의 총 객실매출액(객실수입)

35 Room Service : 호텔종사원이 고객의 요청에 의해 식음료 및 기타 상품을 객실내부까지 옮겨와서 서비스를 하는 행위.

36 Room Type : 객실의 종류.

37 Round Trip : 왕복여행

38 Russian Service=Platter Service

S

01 Safety Deposit Box : 귀중품 보관소.

02 Sales Promotion : 판매촉진.

03 Seasonal Rate : 성·비수기의 계절별 요금.

04 Seasonal Special Menu : 계절별 특선메뉴.

05 Season Off Rate : 비수기의 판매촉진을 위하여 공표요금을 할인해주는 경우

06 Security Check : 보안점검.

07 Security Officer : 보안점검을 하는 사람.

08 Selling Up=Up Grade Sale : 영업이익을 위하여 고가의 상품을 추천하거나 선택하도록 권유하는 방법(예약된 객실보다 높은 가격의 객실 또는 식음료의 상품중에서 더 많은 매출을 올릴 수 있는 상품을 권유).

09 Service Charge : 봉사료.

10 Set Menu=Table d'hote=Full Course

11 Setting=Set Up : 집기, 비품, 테이블, 의자 등을 규격에 알맞게 정리정돈 하는 것

12 Short Drink : 알콜성 음료와 알콜성 음료를 혼합하여 조주한 주정도가 다소 높은 칵테일.

13 Show Plate : 고급식당에서 볼 수 있는데 테이블의 중심을 표시하며 그 식당의 분위기와 고급스러움을 연출하기 위한 장식용 접시.

14 Side Station＝Service Station＝Waiter Station : 영업장 내부의 적당한 곳에 효율적인 서비스를 위하여 기물과 서브용 비품을 준비할 수 있는 보관대.

15 Silver Ware : 은으로 도금이 되어 있는 식기와 비품류.

16 Skipper : 호텔상품을 이용하였지만 요금을 지불받지 못하고 도망간 경우를 나타내는 용어.

17 Sleep Out : 고객이 객실에 투숙을 하였지만 사용한 흔적이 없는 경우(수하물과 개인소지품은 있지만 고객이 객실에 없는 경우. 즉, 다른 사정이 있어 외박을 한 경우 등).

18 Sleeper : 호텔근무자의 착오로 인하여 판매가능한 객실을 고객이 투숙한 객실로 오인을 하여 객실을 판매하지 못한 경우.

19 Soft Drink : 알콜 성분이 없는 청량음료

20 Soiled Linen Count Report : 린넨 사용보고서

21 Sommelier＝Wine Steward : 양조주인 와인을 전문적으로 관리하고 판매하며 테스팅(Testing)하는 와인감별사.

22 Special Attention(SPATT) : VIP고객 또는 MIP(귀빈)을 나타내는 인식표

23 Spirits＝알콜성 음료의 증류주(위스키, 진, 럼, 브랜디, 보드카, 데킬라 등)를 나타내는 뜻으로서, 칵테일의 주재료로 가장 많이 사용된다.

24 Stacking Chair : 호텔연회장에서 주로 사용되는 가볍고 간편한 의자(팔걸이는 없음).

25 Standard Recipe : 표준이 되는 기본 양목표.

26 Standard Portion : 표준이 되는 1인분의 량(호텔의 식당에서는 스테이크의 1인분 기준이 약 180g이다).

27 Standing Party : 연회행사의 일종으로서 의자 없이 서서 파티를 행하는 것.

28 Stay Over : 체크아웃의 예정 날짜보다 체류기간을 연장하는 것.

29 Steward : 호텔의 영업장에서 사용되는 기물과 집기비품을 보관하고 세척하며 불출하는 것.

30 Stool Chair : 호텔의 빠 스툴(Bar Stool) 또는 스넥 코너 등에서 주로 사용되는 등받이가 없는 의자.

31 Studio Bed : 호텔객실에서 사용되고 있는 Bed를 낮에는 벽면에 부착하여 소파의 기능을 담당하게 하고, 밤에는 침대의 기능을 수행할 수 있도록 하는 Bed.

32 Suburban Hotel : 교외의 한적한 지역에 위치한 호텔.

33 Supper : 늦은 밤의 저녁식사 또는 야식을 의미.

34 Supplementary Correction : 호텔의 당일 회계업무가 마감된 상태에서 심야에 도착한 고객으로부터 추가매출이 발생되어, 이것을 익일의 회계로 넘기지 않고 당일의 매출로 기록하여 전체매출액을 조정시키는 것을 말한다.

T

01 **Table D'hote**＝Full Course＝Set Menu

02 **Table Manner** : 비즈니스와 자기이미지를 가장 극대화할 수 있는 최고의 적합한 식사예절과 태도를 의미하며, 최근에 와서 사회생활과 자기 관리를 위하여 매우 중시되고 있다.

03 **Table Wine** : 식사도중에 음식과 병행하여 마실 수 있는 와인

04 **Target Market** : 표적시장

05 **Tariff** : 공표요금. 즉, 호텔기업이 적합한 객실요금을 책정하여 행정관청에 승인을 받고 나서 브로슈어나 홍보책자에 공표할 수 있는 기본 요금.

06 **Tax Free** : 면세

07 **Tele Marketer** : 텔레마케팅의 업무를 담당하는 직원.

08 **Tele Marketing** : 텔레마케터가 고객을 직접 만나지 않고 전화, 이메일, 팩스 등의 기타 정보통신 수단을 이용하여 고객에게 상품을 홍보하여 구매를 하도록 유도하는 판매활동.

09 **Terminal Hotel** : 교통의 요충지인 터미널 주변에 위치한 호텔.

10 **Time Card** : 종사원의 출퇴근 시간 관리카드.

11 **Tip**(To Insure Promptness) : 서비스를 제공하는 사람에게 감사의 표시로서 답례를 하는 봉사요금.

12 **Today's Special Menu** : 오늘의 특별요리.

13 **Tour Conductor**(TC) : 여행인솔자

14 **Trainee** : 실습생

15 **Transfer** : 각 영업장에서 업무를 수행하는 종사원들의 직무를 정기적으로 순환하여 근무에 투입시키는 경우.

16 **Transient Hotel** : 잠시 머물기에 적합한 단기체재객 중심의 호텔.

17 **Traveler's Check**(T/C) : 여행자가 현금과 같이 편리하고 안전하게 자기앞수표처럼 사용할 수 있는 여행자수표.

18 **Tray Service** : 메뉴를 서브할 때 Tray(대체로 멜라닌 받침대를 사용)를 사용하는 서비스. 즉, 이러한 서비스는 American Service 또는 Room Service에서 주로 사용하게 되는데, 서비스를 수행하는데 고난도의 기술이 필요치 않으며 간편성, 신속성, 안전성 등의 장점이 있다.

19 **Turn Away Service** : 고객이 예약한 호텔에서 종사원의 판단착오로 인하여 객실부족 상황이 발생되어 인근의 다른 호텔에 고객을 안내하여 숙박하도록 조치하여 주는 서비스. 이것은 호텔의 영업이익을 최대로 달성하고자 초과예약을 접수하게 되는데서 발생하게 되는데, 객실부서의 근무자는 여러 가지 다양한 근무경험과 특수한 상황에 대처할 수 있는 지식을 갖추고 있어야 이러한 경우가 발생되면 신속하게 대처할 수 있다.

20 **Turn Down Service** : 호텔의 단골고객이나 VIP고객, 신혼부부, 장기체류객 등을 대상으로 객실의 투숙을 손쉽고 편리하게 이용할 수 있도록 Bed Spread를 45°각도로 접어 놓는 서비스.

21 **Twin Double** : Double Bed가 두 개 투입된 객실로서 4명을 수용할 수 있다.

U

01 **Under Stay** : 퇴숙 예정일보다 조기에 체크아웃을 하는 경우.

02 **Uniformed Service** : 호텔의 고객을 접점에서 맞이하는 종사원(Bell Man, Door Man 등)이 유니폼을 착용하고 서비스를 하는 경우.

03 **Up Grade＝Up Grading** : 고객이 예약한 등급의 객실보다 더 우수한 객실을 제공하는 것. 이것은 두 가지의 경우가 있는데, 첫째는 호텔 측의 사정으로 인하여 고객이 원래 예약한 객실에 문제가 생겨 동급의 객실판매가 이미 완료되어 더 우수한 상급의 객실을 불가피하게 제공해야 할 때로서 객실요금은 원래 예약된 가격을 받아야 한다.

04 둘째, 판매가능한 객실의 여유가 충분할 때 고객의 호텔에 대한 이미지를 강화시키기 위하여 예약된 객실보다 더 우수한 시설과 전망이 좋은 객실을 제공함으로써 고객의 충성도를 높일 수 있는데 객실 요금은 원래의 예약된 가격을 받는다..

V

01 **Vacancy** : 호텔에서 판매가능한 객실이 아직 남아있는 상태.

02 **Valet Service＝Parking Service＝Jockey Service** : 주차(장)관리 서비스

03 **Vending Machine** : 자동판매기.

04 **Vintage** : 포도의 생산연도.

05 **VIP**(Very Important Person) : 매우 중요한 사람

06 **Void Bill** : 계산서가 취소되어 무효화된 영수증.

07 **Voucher** : 여행사와 항공사에서 주로 발행하는 보증서 또는 증명서. 이것은 현금대신에 지불가능한 보증서로서 나중에 일괄적으로 이용대금의 회수가 가능하고, 호텔은 판매촉진의 목적이 있으며 기업체는 할인된 가격을 지불할 수 있는 장점이 있다.

W

01 Wake Up Call = Morning Call

02 Waiter & Waitress : 호텔 접객직에 종사하는 남자 종사원과 여자 종사원.

03 Walk in Guest : 사전에 예약을 하지 않고 호텔에 투숙하려는 고객.

04 Will Call for Service : 호텔의 이용객이 수화물을 다른 사람에게 전달할 경우가 발생되거나, 다른 사람으로부터 수화물을 인도 받아야 할 때 호텔 측에서 안전하게 수화물을 보관했다가 전달해 주거나 인도 받는 서비스.

05 Wine Cellar : 와인저장실.

06 Working Schedule(WS) : 근무계획 일정표.

07 World Tourism Organization(WTO) : 세계관광기구.

Y

01 Yellow Card : 예방접종증명서

02 Yield : 표준산출량.

03 Yield Management : 수익관리. 즉, 호텔상품은 판매시점과 고객의 이용 시점에 따라 가격이 유연하게 달라질 수 있다(성수기와 비수기 등). 따라서 호텔기업의 궁극적인 목적은 이익창출이기 때문에 효율적인 수익관리가 매우 중요하지만, 이용객은 상황에 따라 동일한 상품을 차등적으로 요금을 지불할 수 있다는 단점이 있다.

Z

01 Zero Out : 고객이 체크아웃을 하여 정산을 마치게 되면 매출액과 회계상의 수입발생이 일치되는 것.

참고문헌

고상동, 호텔경영과 실무, 백산출판사, 2009.

고석면, 호텔경영론, 기문사, 2002.

권용휘, 국제신문, 2018.02.01.

김병운, "인공지능 동향분석과 국가차원 정책제언", 정보화정책, 제23권 1호, pp 73~93. 2016.

김언한, 전자과학

김연희, "데이터베이스 개론", 한빛아카데미(주), 2013.06.30.

김영진, 미디어펜, 2018.02.13.

김은영, The Science Times, 2018.02.20.

김이종, Hotel Management and Operations, 새로미, 2012.

김진수·홍웅기, 호텔식음료관리론, 학문사, 2000.

뉴스1(http://news1.kr/photos/details/?2701013)

맹하경, 한국일보 (http://www.hankookilbo.com/v/930bb8b5c56d4daeb7f7737dd0 0e4863, 2017. 5. 2.

박성부, 호텔경영의 입문, 백산출판사, 2009.

박인규·장상태, 호텔식음료 실무경영론, 기문사, 2002.

박종현외 8인, 사물인터넷의 미래, 한국전자통신연구원(ETRI), 전자신문사, 2014.11.28.

심재석, 바이라인네트워크 : https://byline.network, 2017.11.23.

안성원, "빅데이터(Big Data)의 특성과 동향", SPRi : 소프트웨어정책연구소, SW동향/산 업동향, 2016.09.21.

오흥진·송대근, NCS기반 호텔레스토랑실무, 2016.

임근난, HelloT 첨단뉴스, 2016.07.07.

이순철, 사례로 본 지식경영의 이해, 삼성경제연구소, 1999.

이우근, "끝없는 가능성을 향해 열리고 있는 가상현실의 문". LGERI리포트, 2016.

이재규, 글로벌 지식사회의 지식경영학원론, 박영사, 2003.

이재규 역, Next Society(Managing in the Next Society 피터드러커), 한국경제신문, 2002.

이재현, "인터넷", 커뮤니케이션북스, 2013.02.25.

이종순, 호텔식음료 실무경영론, 기문사, 2002.

이지영, 5세대 이동통신[5G Networks] - 1GB를 10초 안에 내려받는 시대, 제공: 블로터

이호길·서철현·서재현, "조직의 지적자본 구성요인이 기업의 경쟁우위와 재무적 성과에 미치는 영향"을 참조하여 재구성, 한국인력개발학회, 제5권 제1호, 2003.

이희천·신정화·한진수, 호텔경영론, 형설출판사, 2003.

임양수, 김선영, "가상현실 대중화를 위한 조건", 이슈크런치, 2015.-10호, KT 경제경영연구소, 2015.

전원배, 호텔경영학개론, 백산출판사, 2002.

정용찬, "빅데이터", 커뮤니케이션북스, 2013.02.25.

조용수, "똑똑한 기계들의 시대: 인공지능의 현주소", LGERI 리포트, (2015.

최성민, 시사주간지 미래한국, http://www.futurekorea.co.kr, 2016.03.22.

최영준, 호텔식음료서비스론, 기문사, 2002.

최윤철, "ICT 융합시대의 컴퓨터 과학", 생능출판사, 2017.07.10

원융희·임병설·이보연, 최신 호텔실무론, 백산출판사, 2002.

국립국어원(http://www.korean.go.kr/)

국립중앙과학관 - 사물인터넷 http://www.science.go.kr/

롯데호텔 식음료 직무교재

한국통신학회 '5G 이동통신기술 발전방향'

현대호텔 경영매뉴얼

호텔앤레스토랑, "IoT를 체험할 수 있는 스마트 호스텔, & AND HOSTEL(앤 호스텔)", 월간 호텔&레스토랑 메거진, 2017.03.22.

호텔앤레스토랑, "Hotel IoT(사물인터넷)의 2017년 현황과 2018년 전망", 월간호텔&레스토랑 메거진, 2017.12.21.

http://skccblog.tistory.com/3618 [SK(주) C&C 블로그]

The-K호텔 매뉴얼

岡嶋裕史(2010년) アップル、グ-グル、マイクロソフト クラウド、携帯端末戦争のゆくえ. 김정환 역, "클라우드 혁명과 애플 구글 마이크로소프트", 예인, (2011년)

八子知禮(2010년) 圖解クラウド早わかり. 김정환 역, "클라우드", 새로운 제안, (2011년)

Barnatt, Christopher(2010년), "Brief Guide to Cloud Computing.", 윤성호, 이경환 역, "클라우드 컴퓨팅", 미래의 창, (2011년)

Nonaka, I. & Konno, N. (나상억 역, 1998). 지식경영. 21세기북스.

Edvinsson. L. (1997). Developing Intellectual Capital at Skandia. Long Range Planning, Vol. 30, No(3).

Edvinsson, L. & Michael S. Malone(1997). Intellectual Capital, Realizing Your Company's True Value by Finding Its Hidden Brainpower, Harper Business A Division of Harper Collins Publishers.

Gerald W. Lattin(1982). Modern Hotel and Motel Management, San Francisco: W. H. Freeman & Co.

Grant, R. M. (1996). Toward a Knowledge-based Theory of the Firm, Strategic Management Journal. 17.

Kotler, P. (1988). Marketing Management, 6th. ed.

Medlick, S. (1990). The Business of Hotel, London: Hoin Man.

O'Reilly Radar Team, "Planning for Big Data", (2012년)

Schiffman, L. and L. Kanuk(1978) Consumer Behavior, Prentice Hall, Englewood Cliffs.

Sviokla, John. (1996). Knowledge Workers and Radically New Technology, Sloan Management Review, Summer.

The Random House Dictionary, 1987.

Thomas A. Stewart(1997). The Wealth of Knowledge, Intellectual Capital and the Twenty-First Century Organization.

Thomas A. Stewart(1999). Intellectual Capital, The New Wealth of Organizations. Printed in the United States of America First Currency Paperback Edition: January.

Webster Dictionary, 1991.

Wendell. R. Smith(1956). Product Differentiation and Market Segmentation as Alternative Marketing Strategies, Journal of Marketing 20.

저자 소개

이호길 (李浩吉) 관광경영학 박사

- 현재 : 경운대학교 항공관광학과 교수
  국토해양부 4대강살리기 자문위원,
  대구시 관광정책자문위원, 호텔등급심사위원 역임
- 경력 : 웨스틴조선호텔, POSCO,
  한국교직원공제회 The-K호텔 근무
- 논문 : 「조직의 지적자본 구성요인이 기업의 경쟁우위와 재무적 성과에 미치는 영향」 외 다수.
- 저서 : 「호텔프로젝트 사업경영론」외 다수

박양우 (朴洋佑) 전자공학 박사

- 현재 : 경운대학교 항공소프트웨어공학과 교수
  구미시 정책연구위원
- 경력 : 공군사관학교 전자공학과 전임강사 역임
- 저서 : 「C언어 입문」, 「항공소프트웨어의 이해」 외 다수

복창근 (卜昌根) 경영학 박사

- 현재 : 부천대학교 호텔관광경영과 교수,
  부천도시공사 사외이사, 공무원연금공단 실물자산운용위원회 위원, (사)한국청년회의소 연수원 교수
- 경력 : 라마다올림피아호텔 10년근무,
  라마다서울호텔그룹 11년근무,
  경동대학교, 장안대학교 겸임교수 역임,
  외아이 경영컨설팅 수석컨설턴트 근무,
  공무원연금공단 실물 리스크관리 위원 역임
- 논문 : 한국호텔산업의 서비스향상을 위한 마케팅 전략에 관한 실증연구 외 다수
- 저서 : "외식사업론" "관광기업론"외 다수

김새롬 호텔관광경영학 박사

- 현재 : 여주대학교 호텔관광과 교수
- 경력 : 한국관광대학교 겸임교수,
  (주)SK네트웍스 Sheraton Grande Walkerhill Hotel하나투어, 산하정보기술, 청년취업아카데미-현장형 관광서비스 전문가과정 강의(고용노동부, 한국산업인력공단 후원), 희망 MICE 인턴십 오리엔테이션 강의(문화체육관광부 후원, (사)한국PCO협회 주최)
- 논문 : '호텔기업의 인적자원관리 일관성이 동기부여와 정서적 몰입에 미치는 영향'외 다수
- 저서: 글로벌 매너와 이미지메이킹, 호텔경영론 외 다수

ICT융합 호텔경영론

초판1쇄 인쇄 2018년 8월 05일
초판1쇄 발행 2018년 8월 10일

저   자 이호길 · 박양우 · 복창근 · 김새롬
펴 낸 이 임 순 재
펴 낸 곳 (주)도서출판 한올출판사
등   록 제11-403호
주   소 서울시 마포구 모래내로 83(성산동, 한올빌딩 3층)
전   화 (02)376-4298(대표)
팩   스 (02)302-8073
홈페이지 www.hanol.co.kr
e - 메 일 hanol@hanol.co.kr
I S B N 979-11-5685-633-7